“移动互联网+电商营销”
实战宝典系列

一本书玩转手机淘宝开店

海天电商金融研究中心　编著

清华大学出版社
北　京

内容简介

本书是一本全面揭秘手机淘宝与天猫开店的运营模式、店铺装修、内外推广、人气打量、品牌营销、SEO转化、直通车搜索、客户服务、数据分析的图书，通过12章专题内容、500张图片全程图的讲解，玩转手机淘宝开店！

全书具体内容包括：移动电商，你想象不到的新玩法；开店交易，好的开始是成功的一半；拍摄照片，抓住客户的眼球；店铺装修，让访问再深一些；内部推广，无线入门的第一步；外部推广，提高店铺知名度；钻石展位，让你的点击率飙升；淘宝SEO，网店流量高速转化；直通车，无线推广新蓝海；客户服务平台，流量神助手；数据分析，用数据工具解析运营；无线CRM，新型客户关系管理。

本书不仅适合刚创业的新手淘宝卖家，也适合电脑网店转手机淘宝的卖家，以及对手机淘宝与移动电商感兴趣的人士。

图书在版编目(CIP)数据

一本书玩转手机淘宝开店/海天电商金融研究中心编著. --北京：清华大学出版社，2016 (2017.4重印)

(“移动互联网+电商营销”实战宝典系列)

ISBN 978-7-302-43435-1

Ⅰ. ①一… Ⅱ. ①海… Ⅲ. ①移动电话机—电子商务—商业经营—基本知识—中国 Ⅳ. ①F724.6

中国版本图书馆CIP数据核字(2016)第073221号

责任编辑：杨作梅
装帧设计：杨玉兰
责任校对：吴春华
责任印制：刘海龙
出版发行：清华大学出版社

网　　址：http://www.tup.com.cn, http://www.wqbook.com
地　　址：北京清华大学学研大厦A座　　**邮　　编**：100084
社 总 机：010-62770175　　**邮　　购**：010-62786544
投稿与读者服务：010-62776969, c-service@tup.tsinghua.edu.cn
质量反馈：010-62772015, zhiliang@tup.tsinghua.edu.cn

印 装 者：北京亿浓世纪彩色印刷有限公司
经　　销：全国新华书店
开　　本：170mm×240mm　　**印　　张**：17.5　　**字　　数**：301千字
版　　次：2016年5月第1版　　**印　　次**：2017年4月第2次印刷
印　　数：3001～4000
定　　价：59.80元

产品编号：066701-01

前言

■ 写作驱动

近年来，移动互联网的快速普及为我国移动电子商务的发展奠定了基础。移动电子商务的快速发展，正在改变着我们的生活，成为我们生活中不可缺少的一部分。

手机淘宝客户端依托淘宝网强大的自身优势，提供给用户每日最新的购物信息，更具有搜索比价、订单查询、购买、收藏、管理、导航等功能，为用户带来方便快捷的手机购物新体验，并改变着我们的生活。

■ 本书特色

本书以手机淘宝为中心，分别讲述了手机淘宝开店的各个要素，并将技巧与理论相结合，提供图文并茂的讲解，有利于读者的理解，帮助读者一本书玩转手机淘宝开店。

(1) 图文结合，实战性强：书中结合了近500张图片，通过理论与实际结合，帮助读者了解手机淘宝开店的流程。

(2) 内容全面，专业性强：书中涵盖了3大开店部分，并通过开店交易、拍摄照片、店铺装修、内部推广、外部推广、钻石展位、淘宝SEO、直通车、客户服务平台、数据分析、无线CRM这11大开店素材，来帮助、指导读者了解和操作手机淘宝开店。

■ 作者

本书由海天电商金融研究中心编著，同时参加编写的人员还有杨侃滢、谭贤、柏松、谭俊杰、徐茜、苏高、曾杰、张瑶、刘嫔、罗磊、罗林、蒋鹏、田潘、李四华、刘琴、周旭阳、袁淑敏、谭中阳、杨端阳、卢博、徐婷、余小芳、蒋珍珍、吴金蓉、陈国嘉、曾慧、向彬珊、李龙禹、徐旺等人，在此表示感谢。

由于编者知识水平有限，书中难免有错误和疏漏之处，恳请广大读者批评、指正，联系邮箱：itsir@qq.com。

编　者

目录

第1章 移动电商：你想象不到的新玩法

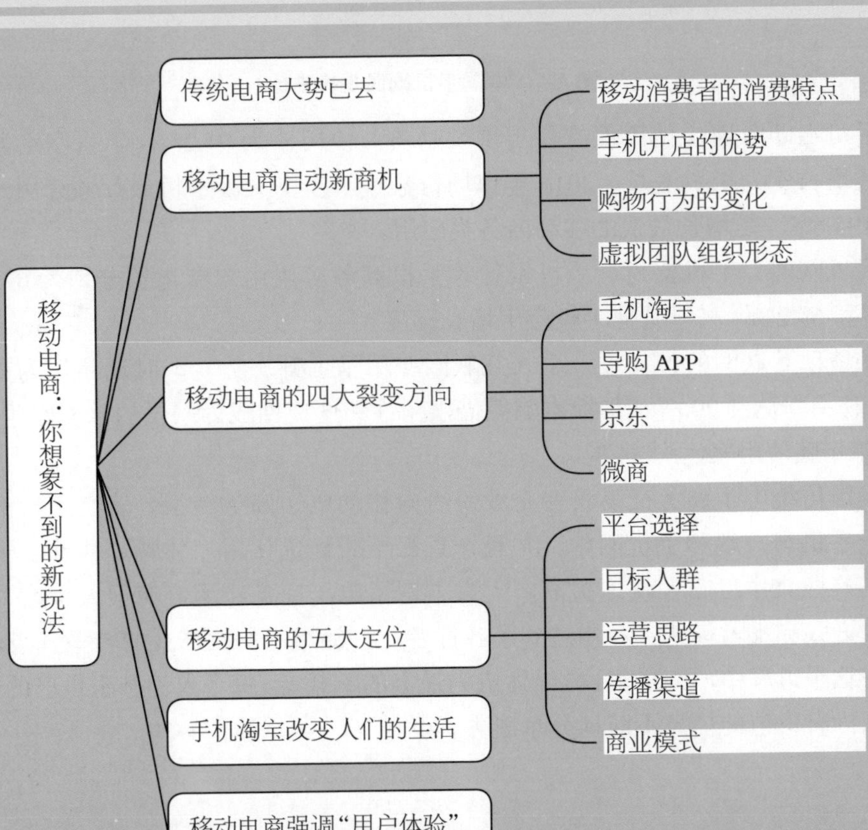

1.1 传统电商大势已去

近年来，移动互联网的快速普及为我国移动电子商务的发展奠定了基础，移动电子商务的快速发展，正在改变着人们的生活，成为我们生活中不可缺少的部分。

《中国互联网络发展状况统计报告》显示，截至 2014 年 12 月，**中国网民规模达 6.49 亿，其中，手机网民规模达 5.57 亿**，较 2013 年年底增加 5672 万人。在网民中，使用手机上网人群占比由 2013 年的 81.0% 提升至 85.8%，如图 1-1 所示。

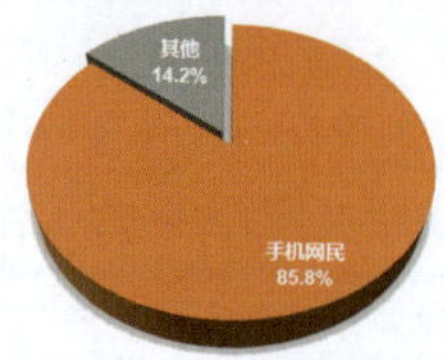

图 1-1　中国手机网民规模占比

手机端即时通信使用保持稳步增长趋势，使用率为 91.2%。手机网络游戏从爆发式增长变为稳步增长，2015 年市场份额进一步扩大。手机旅行预订用户增长达到 194.6%，是增长最快的移动商务类应用。

手机网购、手机支付、手机银行等手机商务应用用户年增长分别为 63.5%、73.2% 和 69.2%，高于其他手机应用增长幅度。

在移动互联网的推动下，个人互联网应用呈上升态势。即时通信作为第一大应用，使用率达到 90.6%。平板电脑凭借娱乐性和便捷性成为网民的重要娱乐设备，2014 年年底使用率达到 34.8%。

我国传统电子商务交易平台企业纷纷向移动电子商务转型。著名企业都纷纷推出了手机客户端和手机网站，并且一直在不断地优化用户体验，移动电子商务市场的产业集中度正在快速提高，大大丰富了电子商务应用，在很大程度上改变了消费方式和支付模式，并渗透到了各行各业，促进了相关产业的转型升级。

在这个过程中，移动端社交媒体成为最大的承载者，每个人都基于自己的认知，将自认为有价值的信息不断地分享出去。

我们会在朋友圈、微博或自媒体里寻找所需的内容，带着自己的心情、阅历、认知和阶段性需求，进入这样一个庞大、免费的信息超市去接受和选择信息，然后组成自己独特的信息流进行发布。如果别人觉得你的推荐有用，那么你的推荐信用会加分，推荐被采纳的次数越多，推荐信用分就会越多，你自然就成了意见领袖。

传统电商大势已去，移动的分享式电商已逐步占领市场。在这个自媒体时代里，用户的真诚分享，恰巧是产品价值传递的最天然的媒介。更有意思的是，这种移动分享模式形成了一种驱逐劣品的自然法则，这种病毒式的传播，会让有价值的内容呈裂变式发展。

1.2 移动电商启动新商机

移动电子商务 (M-Commerce) **是通过可信任的移动终端进行商品买卖和交易的服务过程**，狭义的讲是通过手机、PDA (个人数字助理) 等移动通信设备与因特网有机结合所进行的电子商务活动。

移动终端是可以接入无线网络的设备，包括移动电话、无线固定电话、PDA 和带有无线 MODEM 的笔记本电脑等。移动终端包括移动支付、无线 CRM、移动股市、移动银行与移动办公等。移动终端能提供以下服务: PIM(个人信息服务)、银行业务、交易、购物、基于位置的服务 (Location Based Service)、娱乐等。

移动电子商务的主要特点是灵活、简单、方便。它能完全根据消费者的个性化需求和喜好定制，设备的选择以及提供服务与信息的方式完全由用户自己控制。通过移动电子商务，用户可随时随地获取所需的服务、应用、信息和娱乐，可以使用智能电话或 PDA 查找、选择及购买商品和服务。

1.2.1 移动消费者的消费特点

移动互联网时代的到来也促进了用户行为的变化，用户的行为习惯和需求也反作用于移动互联网行业，因此研究移动互联网与消费者的相互影响很有必要，消费者得到便利，行业得到发展，这才是双赢的发展前景。

移动消费者的消费特点如图 1-2 所示。

追求个性和独特	随着社会经济的发展，人们越来越注重自我，不喜欢与别人雷同。 手机购物的用户更是一群有独立见解和想法的人，他们有不同于他人的思想和爱好，其需求越来越独特、越来越具有个性化。
易接受新鲜事物	中国的手机用户以中青年网民居多，年龄大多集中在18～45岁之间，这部分人大多受过良好的教育，对新生事物比较感兴趣，对新领域有比较强的好奇心，很容易接受并尝试新事物，是移动消费的主要人群。
审美和品位提升	手机购物群体目前以白领群体及大学生居多，这部分手机用户都对时尚潮流比较关注，并有着独特的审美观及品位。 同时，年轻人的思维开放，想法丰富，他们注重自我、注重个性，每一个人都有不同的消费心理和消费需求。所以，手机店铺是否时尚、信息是否时尚已经成为手机店铺是否能够吸引顾客的一个至关重要的标准了。
男女消费行为不同	无论是在移动互联网中还是在现实生活中，男性与女性的消费方式都是不同的。相对而言，男性在消费时较理性一些，而女性则要感性一些，冲动一些；男性在买东西的时候大多已经把商品的价格、质量、性能等信息都掌握了，而女性更偏向于看到喜欢的东西就会下意识地放入购物车；男性在购物的时候自主性较强，而女性则体现出依赖性，喜欢咨询其他人的意见。
减少冲动型消费	移动电子交易平台巨大的信息处理能力，为消费者挑选商品提供了前所未有的选择空间，任何一种商品，在平台上都可以收集到成千上万条信息。 手机店铺消费者一般具有较强的判断分析能力，不会轻易地被舆论所左右，在下定购买决心前，一般都会理性地对商品进行比较，很难发生现实中的冲动型购物。

图 1-2　移动消费者的消费特点

受不了等待太久

年轻人的性格大多比较爽快，喜欢干脆利落，不喜欢拖泥带水，如果你的手机店铺运行速度比较慢，他们一般会马上离开。

所以，保证手机店铺的运行速度是十分必要的。同时，手机店铺的内部装修如果很复杂的话，会引起许多图片与信息的传递延迟，导致手机店铺的运行速度缓慢，从而影响消费者的购买行为。

收入相对较高

根据调查显示，收入越高，手机购物的次数就越多。收入较高的消费者特点如下。

(1) **受过高等教育**。越是受过高等教育的人，对移动互联网的了解越深刻，同时也就越容易接受手机购物这样的消费观念及方式。

(2) **有稳定的工作及收入**。用手机购物的消费者一般都有稳定工作，他们在手机上消费的时间大多是固定的。通过了解他们的时间安排来选择一个上线的时间和一个新品上下架的时间，是十分有益的。

(3) **对价格敏感**。虽然手机购物的消费者收入相对而言都较高，但是这部分消费者同样对价格敏感，所以价格是获得他们信任的一个非常关键的因素。千万不能因为他们收入高，就把价格定得很高，价格一定要有竞争力，因为寻找质优价廉的商品，是所有消费者的一个共同心理。

追求方便和享受

手机购物使得消费者在购买商品时，还可以同时得到其他信息，并从中享受到在各种传统商店没有的乐趣。

一部分工作压力较大、紧张程度较高的消费者用手机购物是以方便购买为目标的，他们追求的是时间和劳动成本的尽量节省；而另一部分消费者，自主时间比较多，他们更希望通过手机购物来寻找生活的乐趣和享受。

憎恨虚假信息

做生意，诚信是一个永恒的主题，消费者绝对不允许半点欺骗，特别是这样一群自我意识很强的年轻人。

所以，即使你的商品有缺陷，也要一五一十地告诉他们，如果欺骗消费者一次，他们就再也不会走进你的店铺了。发布虚假信息欺骗顾客还会影响手机店铺的整体好评，导致手机店铺无法长久经营。

图 1-2　移动消费者的消费特点（续）

购买高价商品的顾虑

由于现实及移动互联网本身的特点，现阶段手机购物群体对手机购物的安全性和保密性仍存在一定的顾虑，一是担心自己的隐私被泄露，二是担心出现纠纷时自己的权益得不到足够的保障，这些都会对消费者的手机购物行为产生一些负面影响，尤其在购买价格较高的商品时，顾虑会更多一些。

不同顾客群体有不同的消费需求，这些需求是确定进货的依据。手机店铺所经营的商品必须是目标顾客想要的商品，因此必须仔细分析自己的商品适合哪类人群，从而确定自己的目标顾客群。从源头上有针对性地进货，才能够使自己的手机店铺正常经营，不走弯路。

图 1-2　移动消费者的消费特点（续）

1.2.2　手机开店的优势

贝壳童装——淘宝童装首家五金冠卖家，如图 1-3 所示，在其年中报告中展示了这样一组数据：2014 年 1 ～ 7 月，店铺访问量突破 3000 万，其中 60% 的流量来自手机淘宝，老客户的访问量占比达到 40%。7 个月的总销售额中，55% 由老顾客贡献，47% 在手机淘宝完成。这组数据表明，**从 PC 端淘宝到手机淘宝，不是替代或者颠覆，而是用户价值的新挖掘以及再创造**。

图 1-3　贝壳童装淘宝旗舰店

“关于移动互联网的趋势，即使商家不做任何事情，未来用户的交易也一定在手机上，这不是能够主观改变的。”阿里巴巴集团无线事业部资深总监蒋凡表示，

手机端的交易量已经持平甚至超过了 PC 端。无论是平台还是商家都应该根据流量的变化转变运营方式。

在手机上开店，也是有其优势的。首先，顾客浏览商品，受无线网速的限制，看见中意的商品几乎很少议价，就直接下订单了；其次，手机购买商品不受空间、时间的限制，可以在火车上、公交车上，甚至走在路上，只要想买一个东西，就可以从口袋里掏出手机，下订单。而手机购买商品时，用户很难同时打开多个页面去比较价格、质量，只能看见当前的页面，所以，影响用户不购买当前页面的商品的因素减少，用户就有很大的可能去下订单，加上使用手机下订单的用户都比较年轻，且年青人购买东西很少去聊天或议价，更容易直截了当地下订单。

1.2.3 购物行为的变化

随着移动互联网在经济活动中的广泛运用，人们对移动互联网的依赖越来越强烈，移动互联网正改变着当今社会的生活状态和生活方式。移动电子商务的迅速崛起，也使消费者购物行为发生了深刻变化，如图 1-4 所示。

消费个性化心理

消费品市场发展到今天，多数产品无论在数量上还是质量上都极为丰富，消费者能够以个人心理愿望为基础挑选和购买商品或服务。

消费者往往富于想象力、渴望变化、喜欢创新、有强烈的好奇心，对个性化消费提出了更高的要求。他们所选择的已不再单是商品的实用价值，更要与众不同，充分体现个体的自身价值，这已成为他们消费的首要标准。可见，个性化消费已成为现代消费的主流。

消费主动性增强

有人称移动互联网时代是“一个坚持己见并积极为自己主张辩护的时代”，这个时代的消费者不习惯被动接受，而习惯主动选择。这种消费主动性的增强，一方面来源于以互联网为标志的信息媒体技术的发展，另一方面来源于现代社会不确定性的增加和人类需求心理稳定和平衡的欲望。信息技术的发展使消费者能够更方便地进行信息的收集、分析并进行双向沟通，从而在商品选择上拥有更大的主动性。

图 1-4 购物行为的变化

追求方便和乐趣

目前，人们对消费过程出现了两种追求的趋势：一方面，人们的生活节奏加快，消费者会对购物的方便性有越来越高的要求，他们追求时间和劳动成本的尽量节省，希望购物能用较少的时间获得更高的价值，希望少一点麻烦多一些选择，特别是对需求和品牌选择都相对稳定的日常消费者，这一点尤为突出；另一方面，由于劳动生产率的提高，人们可供自由支配的时间增加，购物已经成为某些消费者的生活乐趣，这可以使他们与社会保持联系，赢得尊重，减少内心孤独感，对这些人而言，购物是一种精神享受。这两种消费心理都会在较长的时间内并存。

价格是重要因素

从消费者的角度来说，价格不是决定消费者购买的唯一因素，但却是消费者购买商品时肯定要考虑的因素。网上购物之所以具有生命力，重要的原因之一在于网上销售的商品价格普遍低廉。因为正常情况下网上销售的低成本使经营者有能力降低商品销售的价格，并开展各种促销活动，给消费者带来实惠。

图 1-4　购物行为的变化（续）

1.2.4　虚拟团队组织形态

在移动互联网和经济全球化的推动下，电商企业竞争越发激烈，市场瞬息万变。在复杂性、不确定性和多样性日益增加的环境下，电商企业要想在未来取得成功，组建以任务和关系为导向、聚散自如的虚拟团队就成为一种必然的选择。

虚拟团队可以帮助企业充分利用外部人力资源，加强企业间的交流与合作，降低经营成本，提高组织动作效率，从而提高整个组织的竞争力。

虚拟团队是网络经济条件下的产物，在虚拟的工作环境下，是由分散在不同地方密切配合共同进行工作的人们组成的工作团队。团队成员一般拥有着不同的背景、技能和知识，他们之间具有高度的知识互补性、技能的跨职能性和信息的差异性，是一种“以项目为中心”的动态、柔性、高效协作的人力资源组织模式。

虚拟团队的优势如图 1-5 所示。

人才优势

现代通信与信息技术的使用大大缩短了世界各地的距离，区域位置不再成为直接影响人们工作与生活地点的因素，这就大大拓宽了组织的人才来源渠道。

组织可以动态地集聚和利用世界各地的人才资源，可以利用原本不属于自己的资源来解决问题，“虚拟”方式使得组织可用的人力资源大大增加了，也为通常很难获得招聘的具有专门技能的人才创造了条件。

竞争优势

虚拟团队集聚世界各地的优秀人才，他们在各自的领域内都具有知识结构优势，众多单项优势的联合，必然形成强大的竞争优势。同时，通过知识共享、信息共享、技术手段共享等，好的经验、灵感，能够很快在数字化管理网络内得以推广，实现优势互补和有效合作。

竞争优势

网络中良好的知识采集、筛选、整理、分析工具和机制，使众多不同渠道的零散知识可以迅速整合为系统的集体智慧，转化为竞争优势，为企业创造出更多的价值。

效率优势

虚拟团队利用最新的网络、邮件、移动电话、可视电话会议等技术实现基本的沟通。团队成员之间可以及时地进行信息交流，“一呼天下应”，可以防止信息滞留，从而缩短了信息沟通和交流所用的时间，能够确保及时做出相对正确的决策。

成本优势

虚拟团队在相当程度上实现了“无边界组织”，使得组织可以大量利用外部人力资源条件，从而减轻组织内部人工成本压力。在此基础上，组织可以大力精简机构，重新设计组织构架，使人员朝有利于组织发展的方向流动，促使组织结构扁平化。此外，团队柔性的工作模式减少了成员的办公费用、为聚集开会而支付的旅行费用等，也减少了重新安置员工的费用，从而大幅降低了管理成本。

图 1-5　虚拟团队的优势

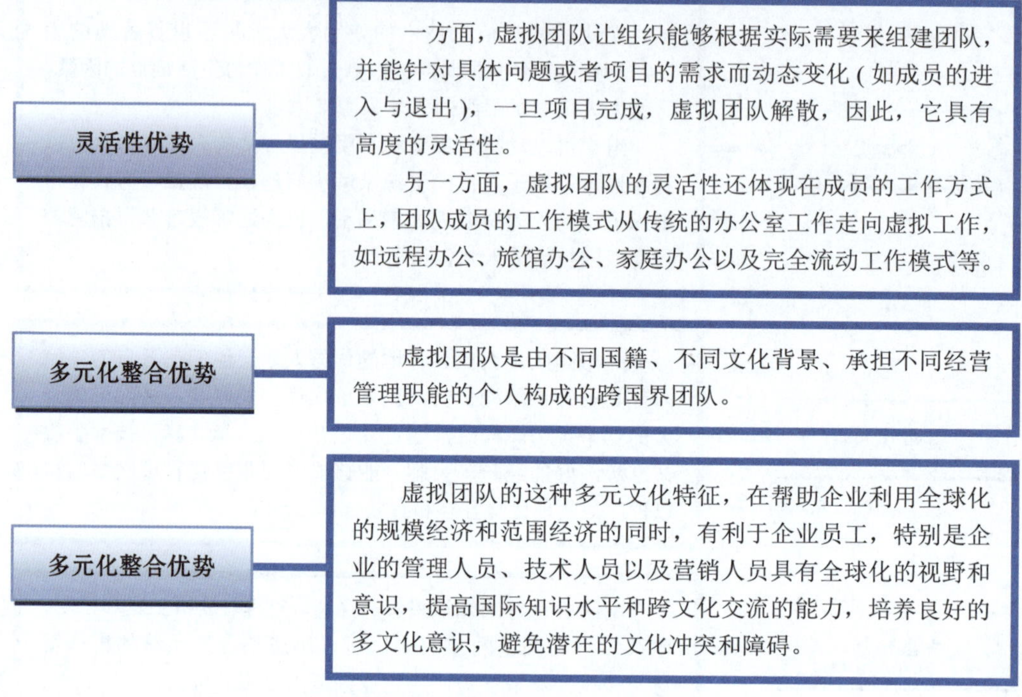

图 1-5　虚拟团队的优势（续）

1.3　移动电商的四大发展方向

2015 年是移动电商进一步快速发展的一年，从微信官方推出的微信小店，到百度推出的直达号，再到支付宝推出的服务窗，无不突显着移动电商巨头们在场景布局和抢占入口上的野心。从以上布局来看，未来移动电商将朝着以下四个发展方向发展。

1.3.1　手机淘宝

根据 2015 年 11 月 12 日的最新消息，天猫“双十一”全天成交金额为 912.17 亿元，相比去年同期的 571 亿元，同比增长将近 60%。其中在移动端交易额占比 68%，峰值时达到了 90%，物流订单量为 4.67 亿，如图 1-6 所示。

此外，此次天猫“双十一”成交涉及 232 个国家和地区，其中阿里入驻商家中，

有超过 5000 商家分别来自 25 个不同的国家和地区。此次天猫“双十一”购物节，阿里员工走入了全国 8000 多个农村交易点，覆盖农民人数上百万。

图 1-6 “双十一”最终成交额

十几年的电商基因和空前的大数据，使得短期内没有谁可以撼动阿里电商的霸主地位。而且阿里上市之后，在农村电商、跨境电商、物流等方面都设置了全面的生态圈，在移动电商领域可谓是独占鳌头。

1.3.2 导购 APP

移动电商口袋购物宣布，2015 年 8 月份获得来自腾讯、老虎基金领投的 C 轮融资，融资金额达 3.5 亿美元。其中，腾讯投资额为 1.45 亿美元。口袋购物还透露了此前三轮融资的投资方：第一轮成为基金、经纬创投；第二轮华平资本；第三轮老虎基金、腾讯领投。且口袋购物的创业资金还有一部分来自小米的 CEO 雷军。

口袋购物这样一款主打个性化和精准化的商品推荐移动购物应用软件能得到资本的认可，足见移动电商市场的广阔前景，如图 1-7 所示。

未来导购类、垂直类的电商要体现本身的差异化，更重要的是积累用户对平台的信任和社会化分享的习惯。当人们形成这种分享和获取分享的习惯之后，这种平台就会变成一种购物的决策平台，这时，盈利模式就会有更多的发展空间。

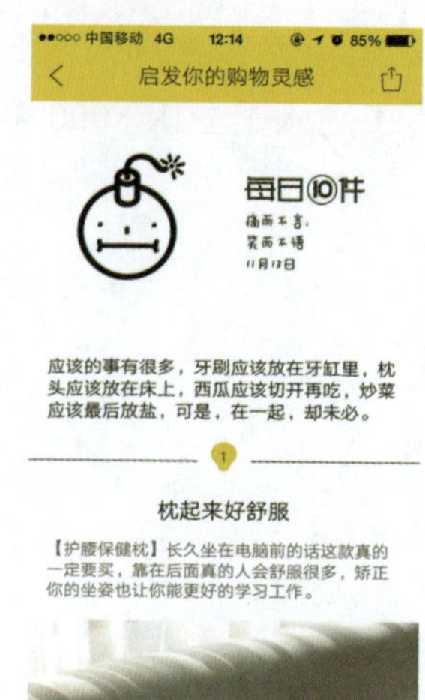

图 1-7　口袋购物 APP

1.3.3　京东

自 2014 年 3 月腾讯与京东“联姻”以来，京东在微信上有两个入口：一个是一级入口，即在微信“发现”页面中的“购物”，如图 1-8 所示；另一个是二级入口，附属在微信钱包中的“京东精选”，如图 1-9 所示，主要是京东的自营产品或者采用京东配送的商品。

图 1-8　京东微信入口一

图 1-9　京东微信入口二

而目前京东旗下有两种微店：一种是针对 B2C，与京东 POP(开放平台) 打通的“京东微店”；另一种则是针对 C2C，与拍拍网打通的“拍拍微店”。

据了解，京东微店需要服从 POP 原来的基础能力，如保证金、积分、处罚扣分等，而且需要做到正品保证、闪电发货和 7 天无理由退换等 POP 规则。

京东微店与微信和手机 QQ 的无缝对接，让这两个超级 APP 与京东中心化入口一同来解决眼下微店的流量困难问题，更加便捷地获得了流量和粉丝。

根据最新京东和易观发布的《2014 年微信购物发展白皮书》来看，京东大有后来者居上的潜质，通过购物入口的导流，京东服务号的粉丝数已达到 670 多万，并且新用户还在不断增长，微信购物的入口还将发挥出更大的价值。

目前，京东的移动端订单占比将近 30%，而在财报分析师会上，京东商城 CEO 沈浩瑜表示，绝大多数移动端订单是从京东的移动应用上产生的，京东与腾讯手机 QQ 和微信的合作仍处于初级阶段，“我们的目标之一就是将用户吸引到我们的品牌上，使其熟悉并习惯于京东的品牌，并最终使用京东的移动应用。”

1.3.4　微商

依托微信成长起来的微信第三方服务商，即微商，也是不容忽略的一个部分。

根据口袋购物旗下微店平台 2015 年发布的一季度报告显示，2015 年第一季度微店新增用户超过 900 万。

按照微店总的数据来看，自 2014 年 1 月 1 日微店正式发布第一个版本起，到 2015 年 3 月 31 日，微店用户已达到 2926 万，遍布全球 197 个国家，如图 1-10 所示。

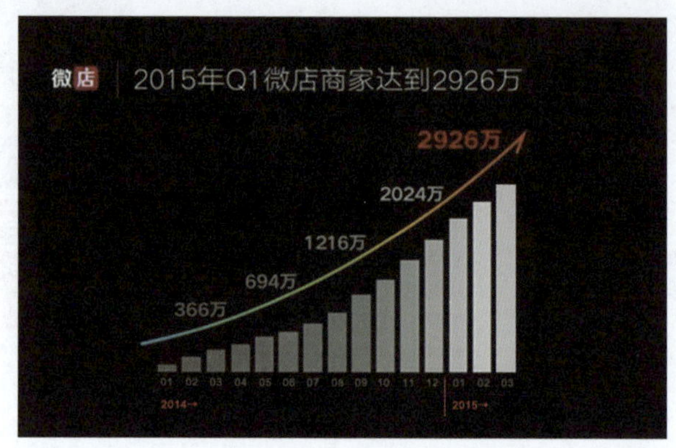

图 1-10　微店用户已达到 2926 万

出人意料的是，在城市的分布上看，微商人群集中在三线及以下城市，占比达 68%，增速快于一二线城市。在人群分布上，微店统计数据显示，80 后、90 后的微商数量占比达 88%。

随着大量小微企业和传统零售企业入驻微信公众平台，这一势能的爆发着实令人难以想象。目前很多像微盟这样的第三方开始涉足微商，微商成为移动电商最大的卖场。如此看来，微信也将成为电商人的主力战场。

1.4　移动电商的五大定位

马云曾说过："准确的市场定位是创业成功的关键。在创业之前，创业者必须明白自己究竟干什么行业，生产什么产品，只有有了精确的定位，创业者才能走得更快、更远。" 想要做好移动电商，下面的五大定位点是一定要考虑清楚的。

1.4.1　平台选择

如今移动电商发展迅猛，2014 年，我国移动购物市场交易规模达到 8956.85 亿元，年增长率达 234.3%；我国微信用户数量已达 5 亿，同比增长 41%。移动电商的建立是企业不得不面对的问题，进入移动电商领域之前，应该先了解一下移动电商平台的知识。

移动电商平台有哪些？除了大家非常熟知的手机淘宝、京东、天猫、微店等这些大平台之外，还有一些小而有特色的移动电商平台。

1. 小红书：5 个月销售 2 亿元

小红书 CEO 毛文超透露，一线城市用户是小红书的主流，占到总用户的 50%。而在特征上，“小红薯”们（指小红书用户）的年龄分布主要在 18 ～ 30 岁之间，以学生、白领居多，其中女性占到 70% ～ 80%，因此，社区讨论更多地集中在护肤美妆、包包、保健品等女性话题上，如图 1-11 所示。

图 1-11 小红书

2. 达令：重复购买率达 40% ～ 50%

据达令副总裁王西介绍，达令礼物的商品，零售价多数为几十元到两三百元之间，最贵的会达到两三千元。用户下单速度为 50 秒左右，重复购买率比较高，在 40% ～ 50% 之间，如图 1-12 所示。

3. 楚楚街：年交易额超过 20 亿元

原名欢乐淘、以“9 块 9 包邮”起家的楚楚街，正成为不少三四线城市 90 后的新宠。根据楚楚街官方数据，其目前拥有超过 7000 万的安装用户、覆盖全国 2568 个县市，2014 年电商交易额超过 20 亿元，日均订单数达到 20 余万，日均流量 300 万，月活跃用户 2000 万。目前客单价 60 元左右，如图 1-13 所示。

图 1-12　达令

图 1-13　楚楚街

4. 折 800：员工人数超过 1200 人

以低价、折扣起家的折 800，在不断向特卖商城模式靠拢，一方面可以抓住三四线品牌、白牌商家的需求，另一方面也可以摆脱对淘宝、天猫的依赖，如图 1-14 所示。

5. 明星衣橱：大刀阔斧 5 亿元抢市场

在 2015 年的“520 女神节”期间，仅一小时，明星衣橱全平台销售额就突破 800 万元，当天销售总额则达到 8000 万元。不过，明星衣橱 CEO 林清华透露，其在 2015 年投入了 5 亿元推市场，力争实现 100 亿元交易额。据了解，明星衣橱未来的主要增量将来源于国外流行品牌，如图 1-15 所示。

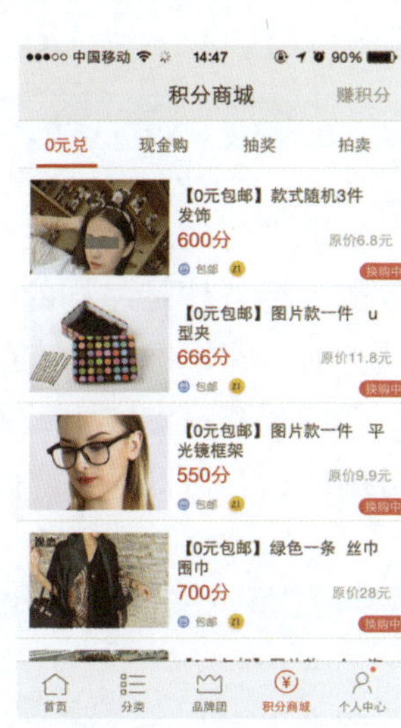

图 1-14 折 800

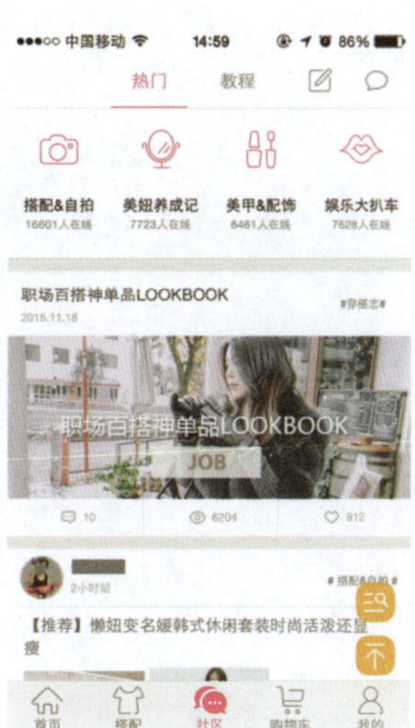

图 1-15 明星衣橱

除了入驻大型移动电商平台，搭建品牌自身独立的移动电商平台似乎也是一条新的发展之路。

在众多的移动电商平台中，手机淘宝平台算是创业的首选，为什么是手机淘宝呢？因为手机淘宝拥有庞大的用户群，而且有很多企业和个人都在手机淘宝中探索移动电商的发展，有利于创业的初期发展。

1.4.2 目标人群

选定平台之后，需要对目标人群进行一个定位，也就是说，你需要明确你所服务的目标群体是怎样的一个群体。只有把服务对象确定下来，才能更好地去实施其他的步骤，目标不清晰或没有目标，都可能导致店铺经营不下去。

仔细观察在淘宝中做得好的店铺，也不难发现，他们都是为特定的目标人群服务的，只有为目标人群提供他们想要的服务，生意才可持续。

1.4.3 运营思路

移动电商是一个新生行业，对于初创店铺而言，运营是非常重要的一环。运营思路的好坏往往会导致店铺生意的好坏。

在既定目标人群的基础上，我们确定运营思路可以从以下几点着手，如图 1-16 所示。

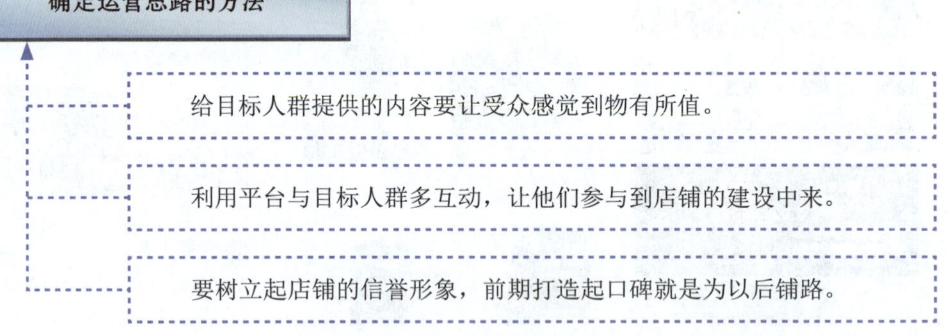

图 1-16

1.4.4 传播渠道

移动电商常见的传播渠道有：微信推广、QQ 推广、微博推广、贴吧推广、博客推广、邮件推广、付费网络广告推广、SEO 推广等。

新建的手机淘宝店铺可以利用微信、QQ、贴吧这几个传播渠道来进行推广。

微信的朋友圈和微信群是打广告的好地方，而且只要你卖的东西是符合朋友圈及微信群大部分人需求的，且质量不错，很快就会有朋友来支持了，QQ推广也是一样的道理。

贴吧就更细致了，贴吧可以细分到商品的品种，甚至品牌，当然，贴吧有贴吧的规矩，有一个宣传的过程，如果有吧友买了东西帮忙宣传，那效果会更好。

1.4.5 商业模式

随着市场、企业的发展，商业模式的更新，一种全新的商业文明来临。手机淘宝自身的商业模式很强大，如果没有淘宝网了，很多人会觉得生活都是不完整的。

假设你要去日本旅游，在手机淘宝下单，就会有人来接机；你要去马尔代夫旅行潜水，同样可以在手机淘宝定好所有的事情。所以这不是一个简单的商业模式，而是一个已经形成社会化的商业模式。

而初创店铺除了利用手机淘宝商业模式的优势外，还要创建属于自己的商业模式，除了直营，招商加盟等都是可以考虑的。

1.5 手机淘宝改变人们的生活

衣食住行，生活中的每个环节，都可以用手指点击手机屏幕上的那个橘黄色的“淘”字的APP来完成，饮料零食、服装日化、酒店机票、手机话费、音像数码、电影票优惠券……只要你能想到的，就都能在手机淘宝平台买到。

移动购物不仅渗透到生活的方方面面，买东西甚至成了一种有趣的娱乐活动。2014年，中国进入了移动互联的时代，淘宝网55%的商品是通过手机销售出去的，很多消费者的购物世界里只有一部手机。

11月11日，在这个日子还没变成一个购物节之前，它只是一个让光棍们自嘲发泄下，或者积极组织联谊活动争取“脱光”的，有点小闷骚的网络节日。2010年始，由淘宝创造了“双11”购物狂欢节，交易额从9.36亿元到52亿元再到2015年的912.17亿元，惊人的数字堪称奇迹。

抢购当天，除了“鹰的眼睛，豹的速度”这样稳准狠的下单能力，手机淘宝用户找到购物灵感还有另一个新渠道，那就是查看“附近的人在买啥”功能。淘宝无线数据显示，基于地缘的人际相关性，用户受周围一两百米的影响最大，跟风而迅速产生购买行为不在少数。

每天都有数十万用户在通过附近的人发现乐趣，很多用户本着“独乐乐不如众乐乐”的态度将这些商品分享到微博上，大家一起吐槽。“附近的人在买啥”更像是淘宝在 SNS 及本地化方面的试水动作，也可以看作一种 SNS 式导购，闲着无聊也可以刷着玩，给购物带来更多的玩乐味道。

“双 11”之后，“双 12”到来，这一次，淘宝无线换了玩法，除了继续“看附近的人在买啥”，还发布了“掌柜好声音”“手机抓蝴蝶”等利用智能手机语音功能和 AR 交互功能等特性的好玩的互动产品。淘宝无线事业部市场总监卢中涛说，让用户先玩起来、逛起来，也借着大促的热潮观察用户对这类产品的接受程度。

主打“好玩”，增强手机淘宝平台自身黏性的举措取得了超出预期的效果，用户玩过后自发在微博等社会化媒体上传播，除了口碑传播的意义之外，还让手机淘宝这个手指轻触屏幕“点”一下的这个行为，更像是一个开关，开启了一场关于生活的精彩好戏，在这场戏中，每个人都在舞台上找到适合自己的角色和表演方式。

2015 年，你手中的小小屏幕“贡献”了多少银子？你用移动设备看过“附近的人”买了啥没有？“双十二”你听到了淘宝“掌柜们”的叫卖声了吗？亲自体验了语音购物没有？

淘宝无线还尝试了跟哈根达斯这样的传统品牌合作，邀请用户用手机淘宝去哈根达斯指定门店扫二维码，并拍下获得奖励的活动。推出以摄像头为中心的一淘火眼和让用户用手机“晒”身边实体店的一淘逛街，都重点在改变人们的生活方式。

手机购物的这个动作，在跟O2O、语音互动、社会化媒体、LBS等新形式结合后，使其有了更长的生命周期。

淘宝无线事业部市场总监卢中涛表示，“我们首要的任务并不是促销，而是在于倡导用户养成一种符合移动互联网特性的生活习惯，让手机淘宝成为一个更有黏性的移动生活平台。”

阿里巴巴 2014 年的关键词是移动电商，手机淘宝的定位已经发生改变，将从购物入口变成移动生活消费入口。

1.6 移动电商强调“用户体验”

进入信息时代以来，技术变革层出不穷，各种应用精彩迭现，我们正在迎接新一轮信息化浪潮的到来。在这新一轮的网络和技术变革下，一个显著的特征，就是用户体验正日益成为驱动行业发展的原动力，引领下一个更加繁荣的信息化时代的到来。

人们用手中的小屏设备操控百万量级的丰富业务，无数应用以碎片化的形式填满用户的24小时，建立起一个始终在线的生活状态，而“用户体验”正被尊奉为至高无上的法则，如图1-17所示。

“速度”至上

在几千年的历史中，人类从未停止对速度的追求，在电信领域，人类以短短20年的时间，就将网络接入技术从拨号上网，发展到今天的光纤到户，其带宽足足提升了1000倍。尽管如此，人们对带宽的需求仍难以满足。

展望未来，网络速度将不再以某一业务需要多少带宽来衡量，而将从“用户体验”的角度出发，以让用户感觉不到网络存在的“零等待”，来牵引和推动网络的进一步发展。

“品质”至上

伴随着互联网的发展，互联网上的内容从文本、图片和声音等发展到今天的高清视频，无限逼近真实世界，成为媒体展现形式的终极目标。3D、超高清和增强现实等全新体验，不断刷新着技术，驱动着互联网新的发展。

与此同时，这些更为真实的技术表现形式还将渗入人们生活的各个方面，比如电子商务、社交和新闻等各种各样应用之中。

“自由”至上

固定互联网用户量达到20亿，用了20年。而移动互联网达到10亿用户量级，仅用了5年，发展速度是固定互联网的2倍。

移动互联网的快速发展，让人们摆脱了“有线”的制约，智能手机的普及将赋予人们以最大的自由。

同样，未来的业务也将以“按需供应(On-Demand)”体验为主，移动网络搭载按需供应(On-Demand)业务体验将成为人们的基本需求，人们能够无时无刻随心所欲地享受各种业务应用。

图1-17 用户体验

“简单”至上

从键盘、鼠标到触摸、体感，人机交互的历史就是人类追求简单天性的回归史。所有的“简单”，都是围绕人的自然交流方式进行的。尤其是手指和声音，这是上帝赐予人类最好的交流方式。

现在指纹、声音技术已经得到运用，未来更加自然的人机工程将引领用户体验发挥出更精妙的效果。

“分享”至上

Google 的搜索业务把“数理逻辑”引入互联网，使获取信息更加便捷。如果说“数理逻辑”只在简单易用的工具层面，那么 Facebook 则将“工具”上升到“人性”。Facebook 通过将“社会伦理”引入互联网，满足了人的社会属性带来的情感需求以及对分享的渴望，用户短短几年即超过了 8 亿。因此，无论是面向消费者还是企业的应用，社区化的“用户体验”将成为所有业务的基本特征。

人们对“用户体验”的永恒追求已经成为驱动信息社会化发展的原动力。这些“用户体验”的背后，是人类品性最基本和重要的特征。

图 1-17 用户体验（续）

第2章 开店交易：好的开始是成功的一半

开店交易：好的开始是成功的一半

- 充分的准备是成功的开始
- 手机淘宝开店前的认证
- 手机淘宝店铺的设置
- 手机淘宝的商品发布
- 手机淘宝商品管理
- 手机淘宝交易管理
- 手机淘宝给买家评价
- 用支付宝管理收支账目
- 卖家申请蚂蚁花呗

2.1 充分的准备是成功的开始

足不出户的便捷、商品全面的对比、低廉的价格，使得电子商务成为众多消费者的宠儿。随着移动互联网的发展，移动电子商务比之前的电子商务更加引人注目。

想要开展移动电子业务，首先需要在手机上拥有属于自己的店铺，现在移动网络交易最为活跃，最受卖家喜爱的交易平台就是手机淘宝。

那么，如何在手机淘宝上开一家独树一帜、标新立异、稳赚人气的网店，便成了许多自由创业者们重点考虑的问题。

2.1.1 充分的心理准备

手机上开店存在着很多不可预知的困难与挑战，因此卖家在手机上开店，首先要做的准备，不是别的，而是心理准备。

一个人的思想能够指挥他的行为和做事方式，因此，开手机淘宝店之前，必须先树立良好的心态，培养一颗平常心，这样才能在手机淘宝店开起来后稳扎稳打，不断拓展自己的事业。

目前手机上开店的大部分是年轻人，没有创业经验，所以很容易产生一些错误的心态，那么，充分的心理的准备与适当的心理疏导是必不可少的。先做好充足的心理准备，才能打好以后的市场战。

1. 保持积极的心态

创业有时会很顺利，有时也会充满艰难和风险，但你的心有多大，舞台就有多大，你想成功的愿望有多强烈，你就能取得多大的成就。**积极的心态能把坏事变好，消极的心态能把好事变坏，**如图 2-1 所示。

拥有积极心态的人，会给自己注入一种尝试新生事物的欲望，而那些拥有消极心态的人只会希望坏事不要落到自己头上。

不管怎样，对一个创业者来说，首先要学会自信，要相信自己的选择是正确的，相信自己能成功，这是创业的原动力。而积极向上的态度，会让人迫不及待地尝试新事物，催人不断奋进。

图 2-1　心态对比

2. 重视理想和快乐

虽然开店的目的是赚钱，但是不要仅仅把赚钱放在第一位。如果脑海里只有赚钱，往往就会忽略掉创业过程中一些宝贵的东西。

阿里巴巴 CEO 马云曾告诫过淘宝卖家：“大家肯定对自己的生意成交量很关切，对每个月能在淘宝上赚多少钱很在意，可是今天要想从网上赚大钱很难，但请相信在网上赚钱一定会是明天的趋势。未来 2 ～ 3 年内网上开店、网上购物、网上销售将会成为我们生活中很重要的一部分。所以**今天最重要的不是赚钱而是经验的积累。创业主不要为了钱而努力，要为了自己的快乐、为了自己的理想和经验的积累而努力。**”

3. 确定好奋斗方向

经营手机店铺最忌讳的就是急功近利，完全从表面看市场。有些店家看到手机淘宝上流行什么就马上经营什么，经营了才发现并不是那么简单的事，于是，被流行的表面市场牵着鼻子走，最后，只能感叹生意不好做，放弃开店。

其实，手机上开店和开实体店一样，需要考虑很多问题，需要做好一切准备，千万不要以为自己的店一开起来，摆几件商品就可以打开手机等着收钱了。虽然生意是具有一定集群性的，但也不是你同行的店开得很好，你自己的店开起来生意也会不错，要经历的过程一个不会少。而且任何一个新开的店，都会经历一个长短不一的生意暗淡期，都会面临各种困难，遇到各种挫折。所以，一定要多一份耐心，想想在手机淘宝上开店自己会得到什么、失去什么，最好和最坏的结果是什么。

不管做哪一行，每一次的成功，都需要付出无数辛苦和努力。所以，要成功，必须踏踏实实地奋斗。

4. 冷静地处理问题

创业需要冲动，但冲动过后更需要冷静。这种冷静理性的心态主要表现在对创业项目可行性的分析要全面、理性、严谨。

手机淘宝上的创业者大部分是首次创业的年轻人，一般没有创业经验，创业依据基本上是从书本上或从各种媒体上学到的相关知识与信息，对创业各方面的评估只停留在理论上，无法将理论与实践对接，深入地了解各个项目，所以，创业者应该尽可能把问题考虑周全，并向开店的朋友寻求一些经验，这样才能从容面对接下来的问题。

5. 准备好独立打拼

在家里时，父母会安排好一切；在单位时，领导会分配工作任务；而在创业时，店铺如何经营、店铺以后要往什么方向发展等一系列问题都需要由创业者自己来决定。

虽然遇到困难时可以咨询父母和朋友，但他们的帮助和建议只能起辅助作用，更多的时候，解决问题靠的还是自己的独立分析和决策，所以，一定要有独立打拼的心理准备，不要一出现困难就手忙脚乱。

6. 取对手长补己短

我们平时常可以见到这样的场面：一条街上全是卖吃的，或者一条街上全是卖衣服的，又或者一个店铺生意出奇地好，不久后就会有类似的店铺开在这家店的正对面。这是由产业的集群性决定的，手机淘宝也是一样的道理，如果有某一方面的店铺做得特别好，很多创业者会争相往那个行业领域钻，但这时会出现一个问题，这个做得好的店铺，同时也是自己的竞争对手，那么面对这样强劲的竞争对手，创业者应该怎么做呢？

面对比自己强的竞争对手，尤其这个对手还是行业的领头者，最忌讳的就是嫉妒。要知道，在手机淘宝上把一个店铺做大是很不容易的，这里头有太多你可以学习的东西，而嫉妒会蒙蔽你求知的双眼，也只会更加突显自己的不自信，是对自己极大的不肯定。对待这样的竞争对手，要学会欣赏，并从中学习他人的长处。

承认自己的不足，欣赏并从内心佩服自己的竞争对手是需要勇气的，但也是

成大事者所必备的心态。看到了别人的优点，承认自己的不足和缺点，才能够看清楚为什么别人比自己强，只有这样才能够不断进步，不断超越自己。

7. 坚持才是最根本

做任何事情都不能靠一时的激情和冲动，做好一个手机淘宝店铺同样也是这个道理。要做就要做到有始有终，如果遇到一点挫折，就怀疑自己的选择，丧失了克服困难的勇气，那么什么事情都做不好。

不管遇到什么情况都要以一颗平常心来对待，多花点时间学习别人的长处，提高自己的经营能力，把每件事情都认真地做好，只要顾客在，生意能循环，手机店铺就能够做活、做好。千万不要只有三分钟的热度，要经得起暂时性的失败和打击。

在遇到挫折时，要想办法平衡自己，给自己坚持下去的理由。现实中就有不少人因为无法坚持下去，不知道在逆境中如何鼓励自己，而丧失了原本很好的创业机会。

据调查，48% 的卖家只努力 1 个月，看不见成效就结束了生意；25% 的卖家努力 2 个月没有成功就结束了生意；15% 的卖家努力 3 个月没有成功就结束了生意；只有 12% 的卖家在 3 个月之后还一直在努力，而 80% 的大卖家是从这 12% 的人中产生的。如果你能坚持不懈，成为这 12% 中的一员，就有很大的成功机会。

2.1.2 充分的硬件准备

开手机淘宝店虽然不用去租门面、选地段、找仓库，但也需要做好相应的硬件准备，硬件是开手机淘宝店的基础和根本，没有相关的硬件，生意也是难以顺利开展的。

1. 工作场所

首先，开手机淘宝店需要有一个固定的工作场所，这个地址可以是自己家里，可以是自己租住的房子，也可以是公司。

卖家在发货时，包裹上需要写上自己详细的联系地址，如果地址不详，可能会让顾客有所顾忌。

2. 手机

既然是在手机上开店，手机自然是必不可少的。查询资料、查找货源、与顾客交流，很多环节都是通过手机实现的。只要是能下载手机淘宝的手机都可以，如图2-2所示。

3. WiFi 或流量

在移动互联网时代，大部分人的生活是离不开手机的，作为支撑手机进行各种活动的 WiFi 及流量，成为人们的关注重点，尤其是手机购物这种极其耗流量的活动，没有 WiFi 或足够流量的支撑，是不可能完成交易的，如图 2-3 所示。

图 2-2　手机

图 2-3　WiFi

4. 电脑

虽然是开手机淘宝店，但是电脑依然不可或缺。

电脑的配置不要求有多高，台式机或笔记本都可以，但是最好能保证良好的运行速度，并且能运行一些基本的绘图及图片处理软件、即时通信工具，最好带有光驱、配有移动硬盘等，这样可以更多地保存商品和顾客的资料，如图 2-4 所示。

图 2-4　电脑

5. 网络

不管你用的是有线上网还是无线上网，不管你是宽带上网还是拨号上网，不管你是在公司上网还是在家里上网，都必须要保证网络连接的畅通快捷。

6. 数码相机

数码相机是开手机淘宝店必不可少的一个硬件设备，如图 2-5 所示。

图 2-5 数码相机

开手机淘宝店需要把自己的商品图片上传到店铺中，由此向顾客展示商品，进行销售。这就需要借助数码相机快速地把自己的商品多角度、全方位、细致地送到顾客眼前，以增加成交的机会。

那么，手机淘宝店经营者在选购数码相机的时候，一定要根据自己所销售的商品来选择相机。对商品图片没什么特殊要求的店铺，一般的主流数码相机就够用了，如果经营的是手工艺品，或者是其他对照片清晰度要求很高的商品，就要选择像素尽量高的数码相机，因为照片不清楚还是会影响商品最终销售的。

7. 电话

开手机淘宝店，手机是一定会有的，手机号码自然会有，不过为了方便联系客户，最好还要有座机电话，这样才能与手机相互配合。

8. 传真机、打印机

生意做大做强之后，就需要经常和供货商及顾客签订合同，这也是对双方权利的法律保障，由于距离的原因，传真机就成为必要的选择。

传真机一般用于收发合同等，而打印机则可用于打印一些电子文档。目前市场上有不少打印、传真、复印一体机，价格从高到低一应俱全，各个卖家可以根

据自己的具体情况来选用，如图 2-6 所示。

图 2-6　传真打印机

9. 扫描仪

有时候，供货商提供的产品资料及图片为印刷品，无法直接传输到电脑里，这时就需要用扫描仪把图片扫描下来，再上传到手机淘宝店上，如图 2-7 所示。

图 2-7　扫描仪

2.1.3　充分的软件准备

在经营手机淘宝店的过程中，一些常用的软件应用同样也是必不可少的。

1. 电子邮箱

电子邮箱是互联网上应用最广泛的一种服务，具有快速、方便、廉价、可靠、易保存等特点。

通过电子邮件，你可以在几秒钟内与世界上任何有网络连接的顾客取得联系。

电子邮件的内容可以是文字、图片、音频、视频等各种方式，还可以收发大容量的附件。电子邮件已成为现代人交流的重要方式之一。拥有一个大容量的电子信箱，方便地与供货商及顾客联系，是手机淘宝店经营者必备的沟通工具。

现在，各大小综合类网站，如新浪、搜狐、网易、腾讯、雅虎等，都提供免费的电子邮箱服务，只需在网站首页按照提示操作，几分钟内就可以拥有自己的免费电子邮箱了，而且现在的邮箱都出了相应的手机 APP，又进一步方便了手机淘宝店的经营者，如图 2-8 所示。

图 2-8 QQ 邮箱 APP 界面

中国移动、中国联通等移动通信服务商也提供了手机邮箱的服务，手机淘宝店经营者也可以开通自己的手机邮箱，如图 2-9 所示。

2. 网上即时通信工具

卖家经营手机淘宝店主要是通过各种网上、手机即时通信工具来与顾客进行交流、洽谈，因此，拥有一个甚至多个即时通信软件是必不可少的。

除了常见的即时通信工具，手机淘宝交易平台也提供了即时通信工具——手机旺信及手机千牛，供买家及卖家使用，如图 2-10 所示。

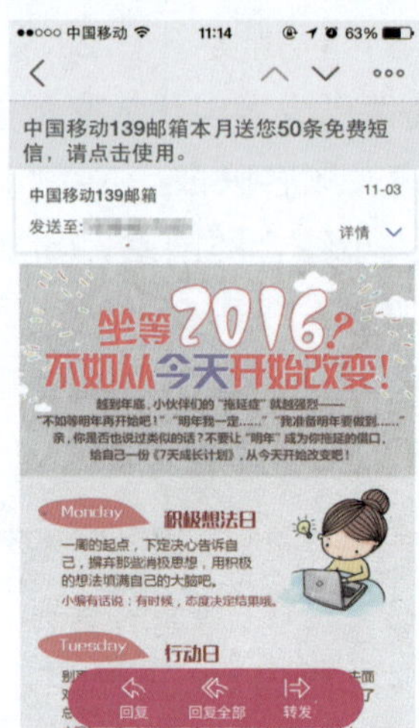

图 2-9　中国移动 139 邮箱 APP 界面

图 2-10　手机旺信（左）及手机千牛（右）

即时通信工具不但可以成为卖家与顾客交流沟通的手段，也可以作为宣传自己手机淘宝店的载体。

3. 基础的办公软件

Word、Excel 等软件可以方便地编写合同、编辑自己网店的文案、便捷地统计自己的销售情况等。

手机淘宝上开店，主要是通过文字与图片的形式向顾客展示自己的商品，顾客对商品的印象都体现在文字和图片上，好的文案会为自己的商品增色不少，会让买家对自己的小店留下深刻印象，所以这几种基本的编辑软件需要熟练掌握。

4. 图片处理软件

手机淘宝上开店除了需要用好的文案来介绍自己的商品外，还要用精美的图片来展示自己的商品，对买家来说，这是了解商品最直观的方式。

一张制作精良的图片能让买家一目了然，马上引起买家的购买欲望；否则，再好的商品也不会吸引买家的目光。

现在的图片处理工具有很多种，但应用最广泛的还是 Photoshop，Photoshop 的主要功能包括图像编辑、图像合成、校色调色及特效制作等，是一款功能全面、强大的图片处理软件。在手机淘宝店经营过程中，需要经常用到的制作图案、修整照片图片、加水印等，均可通过借助此软件来实现，如图 2-11 所示。

原图

处理后

图 2-11　PS 前后对比

2.1.4　准确的市场定位

所谓**市场定位，就是根据目标市场上同类产品的竞争状况，针对顾客对该类产品某些特征或属性的重视程度，并结合自身的情况，为自己的店铺及所经营的商品塑造有针对性的、强有力的、与众不同的鲜明个性或形象**，并将这种个性或形象生动有力地传递给目标顾客，**求得顾客认同**，从而使得顾客在众多网店中一眼就认出自己的店铺。其实质是使自己的网店与其他网店严格区分开来，并且使顾客能够明显感觉和认识到这种差别，从而在顾客心目中形成特殊的位置。

手机淘宝店铺的市场定位，就是卖家根据自己所拥有的各种资源，通过分析取舍组合，明确自己的网店与其他网店相比最具价值的发展方向，然后根据所选

中的产品或服务的属性，以及竞争对手的状况，确立自己的店铺在网络市场上的位置，并利用顾客对店铺相关产品或服务的重视程度，为店铺及所经营的商品塑造与众不同的形象，以**区别于其他竞争对手**。其实质就是对目标顾客群体的细分。

比如一个经营护肤品的手机淘宝店，如果把市场进行细分，针对不同的护肤功效进行分类，或者对护肤品的系列进行分类，如图 2-12 所示。把目标顾客群体确定为中青年女性，但是这个群体的需求差异性仍然很大，有的人皮肤好，只需要基础护肤；有的人长痘痘，需要特殊护理；有的人就是喜欢轻奢型护肤品。

每个顾客群体的市场就会变得小而具体，细分市场的规模、特点显而易见，顾客的需要清晰明了，就可以根据不同的商品制定出不同的市场营销组合策略，从而适应顾客不断变化的需求。

图 2-12　市场细分

所以，手机淘宝店需要一个准确的市场定位。对市场的准确定位可以帮你做到心中有数，有计划有目标，能够提高手机淘宝店运营的效率，使你的手机淘宝店及手机淘宝店所主营的商品在手机淘宝的顾客群中树立起可信赖的形象，以便取得有利的竞争地位，从而使店铺获得长久发展的可能。

在开店之前需要做的前期市场定位准备工作有产品定位、市场考察、货源渠道、店铺设计等，如图 2-13 所示。

产品定位

做任何生意，你都要首先明白自己要销售什么，对要销售的产品有一个好的定位是营销成功的关键。

通常对于卖家来说，如果对自身销售的产品有足够的信心，那么在销售的过程中就会有足够的底气去做宣传，而且在竞争日益激烈的市场上，卖家的诚信也是吸引消费者的一个亮点，同时也是招揽回头客的法宝。

在进行产品定位时，你需要了解这类产品是否真实可靠，质量是否足够完善，在目前的市场上是否拥有活跃的交易份额。当这些疑问都得到肯定的答案时，你就可以展开市场考察了。

市场考察

对产品进行了定位后，就需要进行市场考察，多跑几个实体市场，多进几家虚拟网店观察，看这类产品所占的市场份额有多大，是否达到市场饱和，还有无空缺、交易量如何、利润还有无上升的空间。

分析消费群体，看他们主要偏重于哪类消费品，要懂得跟上时代的潮流。

分析同行竞争者，观察其营销模式，看是否值得借鉴或加以改进。

任何营销都需要客流量的支撑，而且经实践证实，只有大的人流量才能提高客流量，而客流量决定了产品的成交量，简单地说，你先得保证你的店铺的流量。

货源渠道

做任何生意都要考虑成本因素，只有降低成本，才会有竞争优势，然而如何降低成本是许多开店的新手卖家最头疼的问题，其实货源才是关键。

好的货源渠道不仅保证了产品的供应链的顺畅，在缺货时可以及时补充货源，与好的厂家合作还能提高产品的质量和卖家信誉，同时货源渠道还有降低成本的优势，让产品在销售过程中以物美价廉吸引更多的人气。

进货切忌品种单一，规格不全，这样会极大地限制顾客的选择空间，让人感到无可选择，便失去了浏览的兴趣。

因此，初开店的卖家一定要找好货源，选择与那些有强大生产力的厂家合作，使产品尽可能多样化。

店铺设计

首次进入手机淘宝开店，卖家可以使用免费的扶植模板，而且可以自定义设置一些简单的布局。因为每一家店铺都是从扶植版升级到旺铺版的，所以店铺升级不可过于心急，要一步一步地来，但扶植版也需要有好的店铺设计，毕竟店铺就是一个脸面，因此一定要加以重视。

图 2-13　前期市场定位准备工作

2.1.5 手机淘宝店市场定位的原则

作为刚起步的手机淘宝卖家，在做市场定位时应该明确以下几点原则。

1. 重视类目选择

俗话说："隔行如隔山。"每一行都有自己的门道、自己的特点，都需要从业者花时间学习，不断累积经验。如果因为选择不慎而频繁转换行业的话，损失不小。

选择类目的原因

- **有资源**。比如，开服装店，自己家附近有大型衣帽批发市场；卖茶叶，自己家人朋友有茶叶货源；卖玩具，自己家族里有玩具工厂等。
- **看好行业前景**。比如几年前开始普及的智能手机、智能设备等。
- **兴趣爱好**。比如因为喜欢陶瓷器皿，有这个兴趣，于是开始做陶瓷器皿，这种情况下如果一开始生意很艰难，还是不要放弃，后来就会慢慢好起来的。

2. 重视消费者角度

消费者在网上购物是有自己的诉求的，有的求实惠，有的求新奇，有的求方便……针对不同诉求的消费者也需要采取不同的定位策略。

不过，几乎没有人可以一次就把定位定得很准确，所以创业者在经营过程中，需要不断思考、及时调整以及优化自己店铺的定位。

3. 重视消费者心理

手机淘宝店市场定位的起点是网民的消费心理，只要把握了网民的消费心理，并借助恰当的手段把这一定位传递给目标网民即可。

准确的市场定位是要掌握已存在于顾客心中的想法，打开顾客的联想之门，使自己提供的商品在顾客心目中占据有利地位。

在掌握消费心理的同时，也要琢磨自己准备经营的产品，使顾客对你所经营品牌的心理定位与相应产品的功能和利益相匹配，定位才能准确。

消费者心理

价格牌：利用低价来跑量，实现薄利多销的销售目的，或者是通过低价吸引顾客，从而拉动高价商品。

专业牌：利用自己的专业知识博取顾客的信任，比如一些新技术产品，或者较难使用的产品。

特色牌：店里的产品可以做到“人无我有，人有我优”。

增值牌：提供超出买家期望的增值服务，所售商品有较大的附加价值，或者在手机淘宝平台上为其他卖家提供服务。

感情牌：感情是需要时间和耐心来维护的，现在有很多母婴用品店的店主就是刚生完宝宝的妈妈，这样的掌柜在和买家交流时，容易引起共鸣，有利于交易的达成。

2.2 手机淘宝开店前的认证

手机淘宝开店都需要进行认证，本节就给大家介绍相关认证的内容。

2.2.1 支付宝实名认证

手机淘宝的交易需要通过支付宝来进行，而手机淘宝开店需要对支付宝账户进行实名认证，具体方式如下。

步骤 01 登录支付宝官网（https://www.alipay.com/），输入账号、密码进行登录，如图 2-14 所示。如果没有支付宝账户的用户，可以先注册。

步骤 02 执行操作后，进入支付宝主页面后，单击主页面上方的“账户设置”按钮，如图 2-15 所示。

步骤 03 进入“账户设置”页面后，在基本信息栏单击“立即认证”按钮，如图 2-16 所示。

步骤 04 进入“实名认证”页面，单击“立即验证”按钮，如图 2-17 所示。

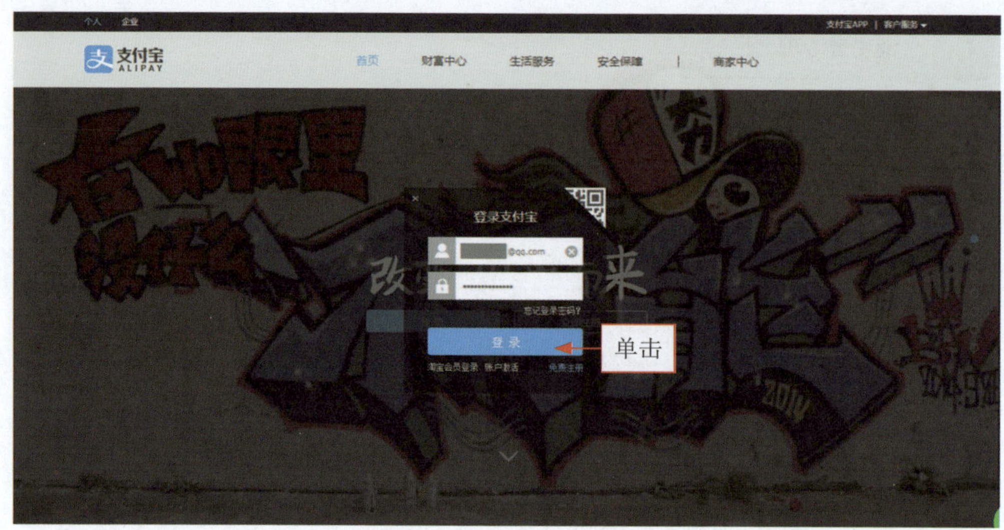

图 2-14　支付宝官网

图 2-15　单击“账户设置”按钮

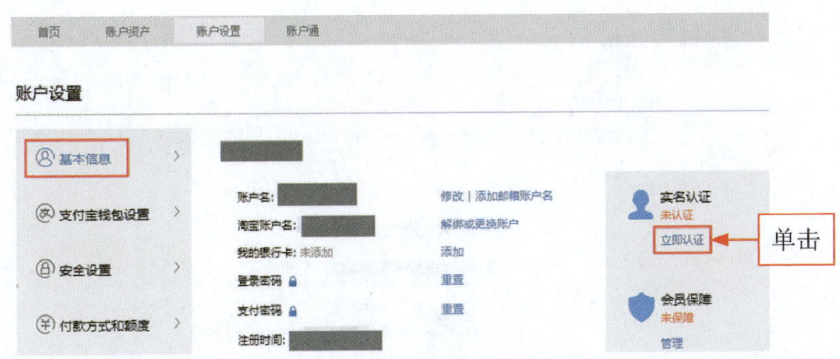

图 2-16 单击“立即认证”按钮

图 2-17 单击“立即验证”按钮

步骤 05 进入“身份信息验证 (实名校验)”界面，输入账户名、真实姓名、身份证号码，单击“下一步”按钮，如图 2-18 所示。

步骤 06 进入“银行卡验证 (实名认证 v1)”界面，输入真实姓名、身份证号码、银行卡卡号、手机号码，单击“下一步”按钮，如图 2-19 所示。

步骤 07 弹出“手机校验”对话框，输入校验码，单击“下一步”按钮，如图 2-20 所示。

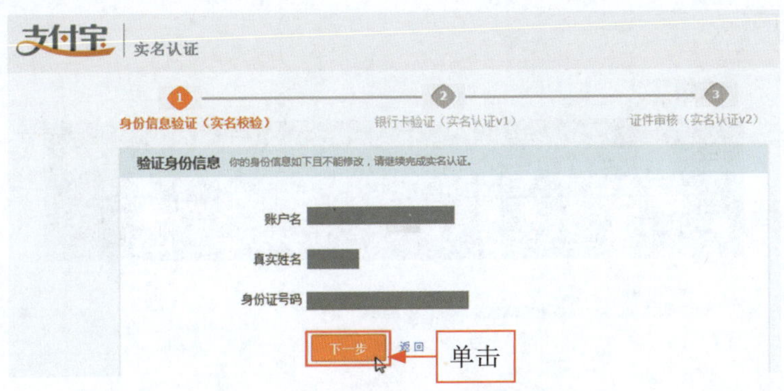

图 2-18 单击“下一步”按钮

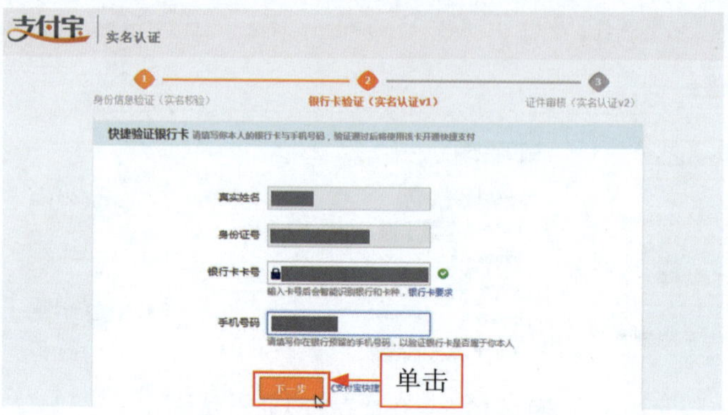

图 2-19 单击“下一步”按钮

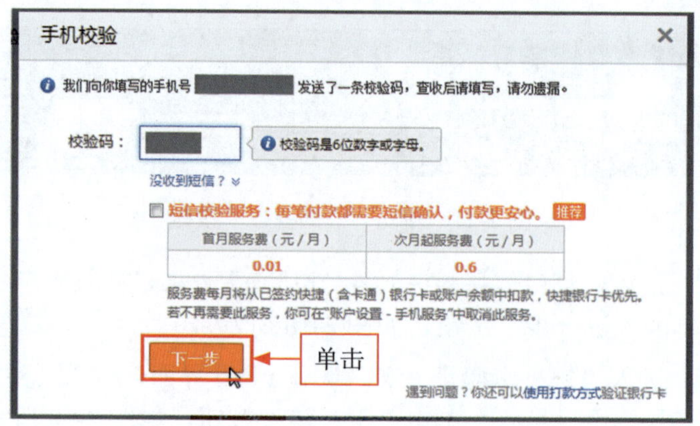

图 2-20 单击“下一步”按钮

步骤 08 执行操作后，进入提示成功页面，即可完成实名认证 (v1) 的操作，如图 2-21 所示。

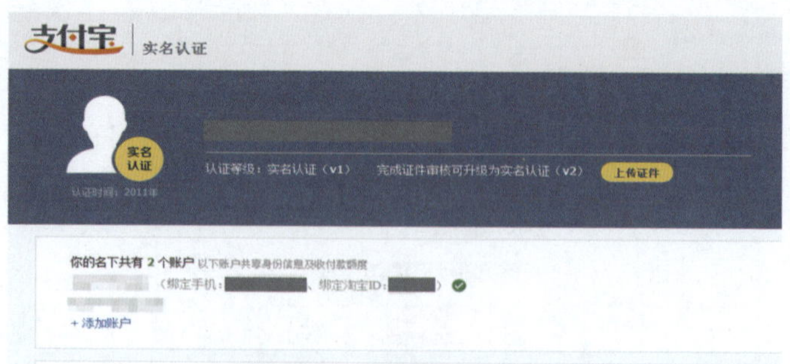

图 2-21 完成实名认证

2.2.2 支付宝绑定淘宝账户

完成支付宝实名认证后，应将支付宝账户绑定至淘宝账户。对于没有淘宝账户的用户，可以先进行注册。

步骤 01 用户在淘宝网 (http://www.taobao.com/) 登录账户后，在“账号管理”|“支付宝绑定设置”界面下，输入支付宝账户名、登录密码和验证码并单击“立即绑定”按钮，如图 2-22 所示。

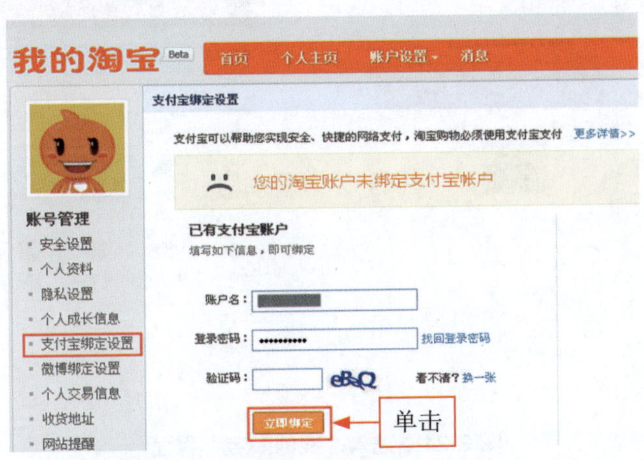

图 2-22 单击“立即绑定”按钮

步骤 02 执行操作后，即可完成支付宝的绑定，如图 2-23 所示。

图 2-23 完成支付宝绑定

2.2.3 手机淘宝开店认证

手机淘宝开店认证的具体步骤如下。

步骤 01 打开手机淘宝客户端，登录自己的淘宝账号，进入“我的淘宝”界面，如图 2-24 所示。

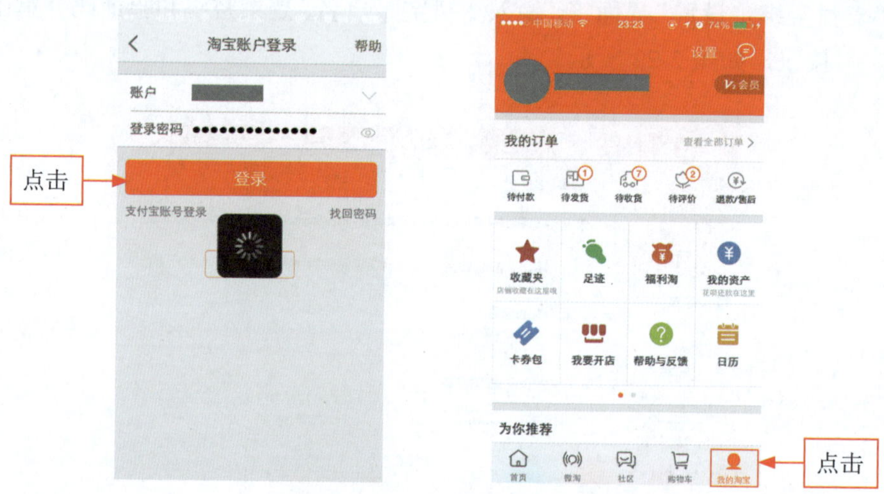

图 2-24 进入“我的淘宝”界面

步骤 02 点击“我要开店”按钮，进入“免费开店”界面，如图 2-25 所示。

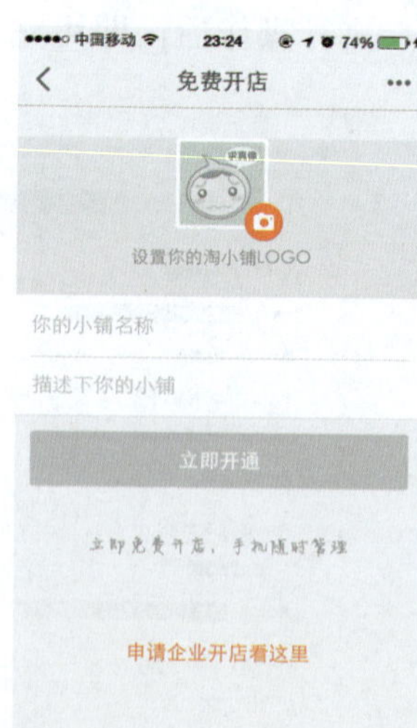

图 2-25 进入“免费开店”界面

步骤 03　在“免费开店”界面填写相关信息，并点击“立即开通”按钮，如图 2-26 所示。

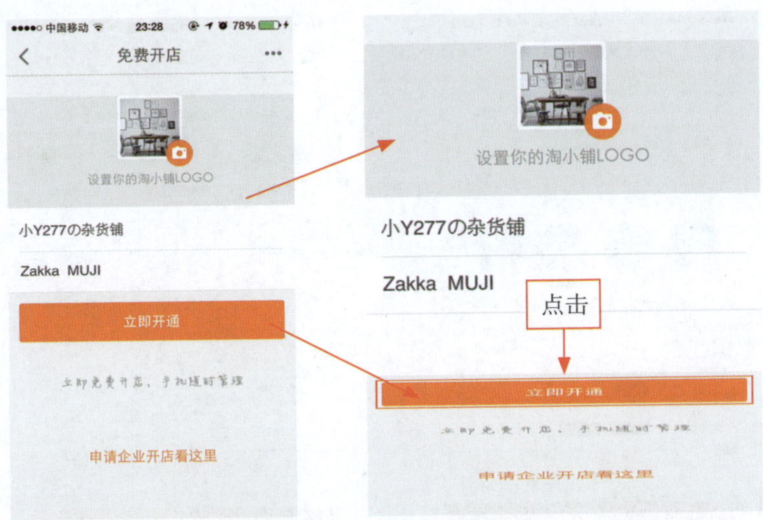

图 2-26　点击“立即开通”按钮

步骤 04　点击“立即开通”按钮后，即可进入“我的店铺”界面，之前我们已经在支付宝中进行了实名认证，并用支付宝绑定了淘宝账户，所以“实名认证”已经通过，点击“淘宝开店认证”按钮，如图 2-27 所示。

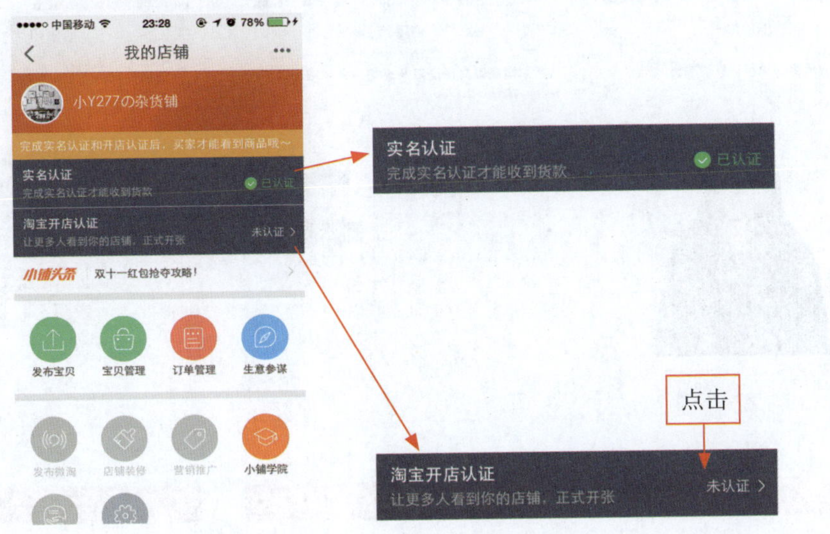

图 2-27　点击“淘宝开店认证”按钮

步骤 05　进入“身份认证”界面，确认姓名和身份证号码，点击“确定”按钮，进入“拍摄照片”界面，如图 2-28 所示。

图 2-28　进入“拍摄照片”界面

步骤 06　在添加拍摄的照片时，系统会自动给出提示，只需按提示直接拍摄照片即可，如图 2-29 所示。

图 2-29　拍摄照片提示

步骤 07　拍摄完成后，点击“提交”按钮，如图 2-30 所示。

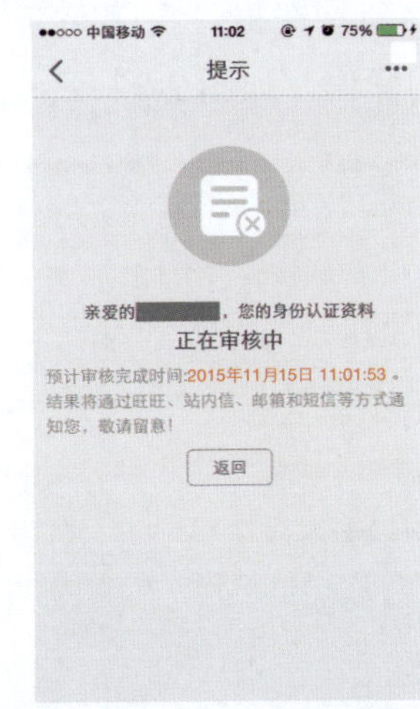

图 2-30　点击“提交”按钮

专家提醒

审核的时间一般是 1 ～ 3 天，审核通过后，会以短信等形式通知用户。用户也可在“我的淘宝”|“我是商家”界面查看审核进度，如图 2-31 所示。

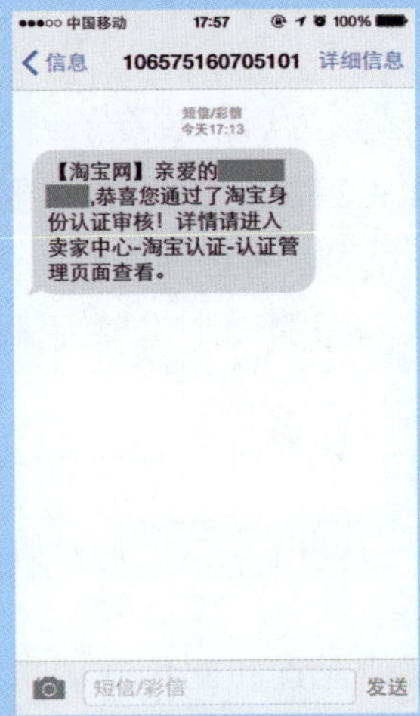

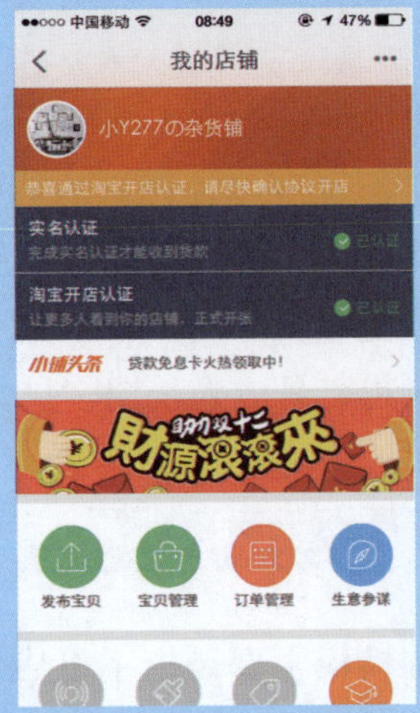

图 2-31　查看审核进度

步骤 08　审核完成后，点击“恭喜通过淘宝开店认证，请尽快确认协议开店”按钮，进入“确认开店协议”界面，选择“我已阅读协议”，点击“确认开店”按钮，即可完成手机淘宝开店的操作，如图 2-32 所示。

图 2-32　点击“确认开店”按钮

2.3　手机淘宝店铺的设置

有了自己的手机淘宝店铺后，接下来就该为店铺装修了。

装修店铺不仅可以使卖家的店铺更加美观，还能显现出卖家对店铺的重视程度，让买家认可卖家的经营态度，从而提升买家对店铺的好感度。

店铺装修是让买家对卖家店铺产生认同感的一个重要因素，买家对店铺的认同感越强，就越容易成为长期客户。

2.3.1　选择手机店铺模板

手机店铺模板主要是指手机店铺的模板元素和配色基调，它决定了手机店铺给人的直观印象，所以选择一个合适的手机店铺模板很重要。选择手机店铺模板的具体操作步骤如下。

步骤 01 登录手机淘宝，点击“我的淘宝”|“我是商家”按钮，进入“我的店铺”界面，点击“店铺装修”按钮，进入“店铺装修”界面，如图 2-33 所示。

图 2-33　进入“店铺装修”界面

步骤 02 在“店铺装修”界面中，有三个模板样式可供选择，如果不确定自己想要什么模板，可以选择一个模板，点击“预览效果”按钮，预览模板的效果，如图 2-34 所示。

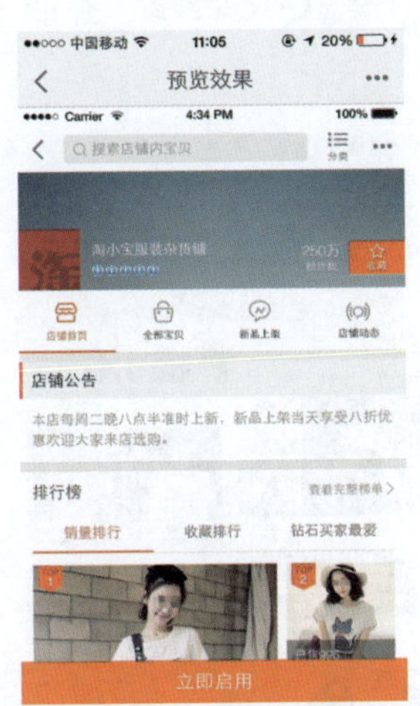

图 2-34　预览模板的效果

步骤 03 预览模板如果不满意，可以换一个预览，预览模板觉得满意后，点击“立即启用”按钮，即可设置手机店铺模板，如图 2-35 所示。

图 2-35　启用模板

2.3.2　手机店铺的招牌设置

手机店铺招牌设置的具体操作步骤如下。

步骤 01　在“店铺装修”界面中，点击“装修设置”选项，弹出下拉列表，如图 2-36 所示。

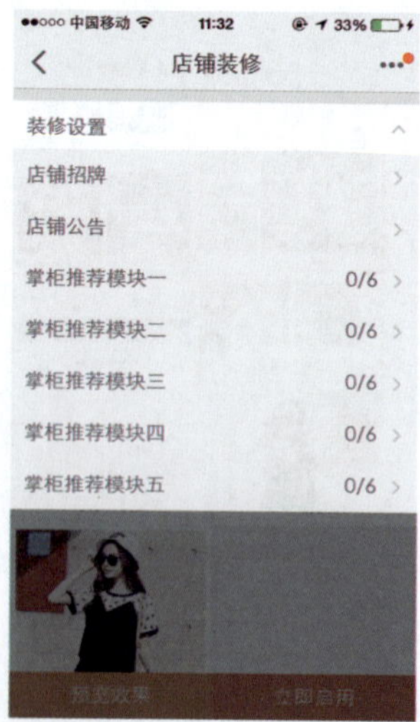

图 2-36　弹出下拉列表

步骤 02 点击“店铺招牌”选项，弹出三个选项，如图 2-37 所示。

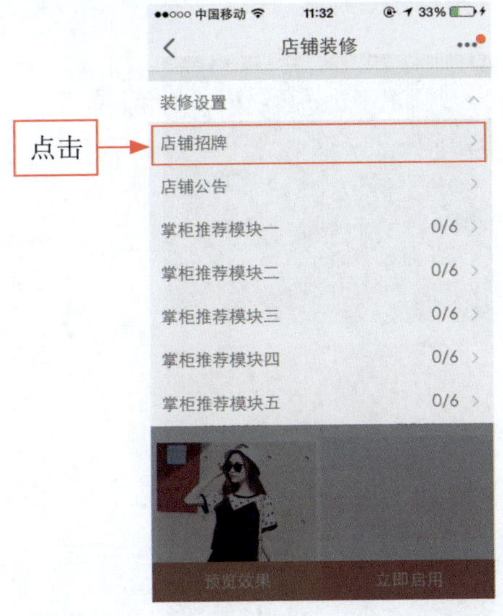

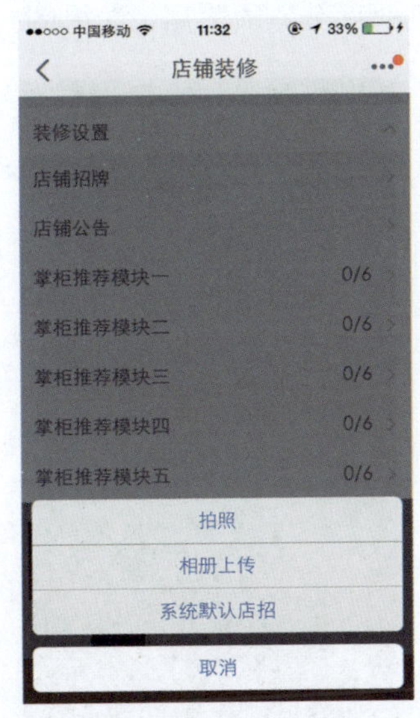

图 2-37 店铺的基本设置

步骤 03 为了突显手机店铺的独特性，一般选择“相册上传”选项，那么店铺招牌就可以自己做或者使用与店铺风格一致的图片，如图 2-38 所示。

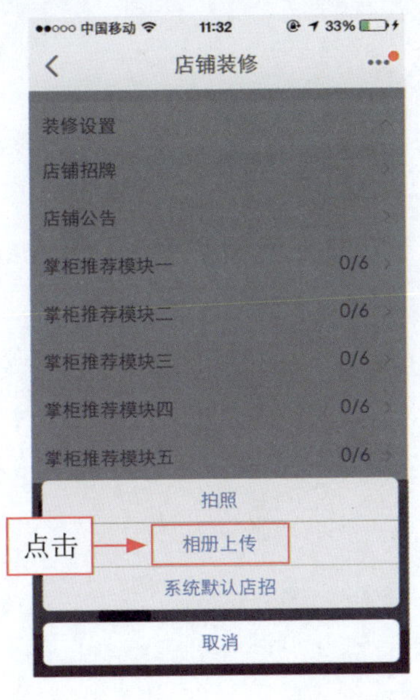

图 2-38 相册上传图片

步骤 04 在“编辑裁剪”界面中，将图片移动至合适的位置，点击“下一步”按钮，预览裁剪部分，预览后，觉得图片可以，就点击“确定”按钮，如图2-39所示。

图 2-39 点击“确定”按钮

步骤 05 设置成功后，在“店铺装修”的下拉菜单中，可以看到店铺招牌一项旁边显示的上传图片，收起下拉菜单，点击“请查看店铺”按钮，即可进入店铺查看店铺招牌情况，如图 2-40 所示。

图 2-40 查看店铺招牌

2.3.3 手机店铺添加分类

手机淘宝店铺与实体店一样，商品都需要按类别归位，产品分好类，就像请来了一个不说话的“导购经理”，既能方便客户选购，又能方便自己对商品进行管理，如图 2-41 所示。

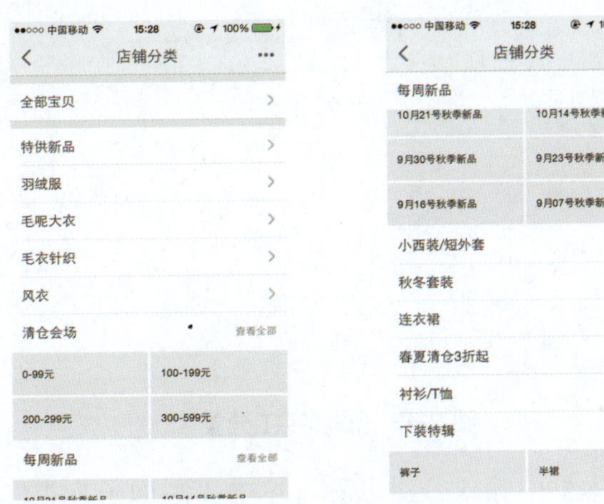

图 2-41　手机店铺商品分类

由于目前手机淘宝还不能直接进行设置，所以需要在淘宝网的卖家后台进行操作。添加商品分类的具体操作步骤如下。

步骤 01　登录淘宝网，进入到“我的淘宝”页面，在“我是卖家”下面的“店铺管理”中单击“宝贝分类管理”超链接，如图 2-42 所示。

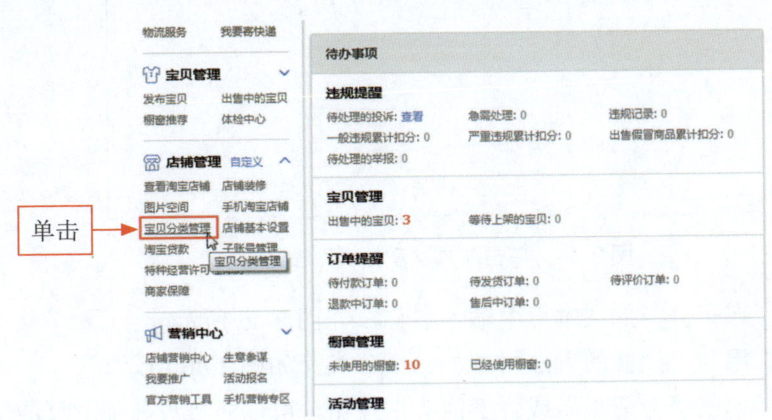

图 2-42　单击“宝贝分类管理”超链接

步骤 02　在“宝贝分类管理”页面中，单击“添加手工分类”按钮，“添加手工分类”按钮的下面将出现分类名称，如图 2-43 所示。

图 2-43　添加手工分类

步骤 03　在文本框中输入分类名称，单击“添加子分类”按钮，如图 2-44 所示。

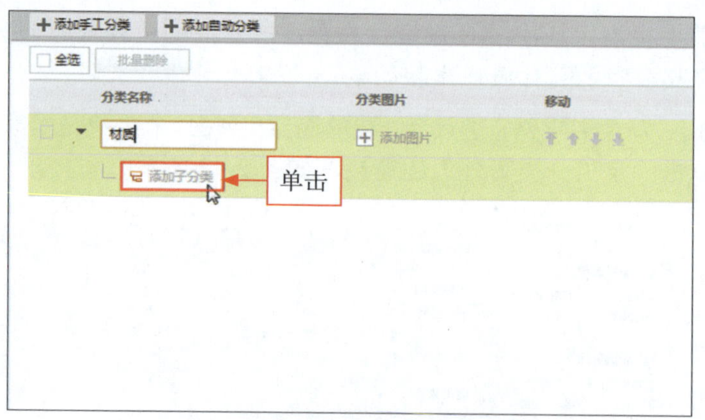

图 2-44　单击“添加子分类”按钮

步骤 04　在子分类的文本框中输入名称，如图 2-45 所示。

步骤 05　用与上同样的方法再添加一个分类，如图 2-46 所示。

步骤 06　单击“上箭头”或“下箭头”按钮，可以将宝贝分类上移或下移，如图 2-47 所示。

图 2-45　添加子分类

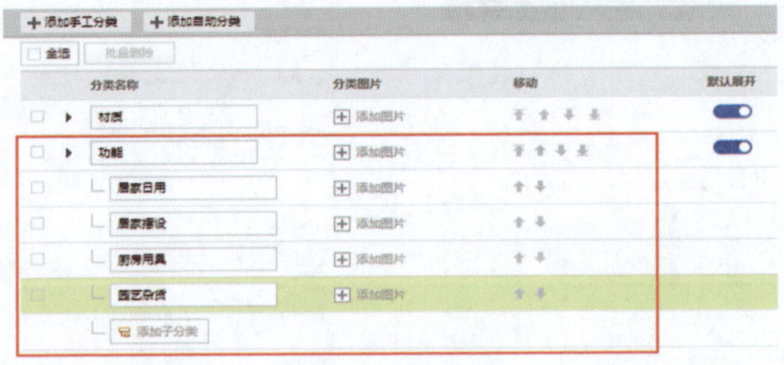

图 2-46　添加分类

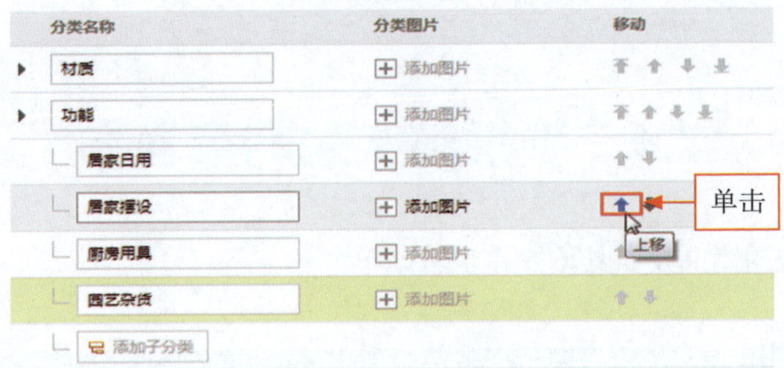

图 2-47　上移或下移宝贝分类

步骤 07　设置完毕后，单击“保存更改”按钮，即可完成设置，如图2-48所示。

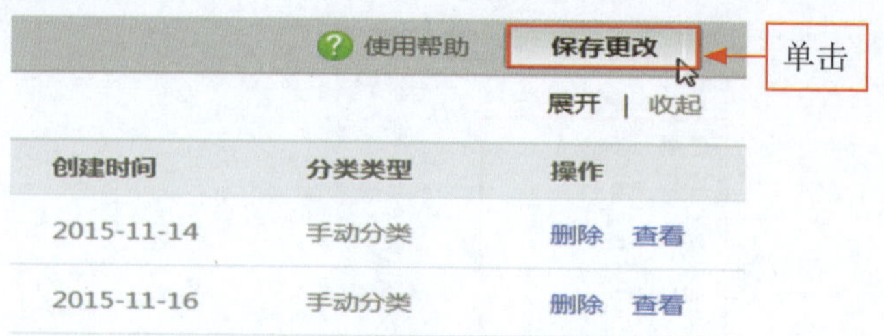

图 2-48 单击“保存更改”按钮

步骤 08 设置完毕后，进入自己的手机淘宝店铺，点击“宝贝分类”按钮，即可查看设置的宝贝分类，如图 2-49 所示。

图 2-49 查看设置的宝贝分类

2.4 手机淘宝的商品发布

手机淘宝的商品发布具体操作步骤如下。

2.4.1 宝贝基础信息编辑

步骤 01 进入“我的店铺”界面，点击“发布宝贝”按钮，进入“发布宝贝”界面，如图 2-50 所示。

图 2-50　进入“发布宝贝”界面

步骤 02　点击“[图标]”图标，插入宝贝的展示图，如图 2-51 所示。

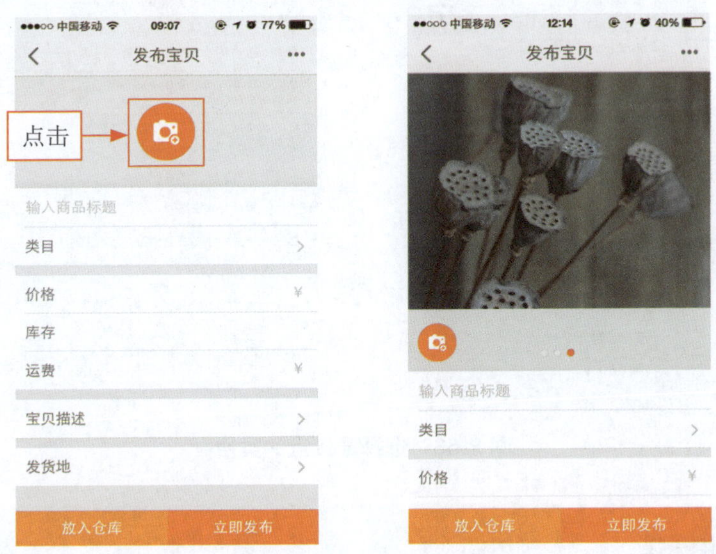

图 2-51　插入宝贝的展示图

步骤 03　点击“输入商品标题”选项，填写宝贝标题，并点击“类目”按钮，进入“选择类目”界面，如图 2-52 所示。

步骤 04　在搜索栏里输入关键词，点击“搜索”按钮，在出现的类目中，选择与自己店铺宝贝最接近的类目，点击选择即可，如图 2-53 所示。

图 2-52　进入“选择类目”界面

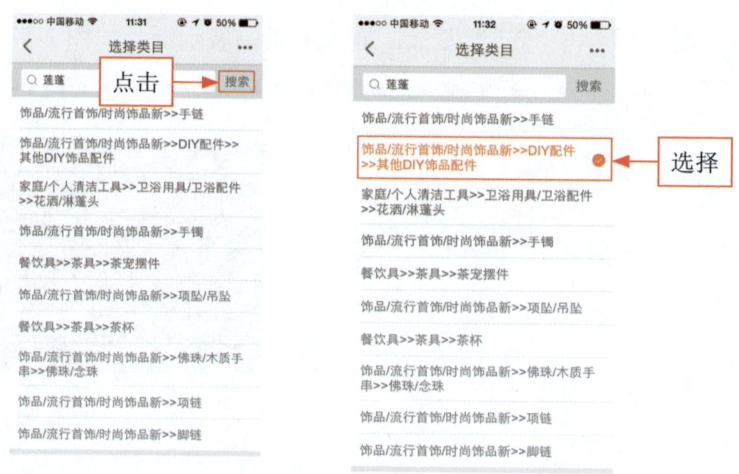

图 2-53　选择最接近的类目

专家提醒

选择发布宝贝所属的类目时，一定要尽可能准确选择，否则会被淘宝下架处罚。

步骤 05　填写其他信息，点击“宝贝描述”按钮，在“宝贝描述”界面中，添加文字和图片，如图 2-54 所示。

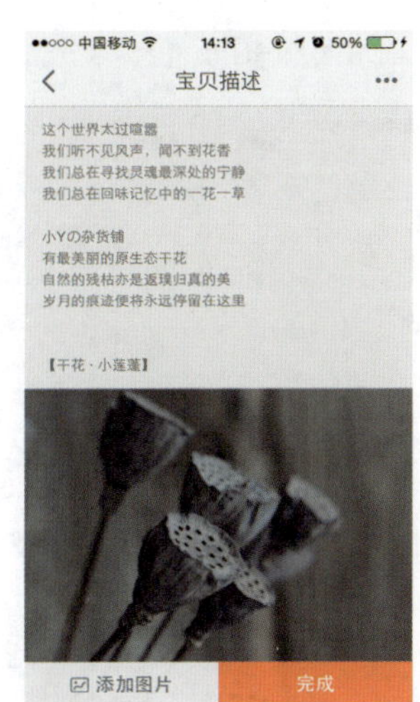

图 2-54　添加文字和图片

步骤 06　完成设置后，点击“立即发布”按钮即可。

2.4.2　宝贝发布信息的完善

发布宝贝信息完善的具体步骤如下。

步骤 01　进入“卖家中心”页面，在“卖家中心”下方的“宝贝管理”选项中，单击“出售中的宝贝”超链接，如图 2-55 所示。

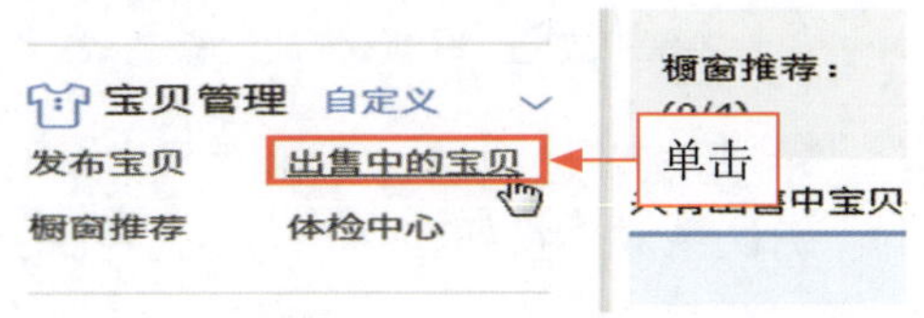

图 2-55　单击“出售中的宝贝”超链接

步骤 02　在“出售中的宝贝”页面中，选择你要修改图文详情的宝贝，单击宝贝最右侧的“编辑图文详情”超链接，如图 2-56 所示。

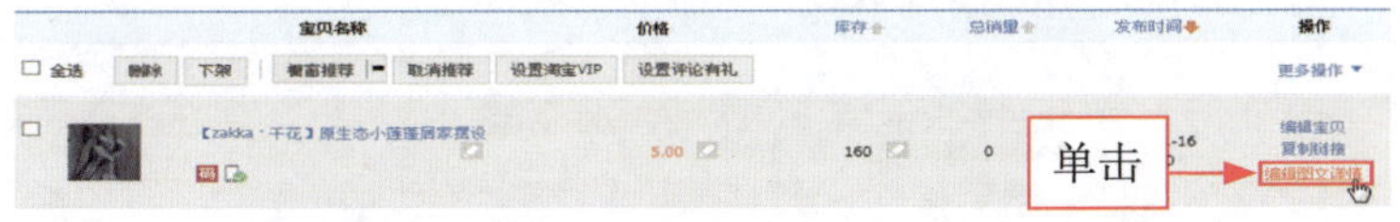

图 2-56　单击“编辑图文详情”超链接

步骤 03 进入编辑页面，修改“电脑端”的宝贝描述格式，如图 2-57 所示。

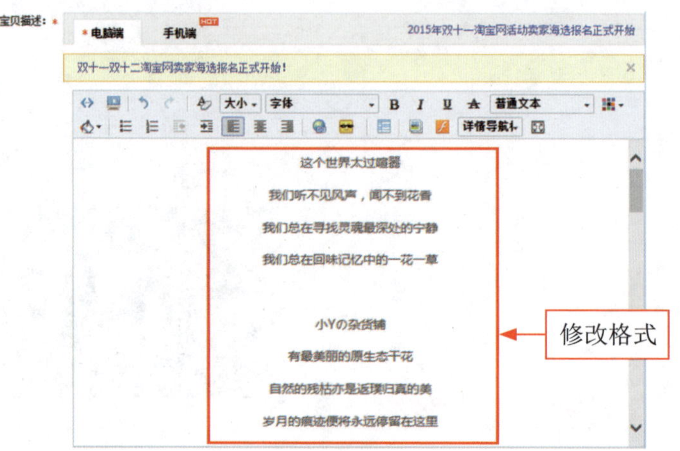

图 2-57 修改格式

步骤 04 单击“宝贝描述”页面下方的“生成手机版宝贝详情”按钮，弹出提示对话框，单击“确认生成”按钮，如图 2-58 所示。

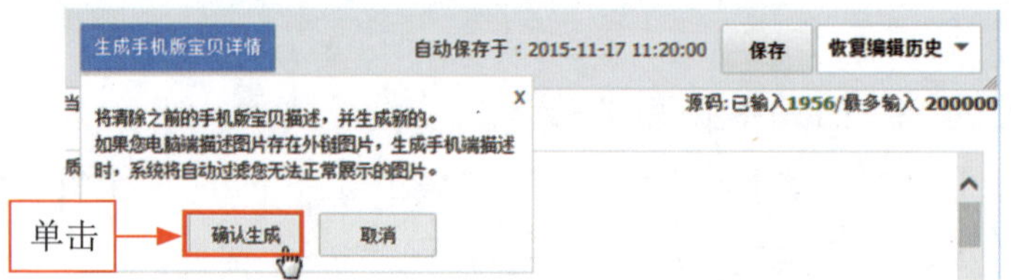

图 2-58 单击“确认生成”按钮

步骤 05 切换至“手机端”选项卡，单击“导入电脑端宝贝详情”按钮，弹出询问对话框，单击“确认生成”按钮，可以修改手机端显示，如图 2-59 所示。

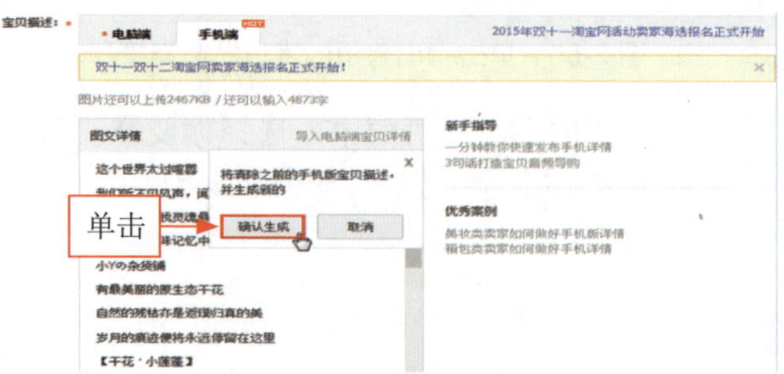

图 2-59 单击“确认生成”按钮

步骤 06　选中店铺分类前面的复选框，为宝贝选择对应的分类，可以选择多项，如图 2-60 所示。

图 2-60　为宝贝选择对应的分类

由于运费模板已经升级了，所以运费的设置和以前不一样了。设置运费模板的具体步骤如下。

步骤 01　单击“新建运费模板”按钮，如图 2-61 所示。

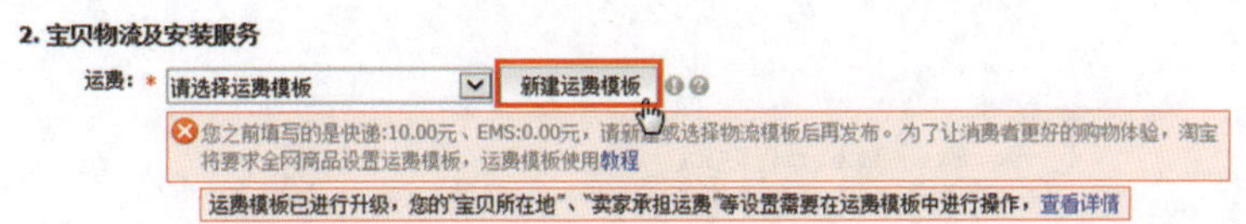

图 2-61　单击“新建运费模讽板”按钮

步骤 02　进入“新增运费模板”页面，设置“模板名称”“宝贝地址”“发货时间”“是否包邮”“计价方式”“运送方式”都是必填写，不能为空。单击“为指定地区城市设置运费”，设置特定包邮地方邮费，既然是包邮，自然首重和续重的费用都为 0，如图 2-62 所示。

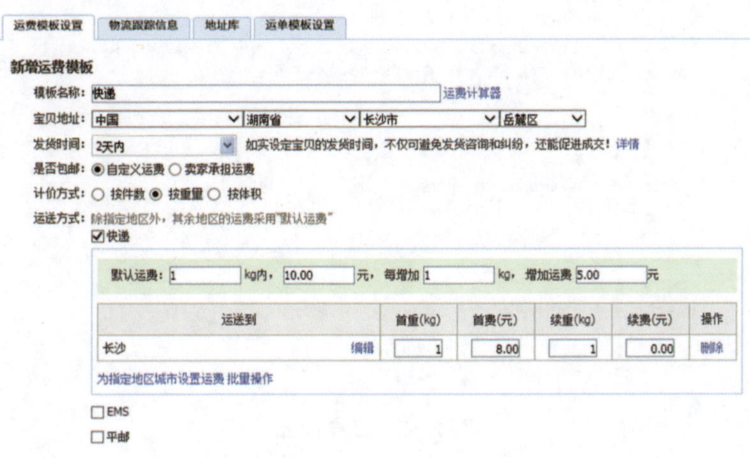

图 2-62　设置“新建运费模板”

步骤 03 “指定条件包邮 ”是可选填的部分，可以根据自己的运费需求制定，如果不需要就不用填写了。上面的信息填写无误后，可以单击“保存并返回”按钮，如图 2-63 所示。

图 2-63　单击“保存并返回”按钮

步骤 04 应用成功后，可以看到设置的事项，如图 2-64 所示。

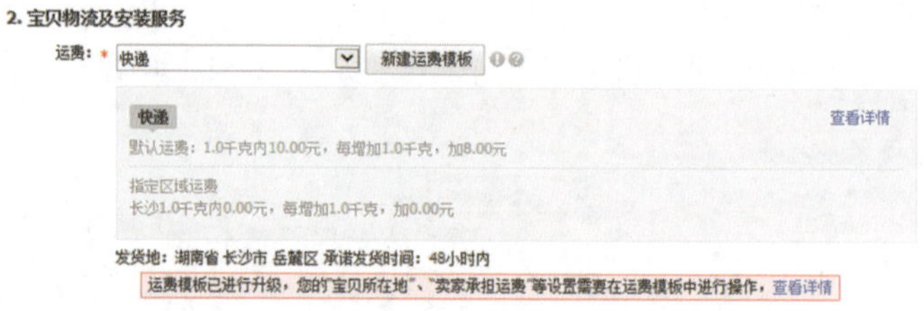

图 2-64　查看模板

设置其他信息的具体操作如下。

步骤 01 在物流信息下方，填写其他宝贝信息，确认无误后，单击“确认”按钮即可，如图 2-65 所示。

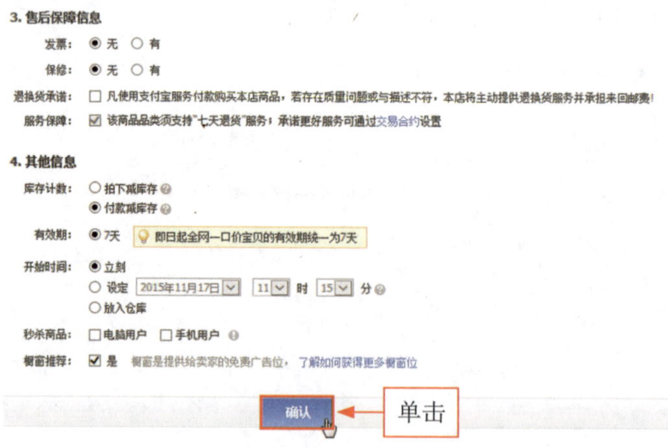

图 2-65　发布商品

步骤 02 物流信息可以在手机端查看，如图 2-66 所示。

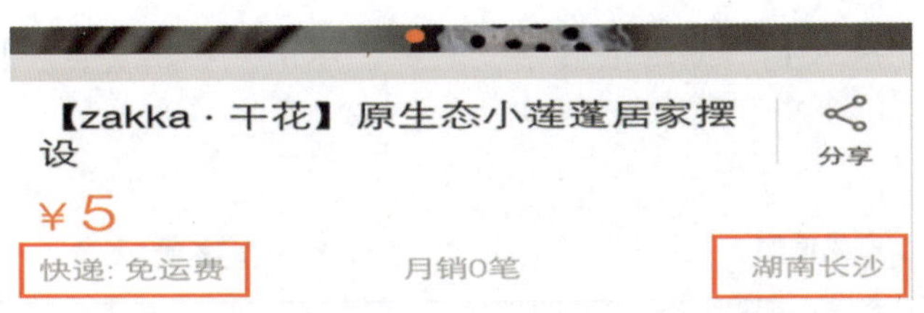

图 2-66　发布商品

2.5　手机淘宝商品管理

淘宝店铺的商品管理包括修改商品信息、修改商品销售属性、修改商品物流费用、商品上下架、橱窗推荐、宝贝体验几个方面。

2.5.1　修改宝贝信息

修改宝贝信息的具体操作如下。

步骤 01　进入到卖家中心以后，单击“宝贝管理”，在“宝贝管理”下方选项栏中，单击“出售中的宝贝”超链接，如图 2-67 所示。

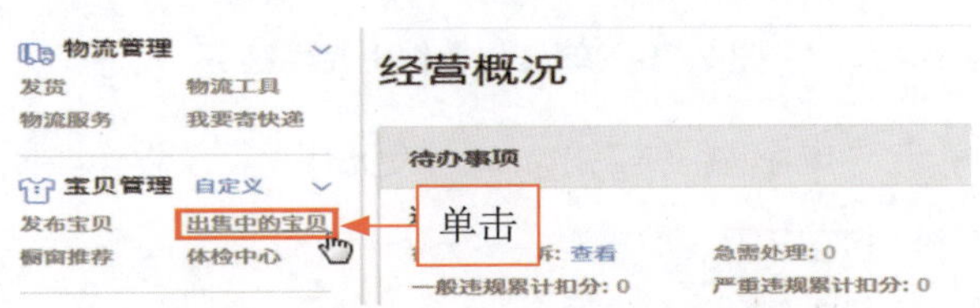

图 2-67　单击“出售中的宝贝”超链接

步骤 02　执行操作后，即可进入到“出售中的宝贝”页面，单击“编辑宝贝”超链接，如图 2-68 所示。

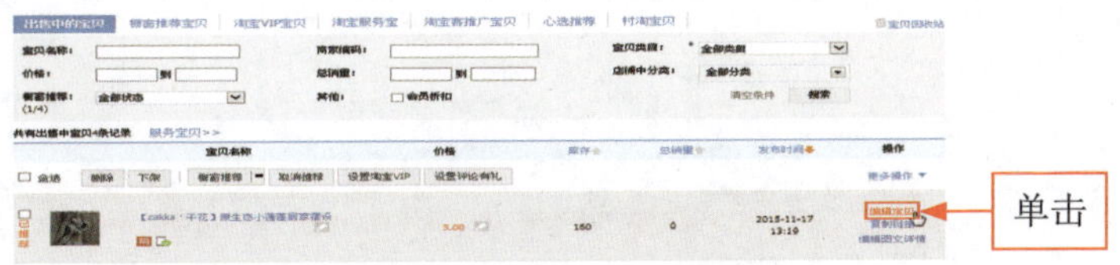

图 2-68　单击“编辑宝贝”超链接

步骤 03　进入到“编辑宝贝”页面中，单击“编辑类目”按钮，即可重新选择商品类目，如图 2-69 所示。

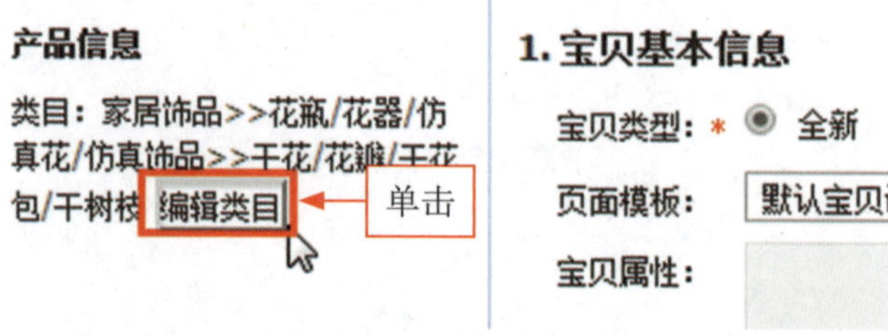

图 2-69　单击“编辑类目”按钮

步骤 04　单击“文件上传”按钮，即可添加图片，如图 2-70 所示。

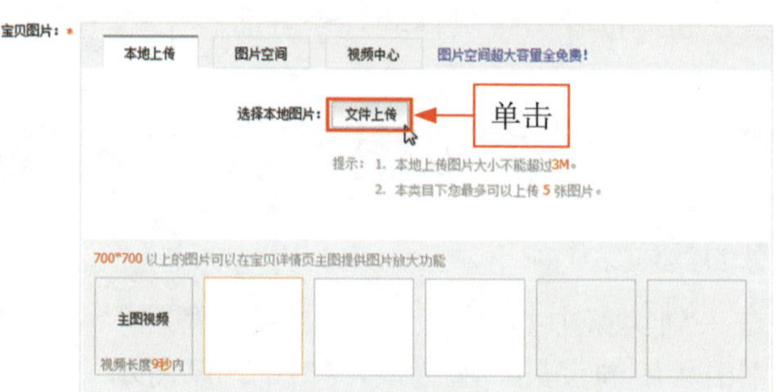

图 2-70　单击“文件上传”按钮

步骤 05　单击“电脑端”按钮，即可更改内容信息，如图 2-71 所示。

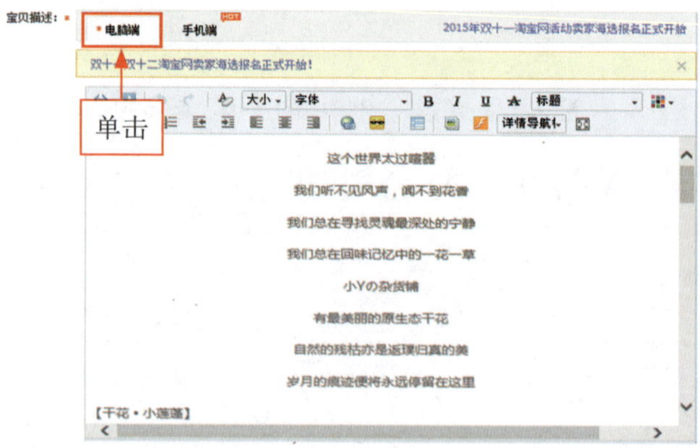

图 2-71　单击“电脑端”按钮

步骤 06 检查确认无误后，单击“确认”按钮，即可完成修改商品信息的操作，如图 2-72 所示。

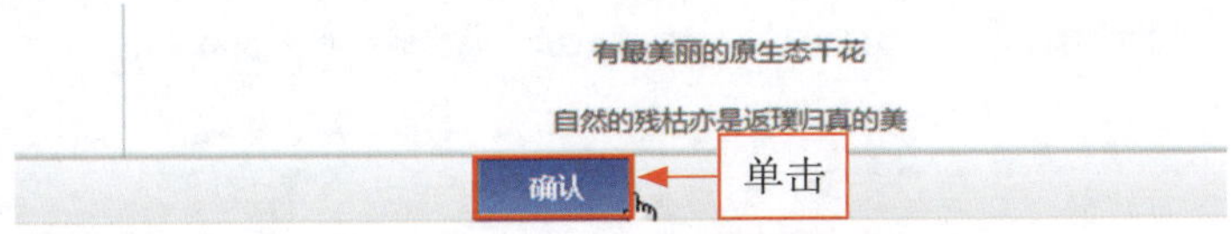

图 2-72 单击“确认”按钮

2.5.2 修改宝贝物流费用

修改宝贝物流费用的具体步骤如下。

步骤 01 进入“卖家中心”页面，单击“物流管理”下方选项栏中的“物流工具”超链接，如图 2-73 所示。

图 2-73 单击“物流工具”超链接

步骤 02 执行操作后，跳转至“物流工具”页面，切换至“运费模板设置”选项卡，如图 2-74 所示。

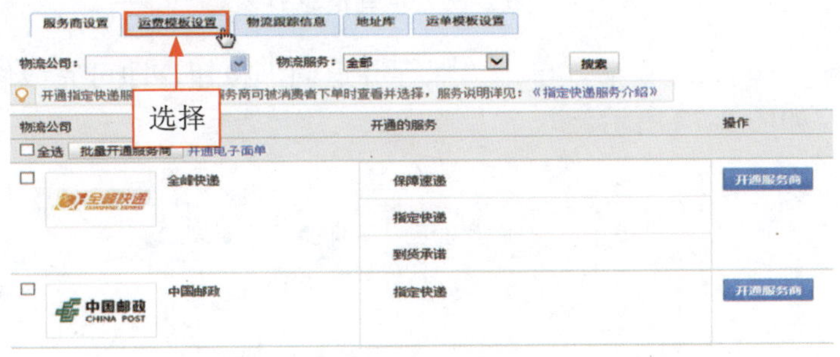

图 2-74 切换至“运费模板设置”选项卡

步骤 03　执行操作后，即可进入“运费模板设置”界面，单击“新增运费模板”按钮，如图 2-75 所示。

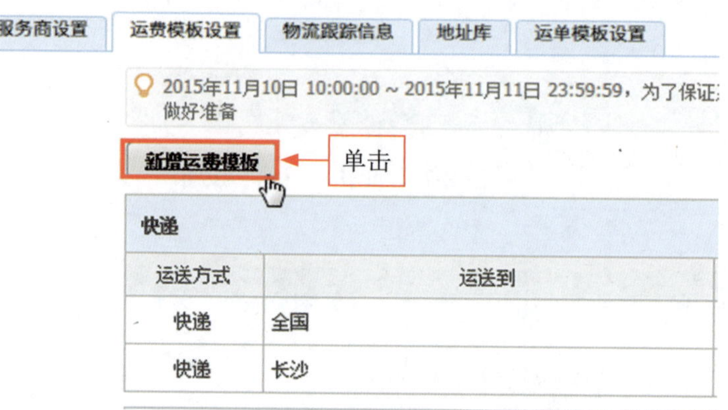

图 2-75　单击“新增运费模板”按钮

步骤 04　在“新增运费模板”界面中填写“模板名称”“宝贝地址”“发货时间”“计价方式”和“运送方式”，注意与之前所建立的模板区别开，如图 2-76 所示。

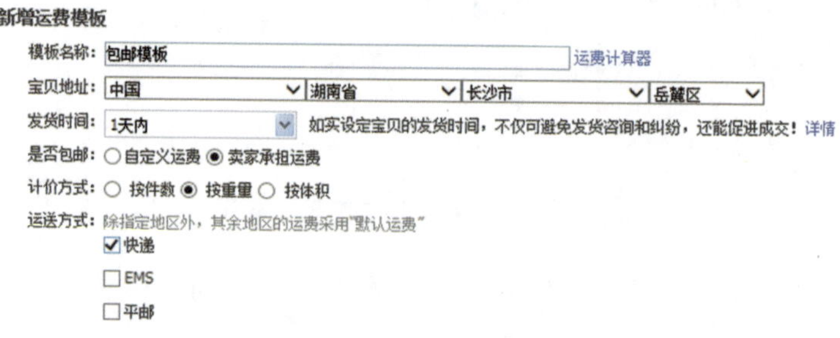

图 2-76　填写信息

步骤 05　确认无误后，单击“保存并返回”按钮，即可完成修改商品物流费用的操作，如图 2-77 所示。

图 2-77　单击“保存并返回”按钮

2.5.3 宝贝上下架

宝贝上下架是淘宝开店后必备且要长期执行的一个操作流程。

1. 如何上架

当新开店没有上架产品时，或者商品销售完之后淘宝自动将产品下架时，卖家就需要对商品进行上架或者补货，具体步骤如下。

步骤 01 进入“卖家中心”页面，在“宝贝管理”下方的列表框中单击“仓库中的宝贝”超链接，如图 2-78 所示。

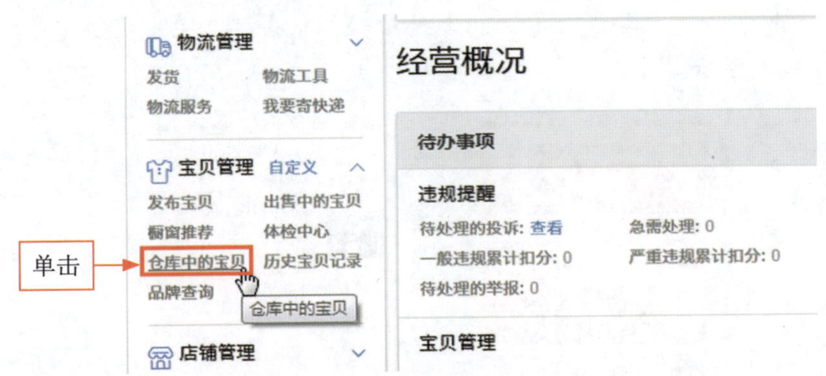

图 2-78 单击“仓库中的宝贝”超链接

步骤 02 在弹出的“仓库中的宝贝”界面中，选中需要上架产品左侧的复选框，如图 2-79 所示。

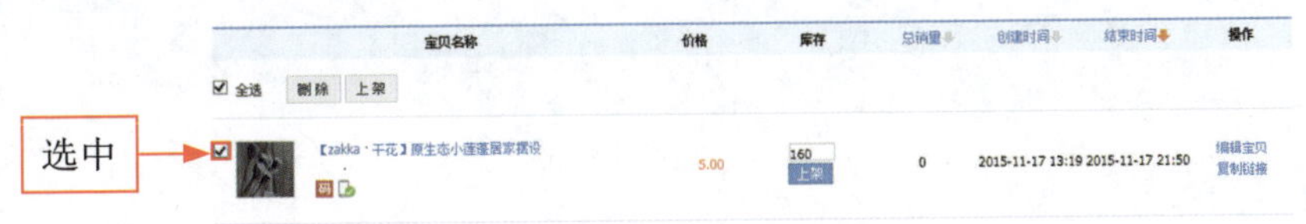

图 2-79 选中复选框

步骤 03 单击宝贝列表下方的“上架”按钮，即可完成商品的上架操作，如图 2-80 所示。

图 2-80 单击“上架”按钮

专家提醒

上架操作也可以直接单击宝贝价格右侧的“上架”按钮。

步骤 04　上架的产品可以在“出售中的宝贝”列表中查看。

专家提醒

上架操作同样可以在手机淘宝上直接操作。

首先进入“我的店铺”界面，点击“宝贝管理”按钮，进入“宝贝管理”界面，切换至“仓库中”选项卡，点击“上架”按钮即可，如图 2-81 所示。

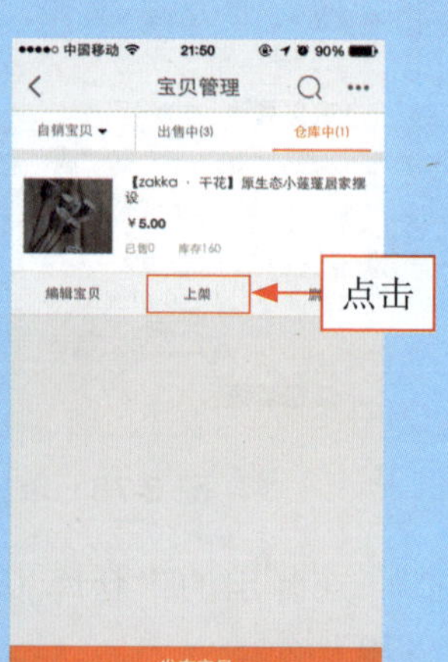

图 2-81　点击“上架”按钮

2. 如何下架

当店铺中的某些产品缺货时，为了避免买家购买该商品而无法供货，就需要把产品及时下架停止销售，以防出现不必要的争端。下架产品时可以单件下架，也可以多件同时下架，具体步骤如下。

步骤 01　进入“卖家中心”，在“宝贝管理”下方的列表框中，单击“出售中的宝贝”超链接，如图 2-82 所示。

步骤 02　在弹出的“出售中的宝贝”界面中，选中需要下架产品左侧的复选框，单击列表上方的“下架”按钮，如图 2-83 所示。

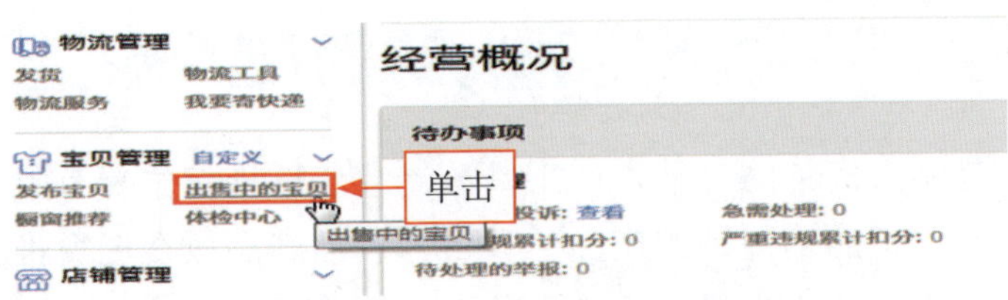

图 2-82　单击“出售中的宝贝”超链接

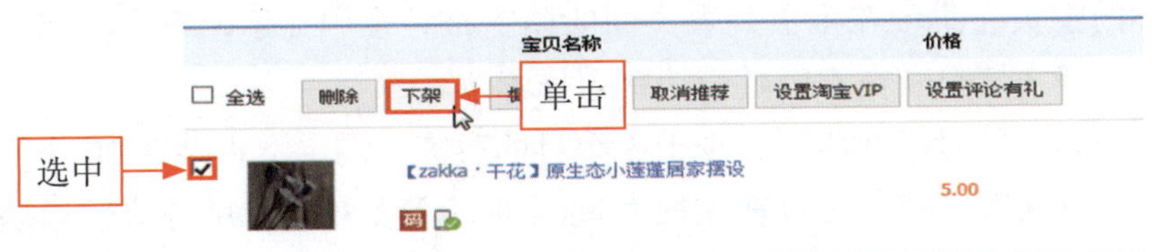

图 2-83　单击“下架”按钮

步骤 03　执行操作后，下架的产品将会转移到“仓库中的宝贝”列表中。

专家提醒

下架操作同样可以在手机淘宝上直接操作。

首先进入“我的店铺”界面，点击“宝贝管理”按钮，进入“宝贝管理”界面。在“出售中”选项卡中，点击“下架”按钮即可，如图 2-84 所示。

图 2-84　点击“下架”按钮

2.5.4 橱窗推荐

橱窗推荐是淘宝商铺的一种推广工具，淘宝店铺推荐位置有限，不可能存放店铺的所有产品，把店铺热销的产品、吸引客户的产品放在橱窗推荐位置，推荐给读者，进而吸引读者点击进入商铺，从而浏览成千上万的宝贝商品，实现销售的目的。

橱窗推荐的宝贝会集中在宝贝列表页面的橱窗推荐位中显示，每个卖家可以根据信用级别与销售情况获得不同数量的橱窗推荐位。

为了鼓励新卖家，对于开店时间少于 3 个月的卖家，淘宝网将赠送 10 个推荐位，3 个月后自动取消。卖家可以在这段时间内通过买卖取得信用分值，以增加橱窗推荐位的数量，如表 2-1 所示。

表 2-1 橱窗推荐位规则

说 明	信 用 分 卖家信用 + 买家信用的一半	奖励数量	注 解
根据信用评价获得橱窗推荐位	0 ～ 3 分	10	
	4 ～ 10 分	15	
	11 ～ 40 分	20	
	41 ～ 90 分	25	
	91 ～ 150 分	30	
	151 ～ 250 分	35	
	251 ～ 1000 分	40	
	1001 ～ 5000 分	45	
	5001 ～ 10000 分	50	
	10001 分及以上	55	
根据开店时间的扶持	开店时间少于 3 个月	10	3 个月以上不再获得扶持

设置橱窗推荐的具体操作步骤如下。

步骤 01 进入“卖家中心”，在“宝贝管理”下方选项框中，单击“橱窗推荐”超链接，如图 2-85 所示。

步骤 02 进入“橱窗推荐”页面，选中需要推荐宝贝左侧的复选框，将鼠标指针移至宝贝列表上面的“橱窗推荐”按钮上，单击“橱窗设置”按钮，如图 2-86 所示。

步骤 03 执行操作后，在“橱窗设置”窗口的“宝贝推荐顺序”下拉列表框中选择“按人气”选项，并单击“确定”按钮，如图 2-87 所示。

步骤 04 执行操作后，在“橱窗推荐”窗口中将会显示宝贝“已推荐”，如图 2-88 所示。

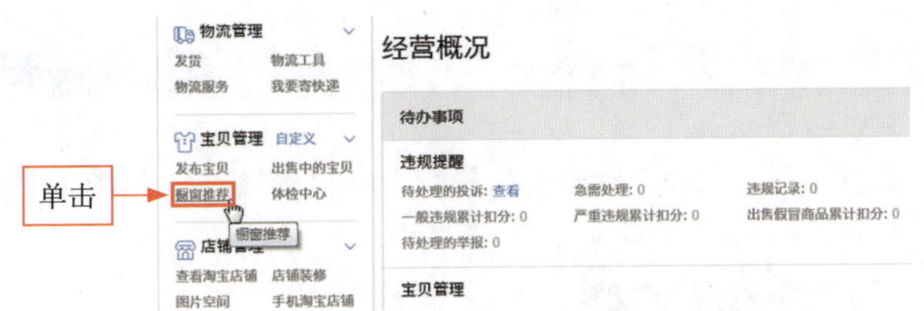

图 2-85 单击“橱窗推荐”超链接

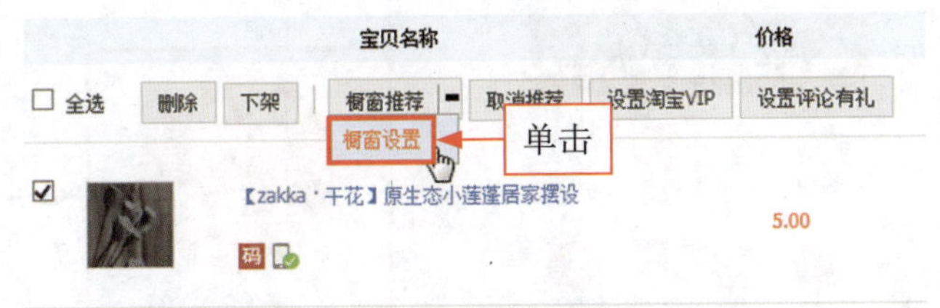

图 2-86 单击“橱窗推荐”按钮

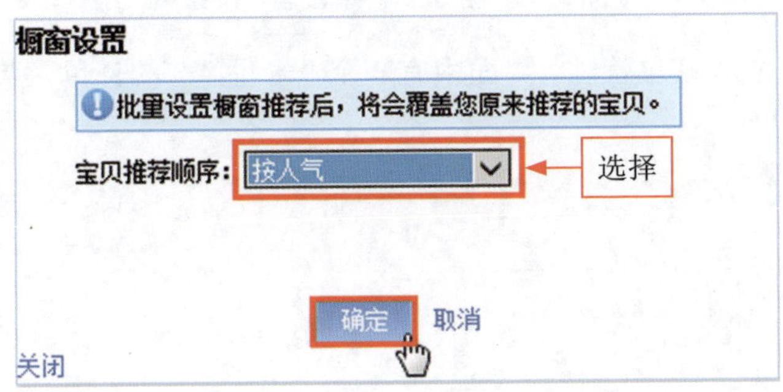

图 2-87 单击“确定”按钮

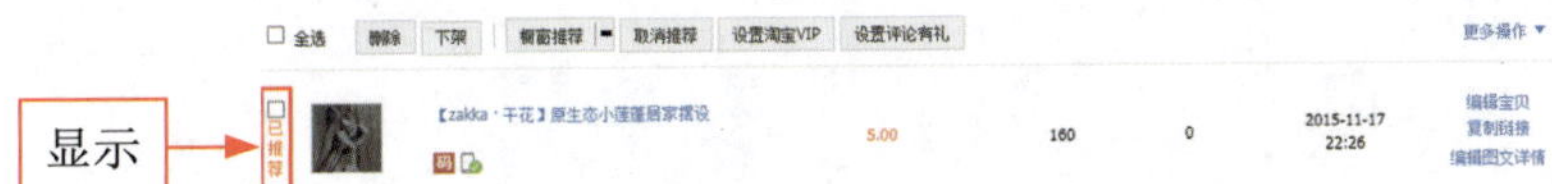

图 2-88 显示“已推荐”

2.6　手机淘宝交易管理

淘宝店铺的交易管理主要有订单改价、扫描发货、发货处理、物流查询等步骤。

2.6.1　订单改价

步骤 01　进入“我的店铺”界面，点击“订单管理”按钮，如图 2-89 所示。

图 2-89　点击“订单管理”按钮

步骤 02　在“订单管理”界面中有一个“未付款”的订单，点击“修改价格”按钮，如图 2-90 所示。

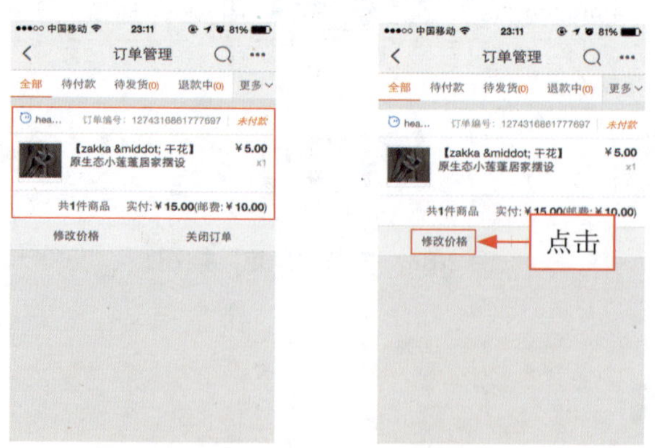

图 2-90　点击“修改价格”按钮

步骤 03　执行操作后，进入“修改价格”界面，设置减免优惠及免邮，如图2-91所示。

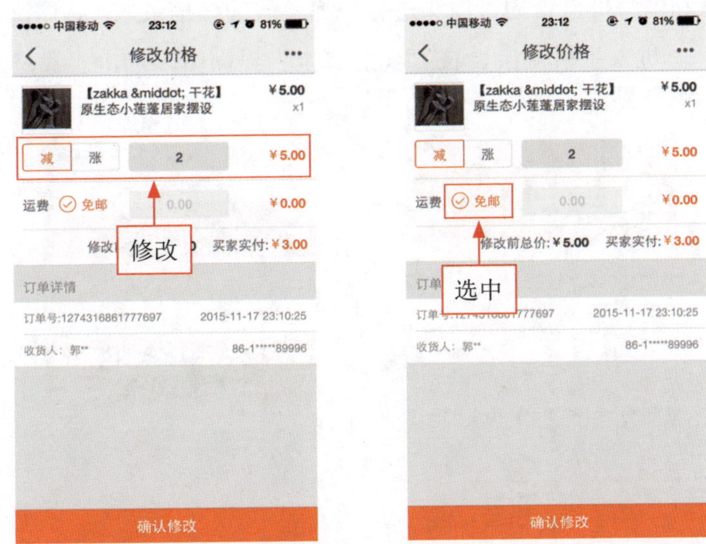

图 2-91　修改价格

步骤 04　点击“确认修改”按钮，完成订单改价和免邮操作，在“订单管理”界面即可查看改价和免邮结果，如图 2-92 所示。

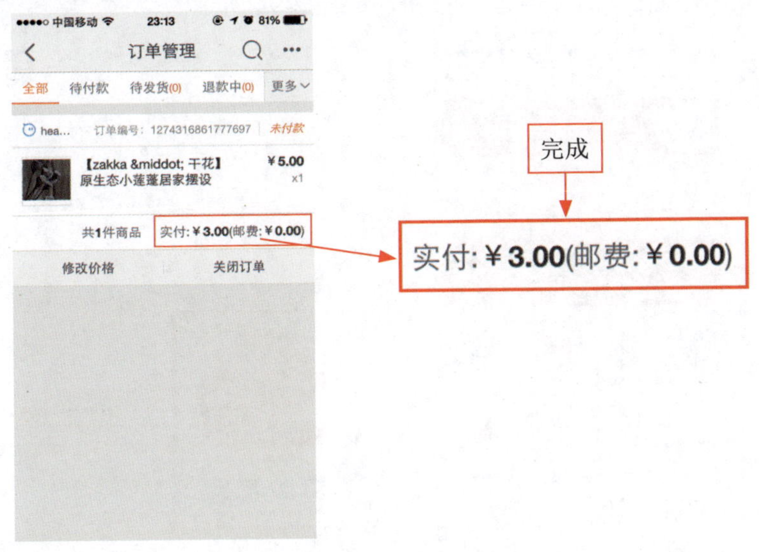

图 2-92　完成订单改价和免邮

2.6.2 扫码发货

卖家可以利用手机自带的摄像头进行快递单号的扫描录入，具体操作步骤如下。

步骤 01 进入手机淘宝，在“我的淘宝”界面中，点击“我是商家”按钮，进入“我的店铺”界面，如图 2-93 所示。

图 2-93 进入“我的店铺”界面

步骤 02 点击“订单管理”按钮，如图 2-94 所示。

图 2-94 点击“订单管理”按钮

步骤 03 进入“订单管理”界面，点击“扫码发货”按钮，将摄像头对准快递单号进行扫描，如图 2-95 所示。

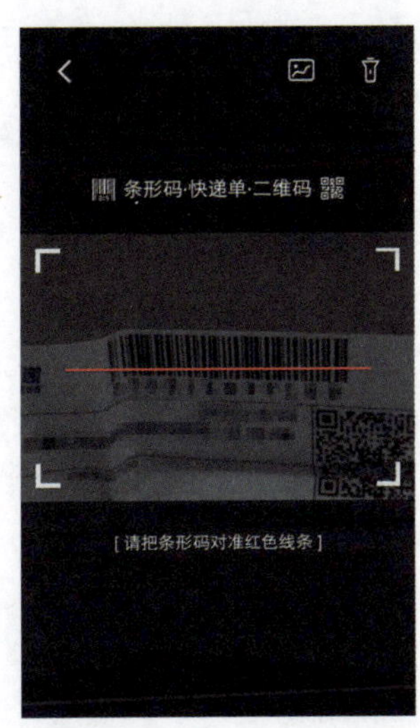

图 2-95 扫描快递单号

步骤 04 完成扫码后，进入“确认发货”界面，点击“选择物流”按钮，弹出选择项，选择对应的快递公司，如图 2-96 所示。

步骤 05 确认信息正确后，点击“确认发货”按钮即可，如图 2-97 所示。

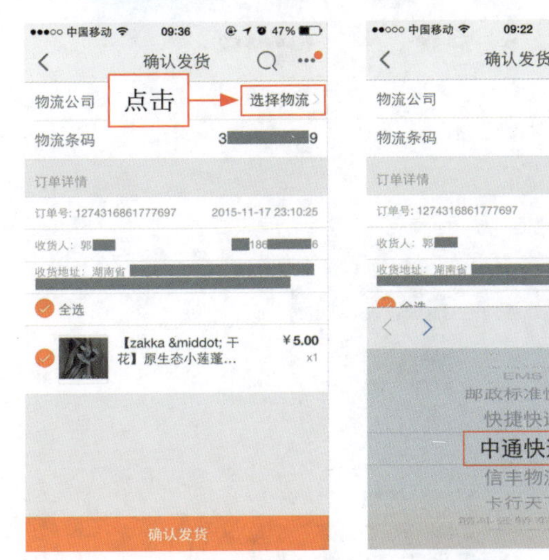

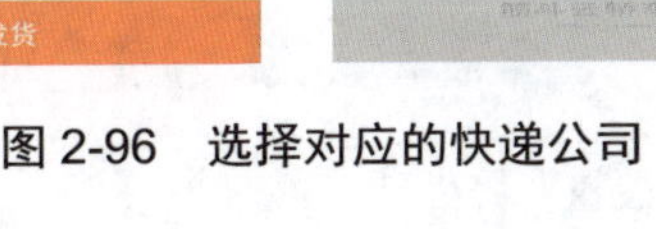

图 2-96 选择对应的快递公司

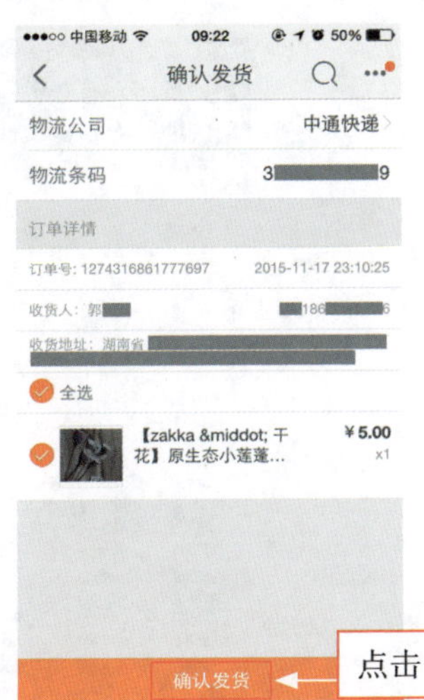

图 2-97 点击“确认发货”按钮

卖家也可以通过千牛客户端进行快递单号的扫描录入，具体操作步骤如下。

步骤 01 登录千牛手机客户端，在“我的”界面中点击“我的工作台”按钮，打开“淘宝卖家”工作台，点击“确定”按钮，如图 2-98 所示。

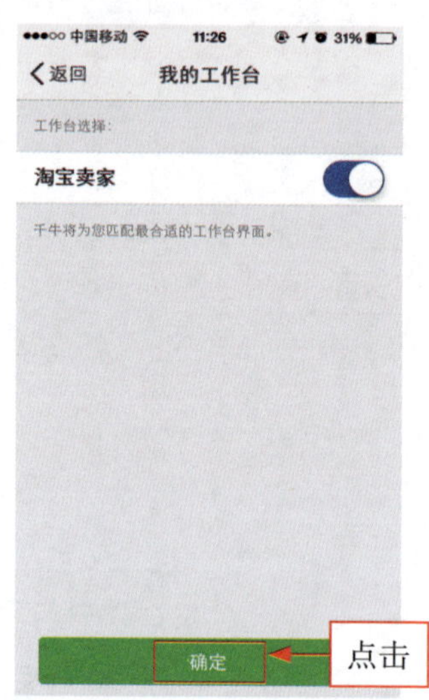

图 2-98　选择“我的工作台”选项

步骤 02 进入“工作台”界面，点击“交易管理”按钮，进入“授权”界面，查看相关内容后，点击“立即授权”按钮，如图 2-99 所示。

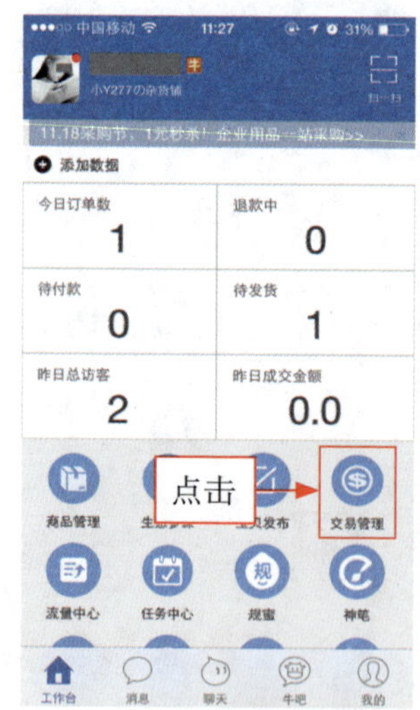

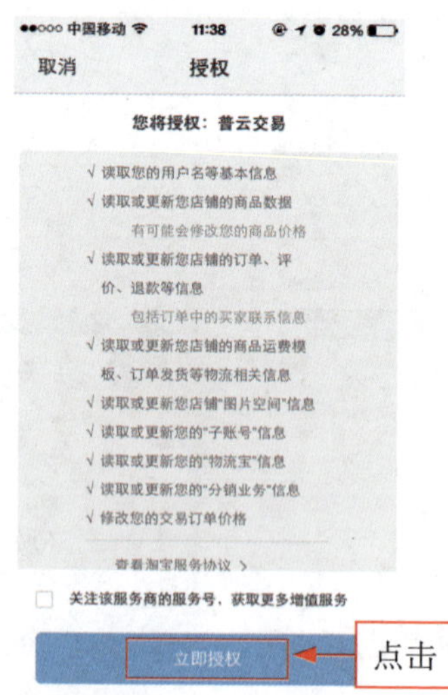

图 2-99　进入“授权”界面

步骤 03 进入“普云交易”界面，点击“等待发货”选项，在“待发货”界面中，选择订单，点击“快捷发货”按钮，如图 2-100 所示。

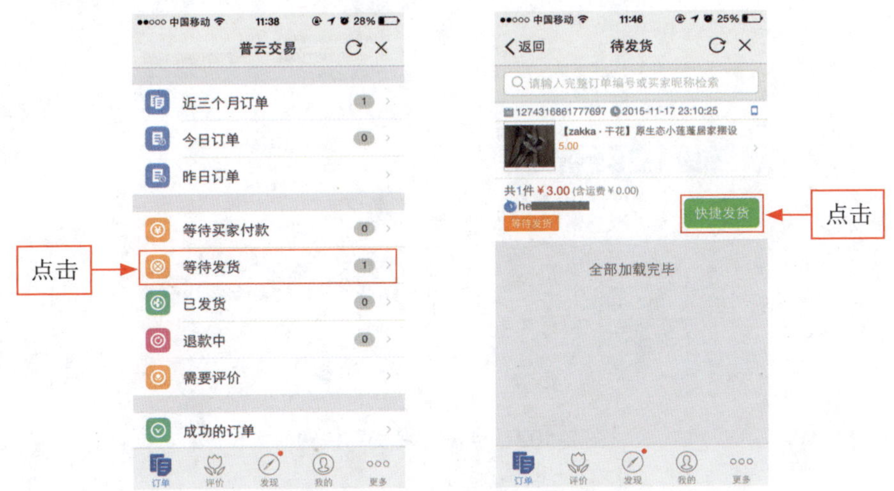

图 2-100 点击“快捷发货”按钮

步骤 04 进入“发货”界面，点击“扫描运单条码”按钮，将摄像头对准快递单号进行扫描，如图 2-101 所示。

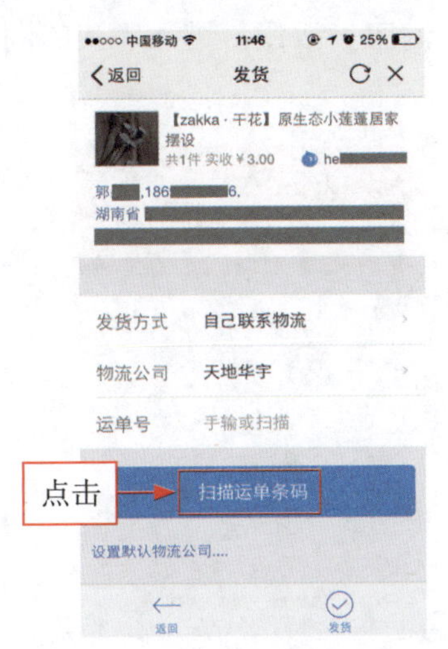

图 2-101 扫描运单条码

步骤 05 选择发货方式，并点击“物流公司”按钮，选择对应的物流公司，确定信息无误后，点击“发货”按钮即可，如图 2-102 所示。

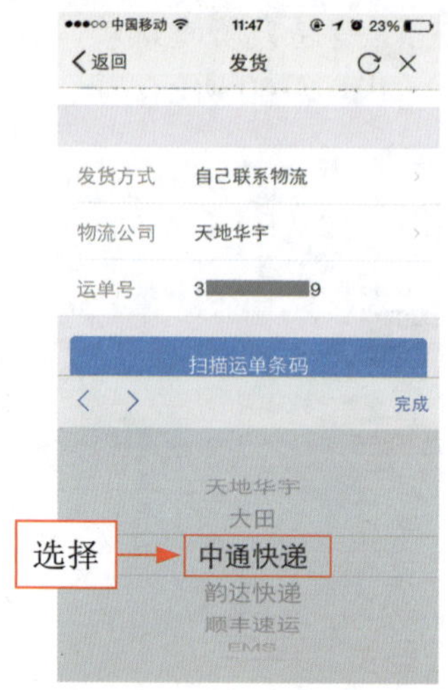

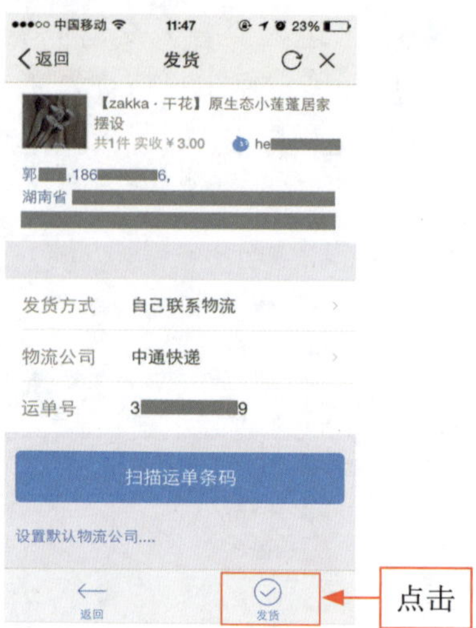

图 2-102　点击“发货”按钮

2.6.3　物流查询

可以通过手机淘宝查询物流，具体操作步骤如下。

步骤 01　登录手机淘宝，点击“我的淘宝”按钮，进入“我的淘宝”界面，如图 2-103 所示。

图 2-103　进入手机淘宝

步骤 02 点击“我是商家”按钮，进入“我的店铺”界面，点击“订单管理”按钮，如图 2-104 所示。

图 2-104 点击“订单管理”按钮

步骤 03 进入“订单管理”界面，选择需要查询物流的订单，点击“查看物流”按钮，进入“查看物流”界面，即可查看物流详情，如图 2-105 所示。

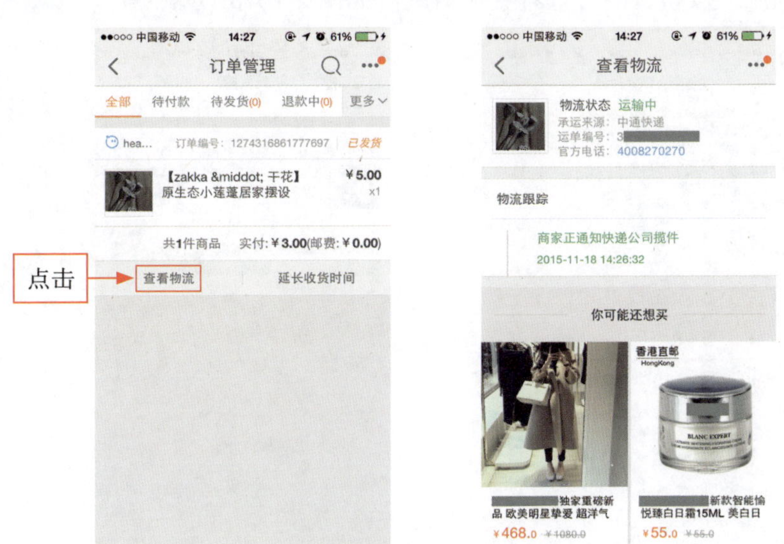

图 2-105 查看物流详情

也可以通过手机千牛客户端查询物流，具体操作步骤如下。

步骤 01　登录千牛客户端，在“工作台”界面，点击“交易管理”按钮，如图 2-106 所示。

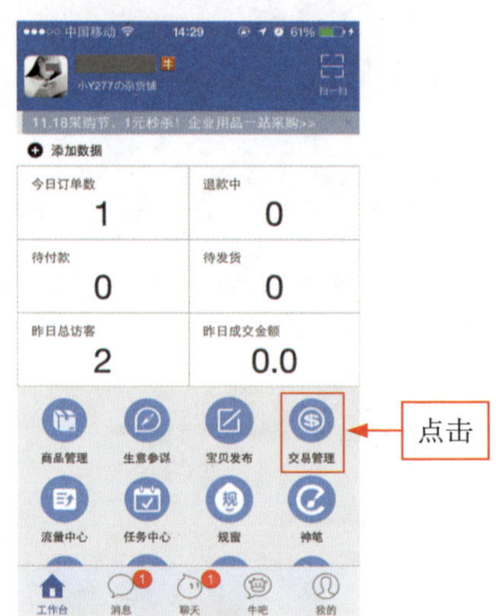

图 2-106　点击“交易管理”按钮

步骤 02　进入“普云交易”界面，点击“已发货”选项，进入“已发货”界面，点击“查看物流”按钮，即可查看物流情况，如图 2-107 所示。

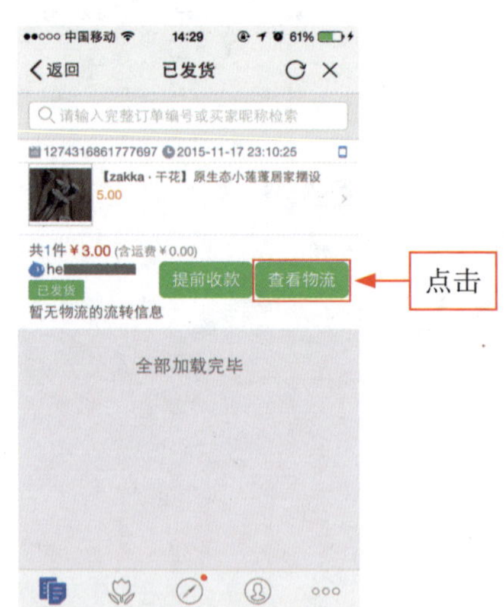

图 2-107　点击“查看物流”按钮

2.7 手机淘宝给买家评价

淘宝买家购物之后，一般会给卖家评价，但这个评价不是立即生效，而是需要你回评后才能生效的。

那么卖家如何评价买家呢？

下面介绍评价买家以及查看卖家评论的方法。

2.7.1 评价买家

通过手机淘宝评价买家的具体操作如下。

步骤 01 登录手机淘宝，点击“我的淘宝”按钮，进入“我的淘宝”界面，如图 2-108 所示。

步骤 02 点击“我是商家”按钮，进入“我的店铺”界面，点击“订单管理”按钮，如图 2-109 所示。

步骤 03 进入“订单管理”界面，选择需要评价的订单，点击“评价”按钮，进入“评价”界面，如图 2-110 所示。

图 2-108 进入手机淘宝

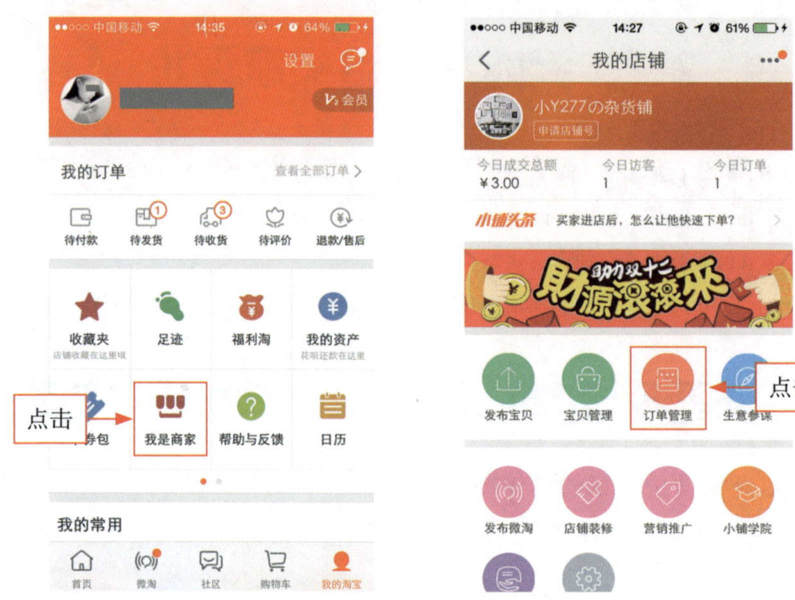

图 2-109　点击“订单管理”按钮

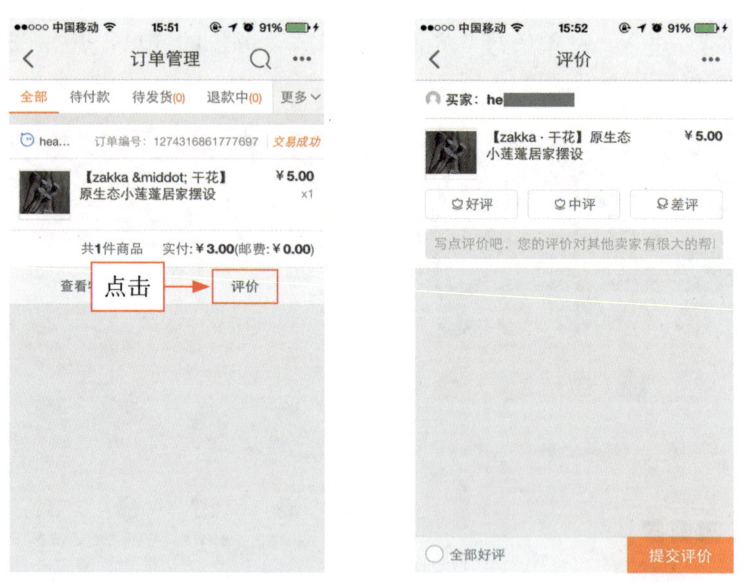

图 2-110　进入“评价”界面

步骤 04　输入对买家的评价，点击“提交评价”按钮即可，如图 2-111 所示。

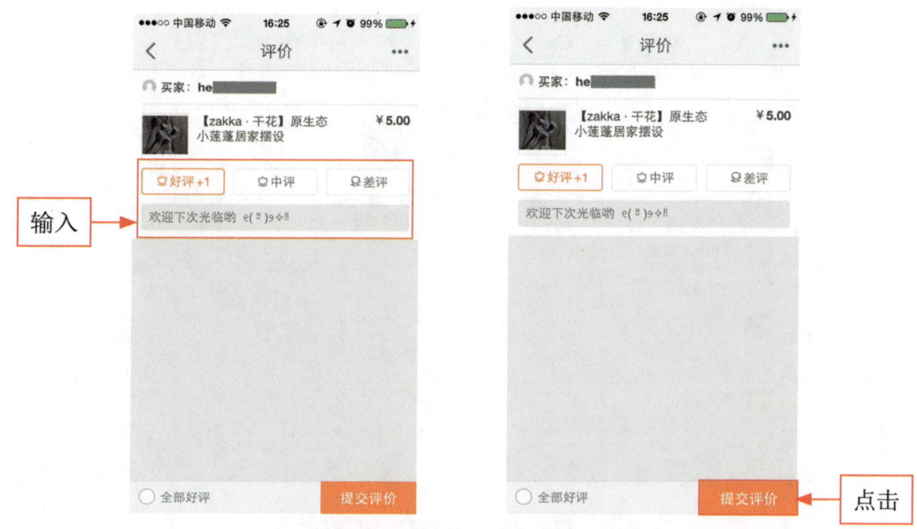

图 2-111　点击“提交评价”按钮

也可以通过手机千牛客户端评论买家，具体操作步骤如下。

步骤 01　登录千牛客户端，在“工作台”界面，点击“交易管理”按钮，如图 2-112 所示。

步骤 02　进入“普云交易”界面，点击“需要评价”选项，进入“待评价”界面，点击“快捷评价”按钮，如图 2-113 所示。

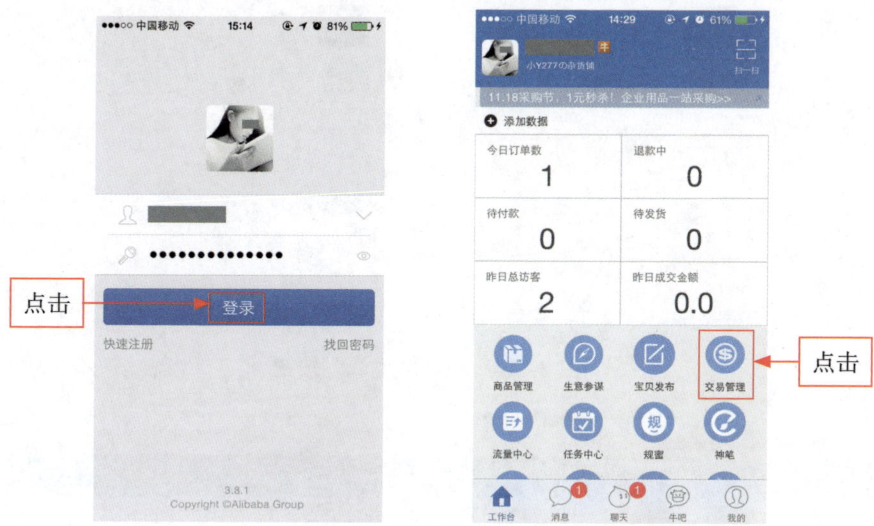

图 2-112　点击“交易管理”按钮

图 2-113 点击“快捷评价”按钮

步骤 03 进入“评价”界面，在需要评价的订单上输入评价，评价确认无误后，点击“确认”按钮，如图 2-114 所示。

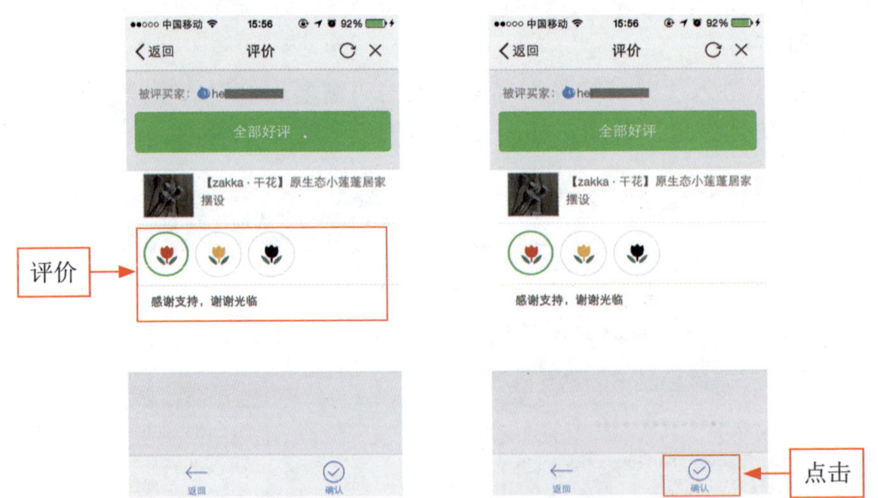

图 2-114 点击“确认”按钮

2.7.2 查看买家评价

查看买家评价的具体步骤如下。

步骤 01　登录手机淘宝，点击“我的淘宝”按钮，进入“我的淘宝”界面，如图 2-115 所示。

图 2-115　进入手机淘宝

步骤 02　点击“我是商家”按钮，进入“我的店铺”界面，点击“宝贝管理”按钮，如图 2-116 所示。

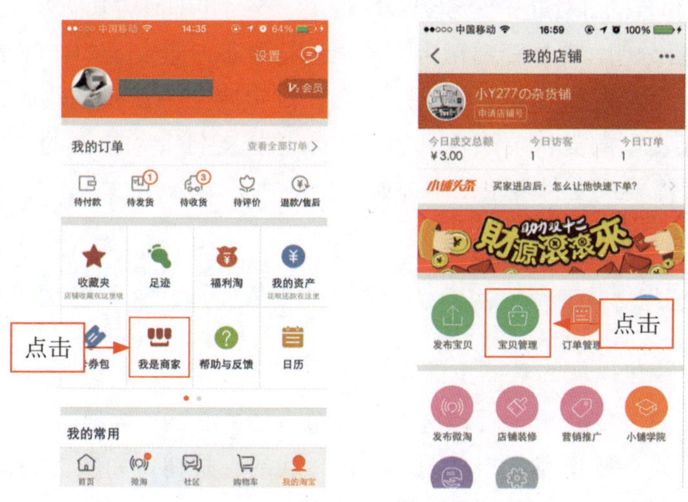

图 2-116　点击“宝贝管理”按钮

步骤 03　进入“宝贝管理”界面，选择需要查询评价的订单，点击宝贝，进入宝贝详情界面，可以看到“宝贝评价”处有数字显示，如图 2-117 所示。

步骤 04　点击“宝贝评价”按钮，即可查看买家评价，如图 2-118 所示。

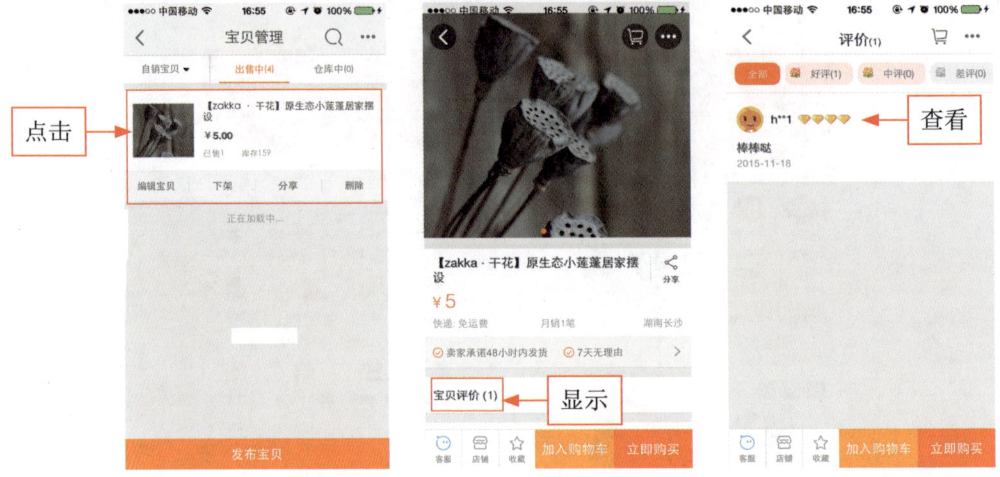

图 2-117　查看物流　　　图 2-118　查看买家评论

2.8　用支付宝管理收支账目

卖家使用支付宝的好处是：无须到银行查账，支付宝即时告知您买家付款情况，省力、省时，账目分明，交易管理帮店主清晰地记录每一笔交易的详细信息，省心。

卖家发货后，若买家收到了宝贝，则会在淘宝网上确认货已收到，这时支付宝会把货款打入卖家的支付宝账号，如果卖家想把支付宝账户上的“电子钱”换成“现金”，就需要从支付宝账户中提取现金。

2.8.1　从支付宝中提现

通过支付宝钱包提现的具体步骤如下。

步骤 01　打开支付宝，解锁进入支付宝，如图 2-119 所示。

步骤 02　进入“支付宝”界面，点击“我的”按钮，如图 2-120 所示。

步骤 03　执行操作后，进入“我的”界面，点击“余额”按钮，进入“账户余额”界面，点击“余额转出 (提现)”选项，如图 2-121 所示。

步骤 04　执行操作后，进入“余额转出”界面，选择银行卡、到账时间，

并在“转出金额”中填写金额，点击“确认转出”按钮，弹出“请输入手机支付密码”界面，输入手机支付密码后，点击“确认转出”按钮，如图 2-122 所示。

步骤 05 执行操作后，即可完成支付宝钱包提现。

图 2-119 进入支付宝

图 2-120 点击“我的”按钮

图 2-121　点击“余额转出（提现）”选项

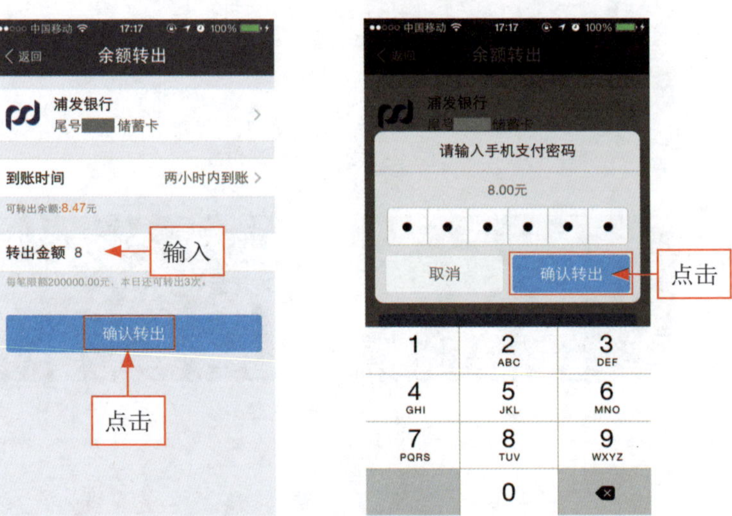

图 2-122　余额转出操作

2.8.2　查询支付宝账户明细

通过支付宝查询支付宝账户明细的具体步骤如下。

步骤 01　在手机上打开支付宝，点击“我的”按钮，进入“我的”界面，

如图 2-123 所示。

步骤 02　点击“余额”选项，进入“账户余额”界面，如图 2-124 所示。

步骤 03　点击“账户余额”按钮，进入“收支明细”界面，如图 2-125 所示。

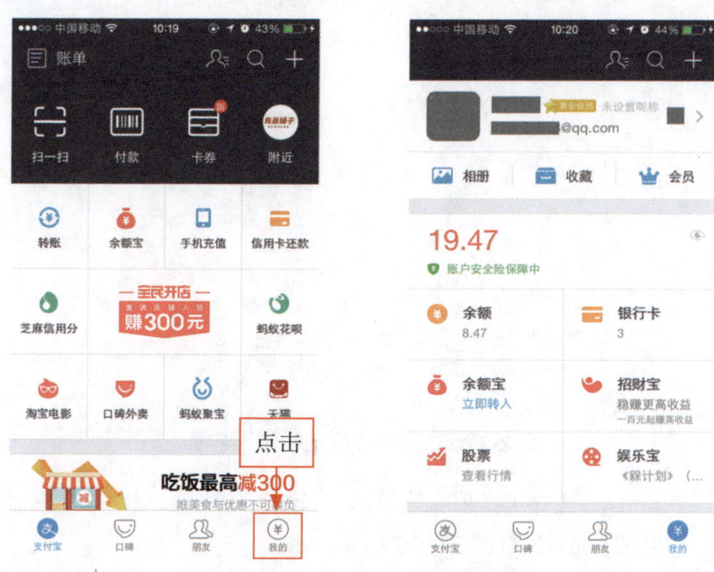

图 2-123　进入“我的”界面

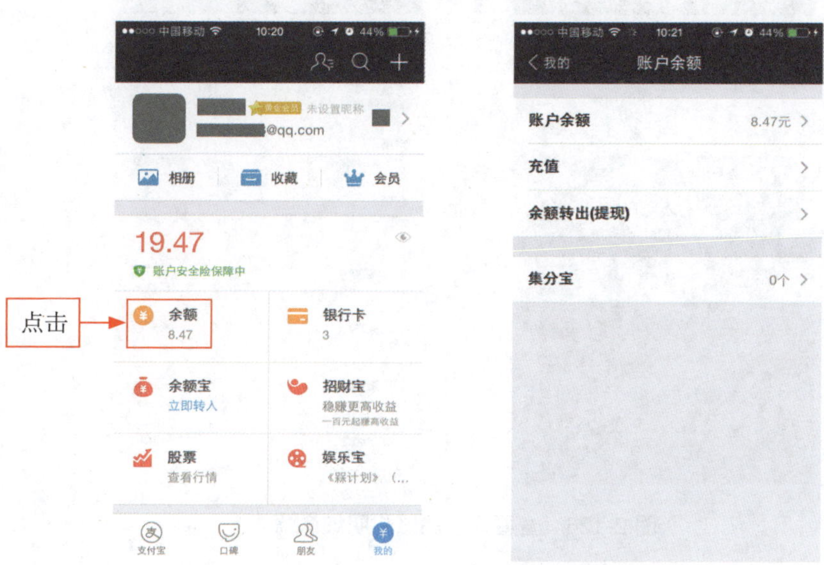

图 2-124　进入“账户余额”界面

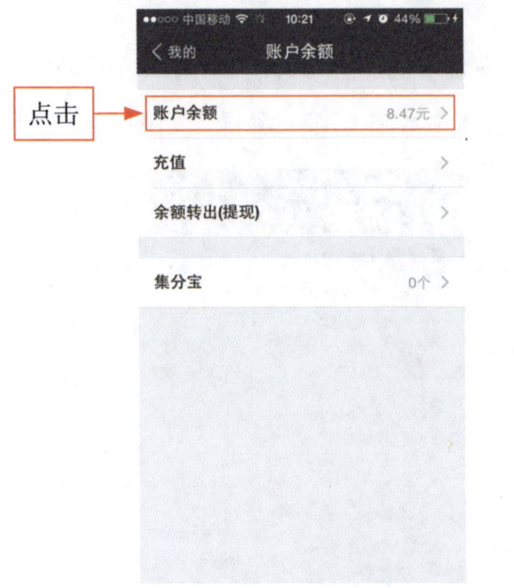

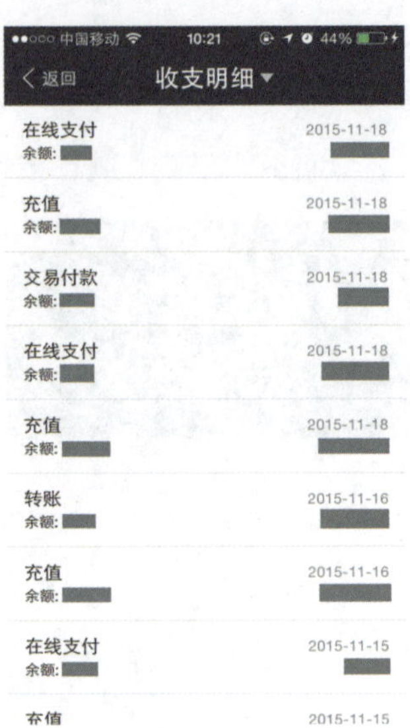

图 2-125　进入“收支明细”界面

步骤 04　点击“收支明细”，弹出“全部、支出、收入”下拉列表，可以查看对应的账户明细详情，如图 2-126 所示。

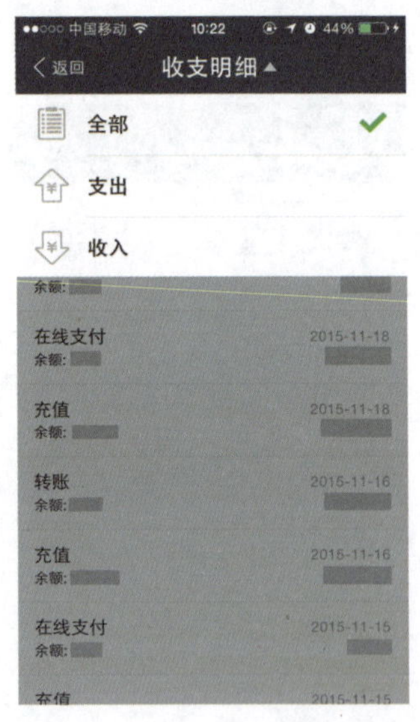

图 2-126　查看对应的账户明细详情

步骤 05　点击具体的交易项，进入“收支详情”界面，在此界面中可以查看支付方式、时间、余额等详细信息，如图 2-127 所示。

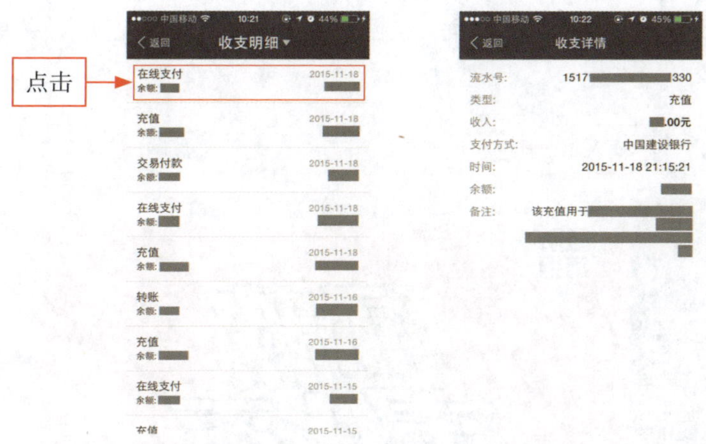

图 2-127　进入“收支详情”界面

2.9　卖家申请蚂蚁花呗

花呗是蚂蚁微带提供的新网购服务，可以先消费，购物不用立即付款，确认收货后在次月 10 日再还款。花呗目前只针对部分高信誉的优质客户，因此，部分用户是开通不了花呗的。同时，花呗服务有相应的安全保障服务，如果出现账户被盗，应及时联系支付宝客服热线。

作为淘宝卖家，要如何才能开通花呗支付功能呢？

具体的步骤如下。

步骤 01　在淘宝首页的右上角出找到“卖家中心”，单击“卖家中心”，进入“卖家中心”页面，单击“软件服务”下方的“我要订购”超链接，如图 2-128 所示。

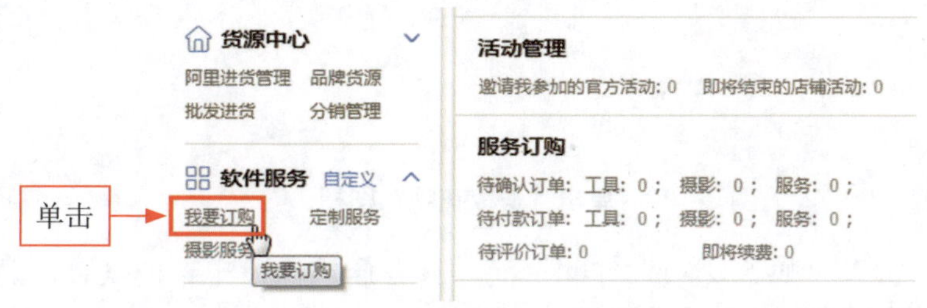

图 2-128　单击“我要订购”超链接

步骤 02　进入“服务市场”页面，在搜索栏里输入“蚂蚁花呗”，并单击“搜索”按钮，如图 2-129 所示。

图 2-129　单击“搜索”按钮

步骤 03　进入相关页面，单击“蚂蚁花呗”图标，如图 2-130 所示。

图 2-130　单击“蚂蚁花呗”图标

步骤 04　进入“蚂蚁花呗”订购页面，只要店铺满足申请的条件，就可以订购，单击“立即订购”按钮，如图 2-131 所示。

步骤 05 “蚂蚁花呗”订购成功后，在手机淘宝的商品页面上会有显示，如图 2-132 所示。

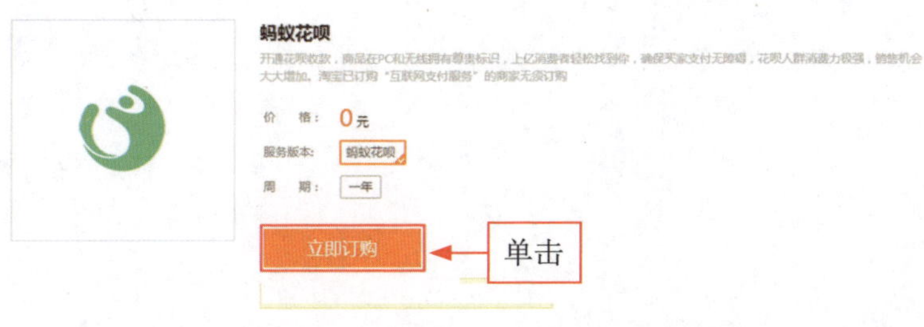

图 2-131 单击“立即订购”按钮

图 2-132 订购成功

专家提醒

店铺需要三颗星以上，且开店半年以上，才能订购蚂蚁花呗服务。订购蚂蚁花呗这一服务，可以大大提高店铺的转化率。

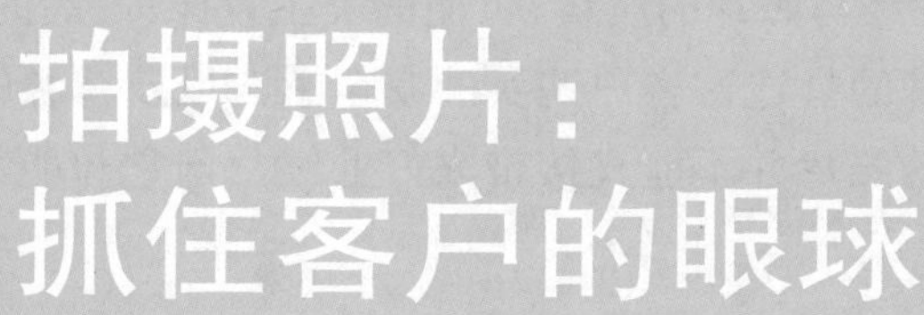

拍摄照片：抓住客户的眼球 第3章

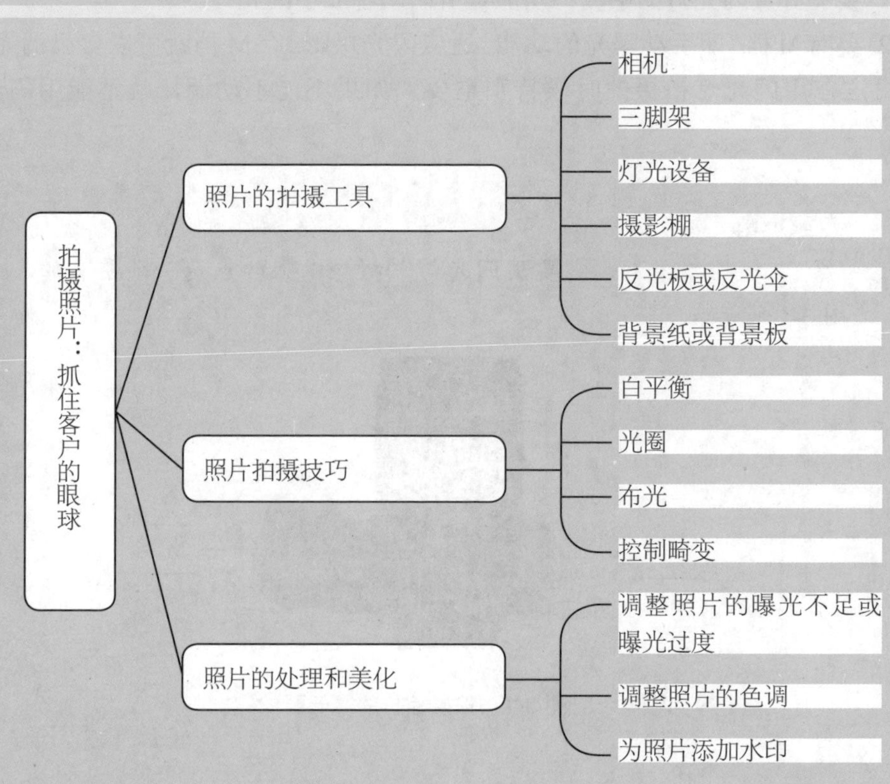

3.1 照片的拍摄工具

首先，要对我们可能会用到的一些摄影工具有基本的认识，这些工具将为我们的拍摄带来方便，提升照片的拍摄质量。而且在后面的环境布置中，这些摄影工具的使用会高频率地出现，所以，了解拍摄工具是很有必要的。

3.1.1 相机

手机淘宝店铺的销售业绩与照片的质量、页面的美工设计、产品的包装与策划、店铺的促销、美誉度、品牌的打造、客户购买的安全感，以及客源的引流等众多技巧有关。虽然优质好看的照片并不能直接带来好业绩，但它却能帮助店铺抓住客户的眼球。

1. 拍摄相机的最低要求

(1) **要有外置闪光灯的热靴：**功能是引闪或者放小闪光灯。

(2) **要有 M 档：**即手动曝光的功能，适应闪光摄影。有 M 档就可以自己调光圈、快门，这在用闪光灯拍摄的时候特别重要，如果不能手动调，就不能用闪光灯拍摄。

专家提醒

在摄影棚里面，需要用闪光灯拍摄，以上两点是必须要有的，如图 3-1 所示。

图 3-1　拍摄相机的最低要求

(3) **不需要考虑分辨率**：现在普通相机的分辨率都在 400 万像素以上，淘宝商品图片正常的分栏页面一般是 750 像素左右 (商品图片最宽是 980 像素，考虑到两边留白，大概是 220 像素，一般图片实际尺寸最宽是 740 ～ 750 像素)，目前市面上任何一款相机，在分辨率方面都是没有问题的。

2．如何选购非单反相机

非单反相机就是镜头不能拆换下来的一体相机。

非单反相机在选择时应注意：**尽量选择镜头粗、块头大的相机。**

镜头粗的相机，进光量良好；块头大的相机，手容易稳。如果采用三脚架，大块头的相机也会稳一点。大块头的相机一般是大变焦，可选择的焦带范围较大，同时微距的效果会较好一点，如图 3-2 所示。

3．如何选购单反相机

简单地说，单反相机就是镜头可以取下来的相机，可以互换不同焦段镜头的相机。

选择单反相机的好处在哪里呢？好处就在于，单反相机的镜头是可以更换的，你在拍摄不同商品的时候，可以根据需要进行镜头的更换，非常方便，如图 3-3 所示。

图 3-2　非单反相机

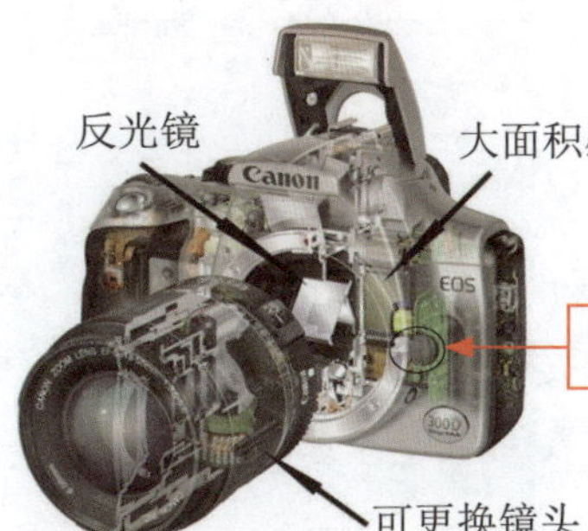

图 3-3　单反相机

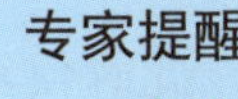

专家提醒

为什么要换镜头？

因为镜头分为广焦、标准、长焦。不同的镜头拍摄出来的效果不一样。

比如有些照片，人比较小，范围很广，那是用广焦镜头拍的；照片里面人像很大，后面的背景是虚化的，可能是中焦或长焦镜头拍的。

3.1.2 三脚架

三脚架用来增加相机的稳定性，在拍摄时按下快门的瞬间，呼吸甚至心跳都会对相机的稳定性产生影响，直接影响相片的清晰度，因此，三脚架是非常有必要使用的，特别是拍摄大件的商品，如图 3-4 所示。

图 3-4　三脚架

专家提醒

选购三脚架时，建议使用带有伸缩支架和云台的三脚架，拍摄的俯角大。而且三脚架的重量大，相机受到抖动的影响就会相应的减小，拍摄出来的商品更清晰、大气。

3.1.3 灯光设备

如果在室外拍摄，使用的光源为自然光，如果在室内拍摄，此时使用的光源就是各种灯光。如：节能灯、摄影灯以及外置闪灯等。

我们先了解一下怎么应用灯光设备。

首先我们来看一下三种灯光的效果，如图 3-5 所示。

如果只使用一盏闪光灯，灯光会只朝一个方向投射，将会导致照明对面产生明显的阴影，光线未能照到的部分发暗。

如果使用两盏闪光灯对称照明，商品在背景上会产生两个影子。

如果闪光灯朝向商品中心的位置照射，照明未能均匀投射到整个商品，会导致商品的中间发亮，其余部分则发暗。

图 3-5 灯光使用错误的方式

图 3-5 中三种灯光的用法都是不对的。虽然照片可以通过后期 PS 处理，但这样会加大后期的工作量，而且做出来的图片也很难有好的效果。

那么应该如何正确地应用灯光呢？

为了拍出更理想的照片，不能使用两盏闪光灯对称照明，而要把它们安排在不同的角度进行投射，或者使用不同强度的灯光进行投射，如图 3-6 所示。

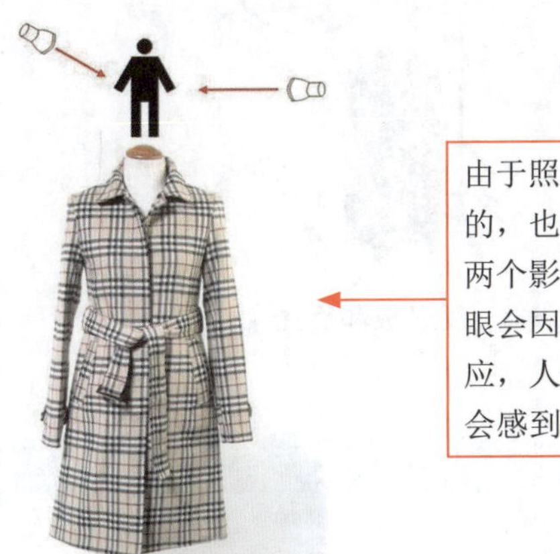

由于照明的角度不是对称的，也就不会产生对称的两个影子。而且，由于人眼会因此产生不规则性效应，人们在看照片时就不会感到阴影那么明显了。

图 3-6 灯光应用正确的方式

3.1.4 摄影棚

图 3-7 小型柔光摄影棚

专业的柔光摄影棚是拍摄小件商品的好道具，在购买时，一定要买专业的、品牌的，因为柔光布的好坏直接影响利用摄影棚拍出的效果。小型柔光摄影棚如图 3-7 所示。

要想拍好产品图，首先你必须搭建一个拍静物的摄影棚。如果主要拍小件的产品，只需要搭建一个比较小的摄影棚即可；如果要拍衣服之类的产品，则需要搭建一个比较大的摄影棚，前期投资也会相应提高。

3.1.5 反光板或反光伞

反光板或反光伞可以用来弥补光源的不足，避免暗角的出现，如图 3-8 所示。

图 3-8 反光板和反光伞

3.1.6 背景纸或背景板

很多新手在拍摄商品的时候，往往忽略背景，只求把商品拍得清晰，可到后面修图时才发现，给商品换一个干净的背景是相当费功夫的一件事。

其实在拍摄之初，商家就可以根据商品的颜色、特点等，将商品放置在一个合适的背景下再进行拍摄，这样会事半功倍。

3.2 照片拍摄技巧

下面来了解拍摄时需注意的一些小细节，让商品图片能够锦上添花。

3.2.1 白平衡

用一句话来简单地解释白平衡，就是将“白色”还原成白色。比如说，一张白纸，本身拍出来应该是白色的，但如果在日光灯的房间里拍摄，影像出来会偏绿，在室内钨丝灯光下拍摄，影像会偏黄，而在日光阴影处拍摄，影像会偏蓝。

所以在拍摄之前，你需要给相机指出白平衡的基准点，即以画面中哪一个“白色”物体作为白点。

怎样确定“真正的白色”？

可以随身携带一张标准白色的纸，拍摄时拿出来比较一下被摄体就行了。在室内拍摄中很难决定设置时，不妨根据“参照”白纸设置白平衡。在没有白纸的时候，让相机对准眼球认为是白色的物体进行调节。

怎样设置手动白平衡呢?

在拍摄的地方放一张白纸，将相机设置为手动白平衡，然后将镜头对着白纸，使白色充满相机屏幕中间的框，按下设置键。如果相机中看到的白纸和刚刚看到的白纸的颜色有了变化，就说明设置成功了。然后在刚刚放白纸的同一个地方放上商品进行拍摄，白平衡就是正确的了，如图3-9所示。如果换一个地方拍摄，那么就需要重新设置手动白平衡了。

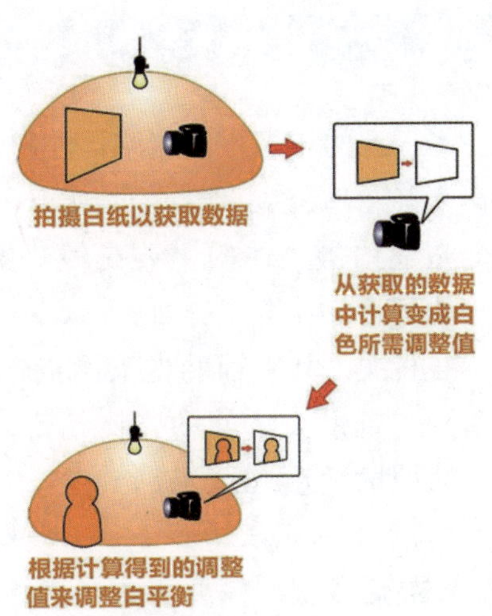

图3-9 设置手动白平衡

3.2.2 光圈

小光圈能够拍摄得更远，扩大景深，而大光圈拍摄得比较近，突出主体。但小光圈能够进入的光线少，快门会变慢以延长曝光时间，而大光圈能够进入的光线多，快门的速度也会相应变快。所以，**光圈和快门以及光线的强弱是一个相互影响的关系**。

因此，我们在拍摄商品的时候，商品越大，需要的景深就越大，我们就需要选择小光圈来拍摄以达到清晰的效果，这时候镜头的进光量小，快门就会变慢，拍摄就会变得非常不容易。相应地，我们就需要越充足的光线来进行补充，使快门的减慢达到一个比较正常且容易拍摄的范围。而在小件商品的拍摄中，我们一般以商品和背景的面积作为判断光圈的依据。如果在取景框内，背景的面积大于商品，那么我们以背景面积为依据；反之，以商品面积为依据。

在拍摄大面积黑色的时候，相机会认为过暗曝光不足，自动补充曝光强度，这个时候，需要用手动曝光补偿功能向负数补偿，还原深色物品的原本颜色和亮度。而在拍摄大面积白色时，同样的相机会认为曝光过度自动降低曝光度，因此需要向正数补偿以还原原本的颜色和亮度。

3.2.3 布光

正规的布光方法，应该注重使用光线的先后顺序。

首先，要重点把握的是主光的运用。因为主光是所有光线中占主导地位的光线，是塑造拍摄主体的主要光线，所以当主光的位置确定了之后，灯位就不要轻易移动了。

其次，利用辅助光来调整画面上由于主光的作用而形成的反差，要适当掌握主光与辅助光之间的光比情况。辅助光的位置，一般都安排在照相机附近，灯光的照射角度应适当高一些，目的是降低拍摄对象的投影，不至于影响背景的效果。

最后，根据需要再来考虑轮廓光的使用。轮廓光的位置，一般是在商品的左后侧或右后侧，而且灯位都比较高。使用轮廓光的时候，要注意是否有部分光线射到镜头表面，一经发现要及时处理，以免产生眩光。

3.2.4 控制畸变

用长焦镜头拍摄产品时，由于镜头边缘失真的原因，拍摄的产品图片很容易出现畸变，看上去很不好看。

控制畸变的方法是遵循透视的近大远小原理，离被摄体远一些。如果需要拍摄产品的正面图，则完全正对着产品水平拍摄，因为倾斜也会产生非常明显的畸变。

3.3 照片的处理和美化

如果对前期拍摄的商品照片不满意，还可以通过Photoshop等软件进行后期的处理和美化。

3.3.1 调整照片的曝光不足或曝光过度

通过Photoshop调整照片曝光不足的具体步骤如下。

步骤 01 打开商品素材，复制背景图层，命名为“图层1”，如图3-10所示。

图3-10 复制背景图层

步骤 02 选择曲线，设置参数为“输出：168”，“输入：131”，设置完毕后即可修正曝光不足的情况，如图3-11所示。

图 3-11　修正曝光不足

通过 Photoshop 调整照片曝光过度的具体步骤如下。

步骤 01　打开商品素材，复制背景图层，命名为“图层 1”，如图 3-12 所示。

步骤 02　切换至“通道”面板，发现“蓝”通道较亮，选择“蓝”通道，按住 Ctrl 键并单击“蓝”通道，调出选区，如图 3-13 所示。

步骤 03　切换至“图层”面板，选择“图层 1”图层，单击“添加图层蒙版”按钮，为“图层 1”添加蒙版，选择图层混合模式为“正片叠底”，如图 3-14 所示。

步骤 04　按住 Alt 键，向上拖曳，复制“图层 1”图层，并设置不透明度为 50%，如图 3-15 所示。

图 3-12　复制背景图层

图 3-13　调出蓝色选区

图 3-14　为“图层 1”添加蒙版

图 3-15　设置图层的不透明度

步骤 05　单击“创建新的填充或调整图层”按钮，选择“色阶”选项，设置参数为“2、1.36、248”，即可修正曝光过度的照片，如图 3-16 所示。

图 3-16　修正曝光过度的照片

3.3.2　调整照片的色调

调整照片色调的具体步骤如下。

步骤 01　在 Photoshop 上打开一张商品图，一张辅助调色图，如图 3-17 所示。

步骤 02　在商品图界面，选择“图像”|“调整”|“匹配颜色”命令，如图 3-18 所示。

步骤 03　弹出“匹配颜色”对话框，设置“源”为“黄昏”，设置“明亮度”为 30，“颜色强度”为 150，“渐隐”为 50，如图 3-19 所示。

步骤 04　单击“确定”按钮，即可完成照片色调的调整，如图 3-20 所示。

图 3-17　打开图片

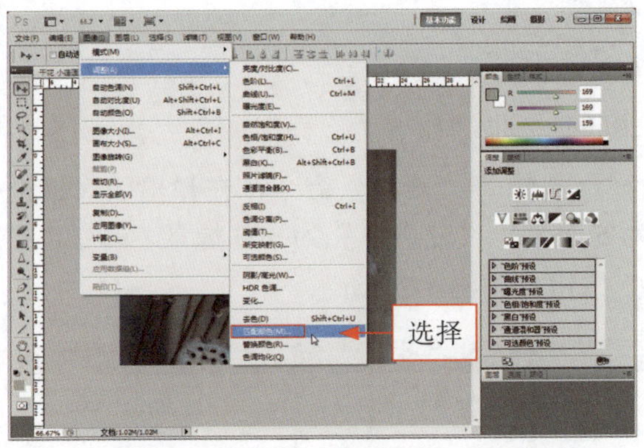

图 3-18　选择“匹配颜色”命令

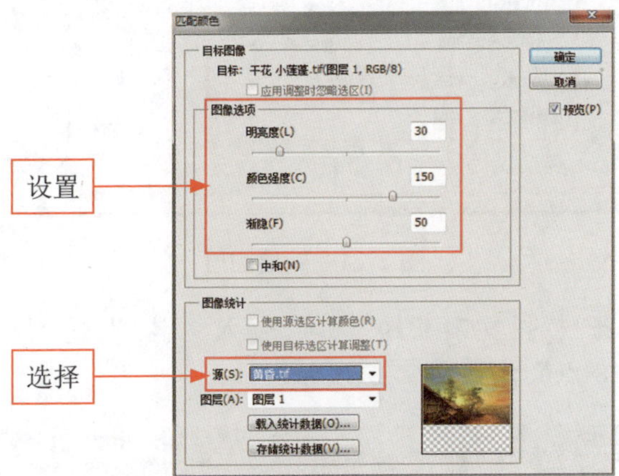

图 3-19　设置“匹配颜色”

图 3-20　完成图片色调的调整

3.3.3 为照片添加水印

为照片添加水印的具体步骤如下。

步骤 01 选择“文件”|“新建”命令，在弹出的对话框中设置“宽度”为5厘米、“高度”为5厘米、“分辨率”为300像素/英寸、“背景内容”为“透明”，单击“确定”按钮，如图3-21所示。

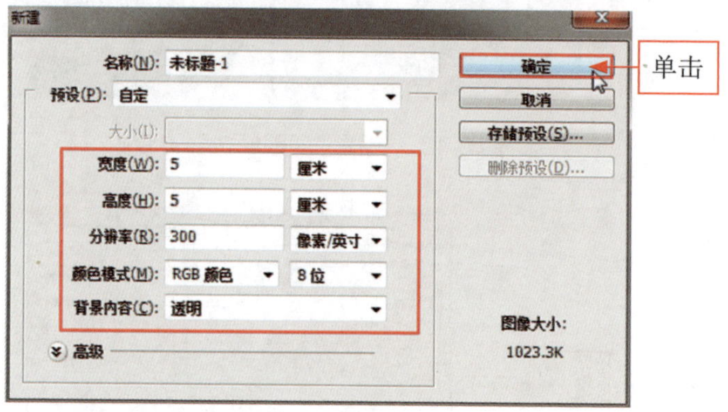

图 3-21 新建图层

步骤 02 选择“横排文字工具”选项，输入文字，设置“字体”为“微软雅黑”，设置“大小”为“18点”，如图3-22所示。

图 3-22 输入文字

步骤 03 按Ctrl+T组合键，进入“自由变换”模式，将鼠标指针移至文本框四周的任意位置，当鼠标指针变成“”形状时，单击鼠标旋转文字，旋转至合适位置后，按 Enter 键退出自由变换模式，如图 3-23 所示。

步骤 04 在图层面板选择“添加图层样式”|“描边”命令，进入“图层样式”对话框，默认“结构”设置，在“填充类型”中设置“颜色”为灰色 (R：181，G：183，B：180)，单击“确定”按钮，如图 3-24 所示。

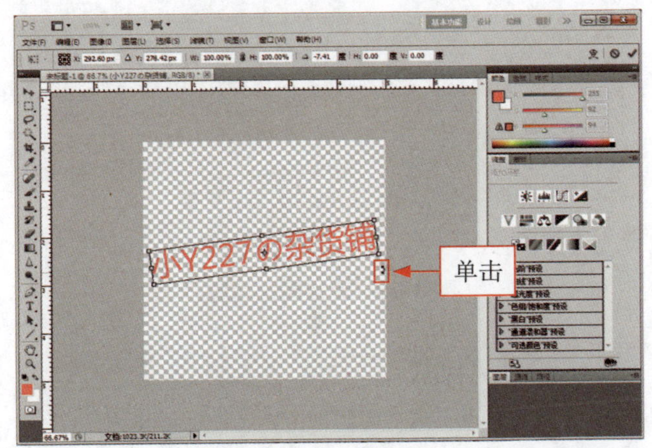

图 3-23 旋转文字

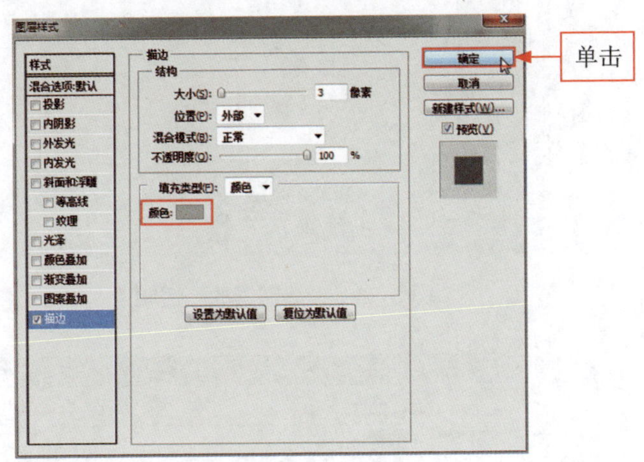

图 3-24 描边

步骤 05 在图层面板，将图层的“填充”调为 0%，如图 3-25 所示。

步骤 06 设置图层的“不透明度”为 60%，如图 3-26 所示。

步骤 07 选择“编辑”|“定义图案”命令，在弹出的“图案名称”对话框中输入文字“水印模板”，单击“确定”按钮，如图 3-27 所示。

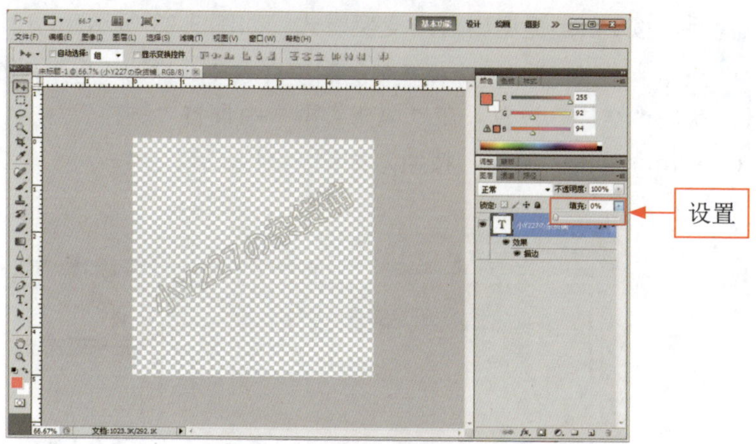

图 3-25　设置图层填充

图 3-26　设置图层的不透明度

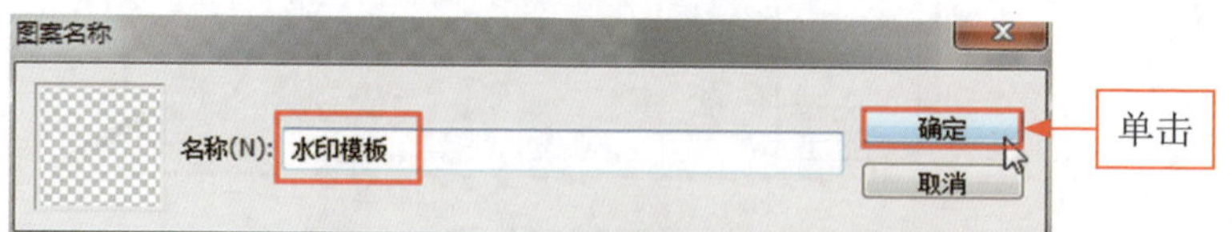

图 3-27　单击“确定”按钮

步骤 08　新打开一张商品图片，选择“编辑”|“填充”命令，在弹出的“填充”对话框中选择“使用”为“图案”，并单击“自定义图案”的下拉按钮，在弹出的图案框中，选择之前制作的“水印模板”，如图 3-28 所示。

步骤 09 单击“确定”按钮，添加水印完成，如图 3-29 所示。

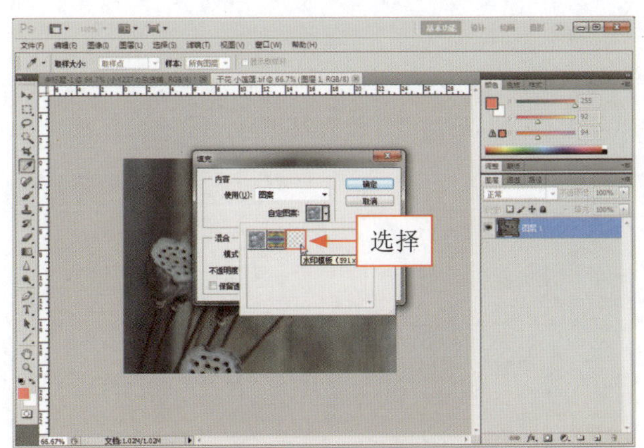

图 3-28 选择“水印模板”

图 3-29 添加水印效果

第4章 店铺装修：让访问再深一些

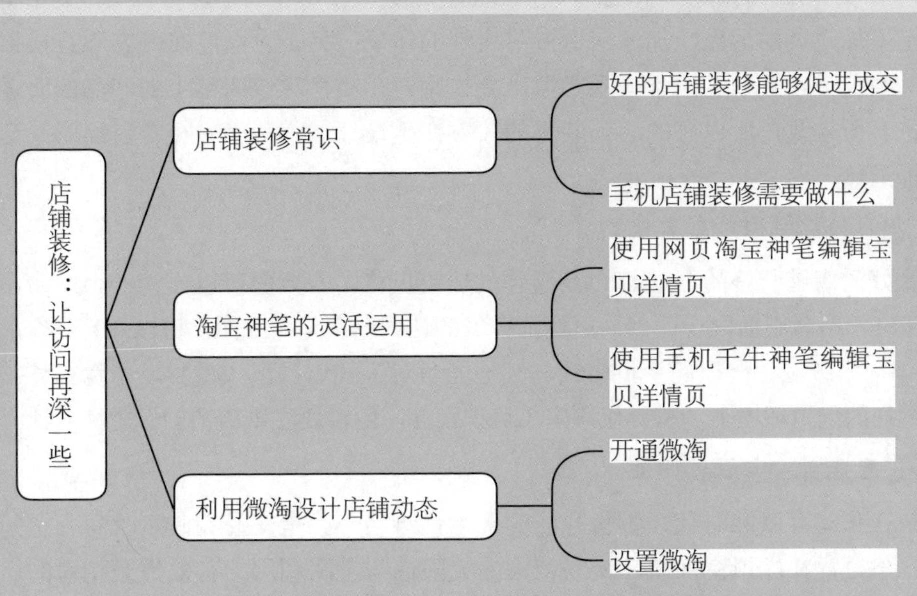

4.1 店铺装修常识

手机店铺的商品非常重要，但是绝对不能够忽视对手机店铺的装修。正所谓“三分长相七分打扮”，手机店铺的美化就如同实体店的装修一样，能够让买家从视觉上和心理上感受到卖家对店铺的用心，并且能够最大限度地提升手机店铺的形象，有利于提高手机店铺的浏览量。

4.1.1 好的店铺装修能够促进成交

手机店铺的装修是很讲究的，不仅要注意装修的美化程度，还要注意浏览的层次和深度，在给顾客带来美感的同时，还应该照顾顾客的浏览心理，不要让顾客陷于疲劳状态，这样顾客自然会停留更久，也会有利于促进成交。

1. 树立店铺的品牌形象

对于手机店铺来说，形象设计一方面能使其外在形象长期保持发展，为手机店铺塑造更加完美的形象，加深消费者对店铺的印象；另一方面能在顾客不直接接触商品的情况下，给顾客留下直观印象，会让顾客在心里对该店铺中的产品的质量、价格也有所揣测，所以好的店铺装修的关键在于设计一个准确、符合自己商品定位的店铺形象。

2. 与其他店铺形成差异

好的店铺装修的LOGO以及整体的店铺风格，一方面可以作为一个网络品牌的形象在消费者眼前混个面熟，引发消费者的认同感；另一方面，可以作为一个品牌的CI识别系统，让自己的手机店铺与其他竞争对手的店铺形成差异，毕竟在移动互联网这样的虚拟环境下，差异化决定了可识别性，所以要注重店铺的标志性设计。

3. 提高店铺的空间使用率

在移动互联网时代，零售存在的最大优势之一就是交易突破了时间和空间的限制，不过，在虚拟空间里，交易范围的无限性与空间利用的有效性是相对的，特别是对于移动互联网时代的零售业者来说，只有用户能接触到的位置才是有价值的。

另外，对于手机购物的消费者来说，其花费在购物上的时间是计入其购物的成本中的，所以，我们需要增加一个虚拟空间的利用率以及与用户的有效接触。

要完成这两点，一方面需要提高网店空间的使用率，让单一的手机店铺容纳更多的产品；另一方面则需要增强产品之间的关联性，优化产品的分类，给予消费者最大的选购空间和最简便的购物流程。

4.1.2 手机店铺装修需要做什么

手机淘宝店铺与网页淘宝店铺的装修设计在方向和内容上是基本一致的，都需要进行店标、店招、店铺公告、宝贝页模板、掌柜推荐等的设计。

1. 店标装修

店标位于店铺的左上角，建议规格为正方形。店标作为店铺的标志，要能体现店铺的个性、店铺经营的内容，能够给人以深刻的印象，如图4-1所示。

图4-1 店标

2. 店招装修

对于店招的装修，建议卖家们先从整个店铺的风格考虑，包括主题色是什么，以及经营什么产品等因素，才能定好店招要制作成什么风格，如果前期卖家对店招的设计无从着手，可以先到其他店铺去学习模仿一下。

3. 公告装修

对于公告装修，现在很多店铺已经弱化其效果，但是作为一个新开的店铺，很有必要把你的店铺服务、促销方式以及产品信息浓缩起来告诉顾客，设计建议简洁大方，最主要的是内容要恰当，可以设置为滚动显示。因为这里的内容会被大部分人第一时间注意到，所以把它放在店铺的右上角，类似报纸的报眼位置。

4. 宝贝详情页装修

宝贝详情页是在顾客点击浏览你的产品时才能看到的，宝贝详情页可以从网页版淘宝的宝贝详情页直接转换过来，而网页版的宝贝详情页支持较大篇幅的HTML代码，可以让你有机会详细介绍产品、说明交易约定和价格、物流等问题，并展示多幅产品图片让顾客详细全面解产品，可以做得很丰富。

5. 其他装修

此外还有掌柜推荐宝贝、店铺动态等可以装修，这些都是卖家充分展示自己个性、与顾客建立良好界面的工具，通过这些，卖家可以展现自己的文化修养、价值取向、艺术情趣以及生活态度等，这些信息往往可以拉近你与顾客的距离，建立客户对卖家的良好印象，对店铺的生意也是很有帮助的，不可小视。

4.2 淘宝神笔的灵活运用

淘宝神笔是一款帮助卖家制作宝贝详情页的编辑器，于2015年5月上线，它内置海量的模板，分为电脑端和手机端，让不会美工的卖家也能快速便捷地做出具有美感的宝贝详情页，因此收获了不少好评。

4.2.1 使用网页淘宝神笔编辑宝贝详情页

使用淘宝神笔编辑宝贝详情页的具体操作如下。

步骤 01 在浏览器中直接输入网址http://xiangqing.taobao.com/，进入市场，如图4-2所示。

图4-2 进入市场

步骤 02 单击“模板市场”超链接，跳转至“模板市场”页面，如图4-3所示。

图4-3 “模板市场”页面

步骤 03 在“模板市场”中挑选好合适的模板后，单击模板下方的“立即使用”按钮，如图4-4所示。

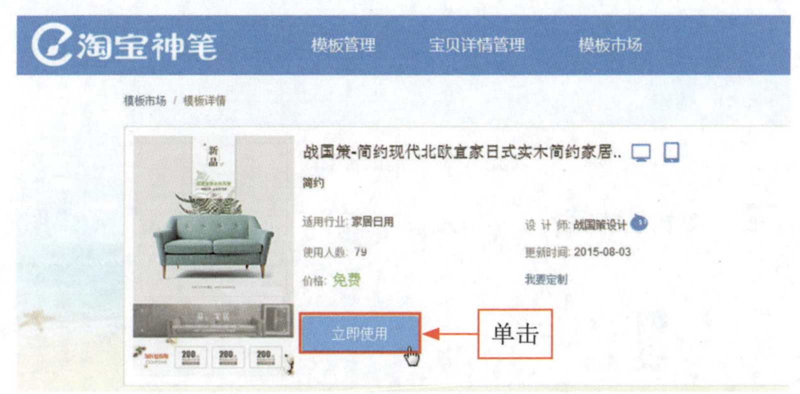

图4-4 单击“使用模板”按钮

专家提醒

图标“ ”表示该模板适配电脑端和手机端，卖家可以筛选模板的适配类型，是仅适配电脑端还是仅适配手机店，或者两者皆适配。

如果有问题也可以单击模板下方的旺旺图标“ ”，与设计师进行交流。

步骤 04　弹出“编辑宝贝详情”页面，选择完宝贝后，单击“编辑手机详情”按钮，如图 4-5 所示。

图 4-5　单击“编辑手机详情”按钮

步骤 05　进入“宝贝详情编辑”页面，编辑框中所示的按钮从左到右依次是：添加 SKU 区、添加热区、添加图片、添加文字、置顶、置底、撤销、重做、保存、错误信息功能，如图 4-6 所示。

图 4-6　编辑框按钮

步骤 06　单击选中图片，弹出“属性编辑”窗格，单击“改换图片”按钮，如图 4-7 所示。

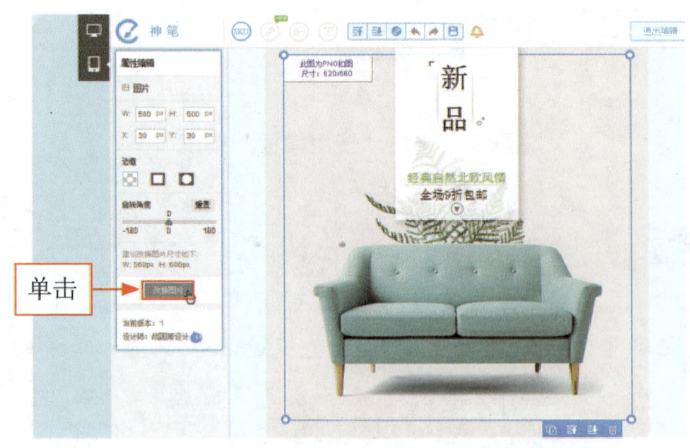

图 4-7　单击“改换图片”按钮

步骤 07 执行操作后，弹出更换图片对话框，可以根据需要，在“上传新图片”或“从图片空间选择”选项卡中选择合适的图片，再对图片进行裁剪，单击“确认”按钮，即可替换图片，如图 4-8 所示。

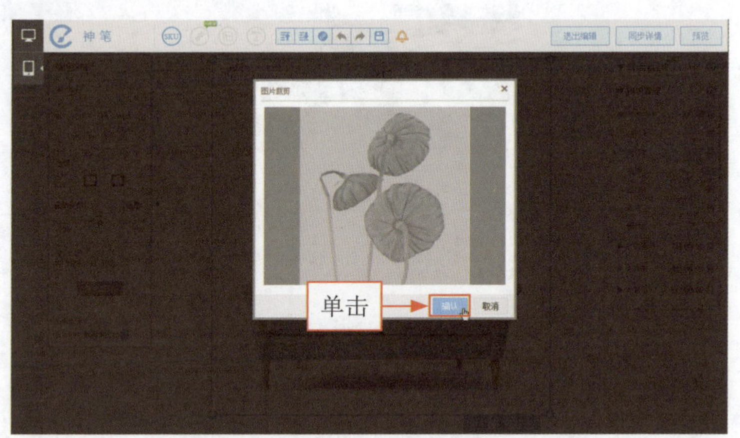

图 4-8 单击“确认”按钮

步骤 08 单击文字，弹出“属性编辑”窗格，依次在“文案”文本框中输入相应文字，并设置字体、字号、字体颜色等属性，如图 4-9 所示。

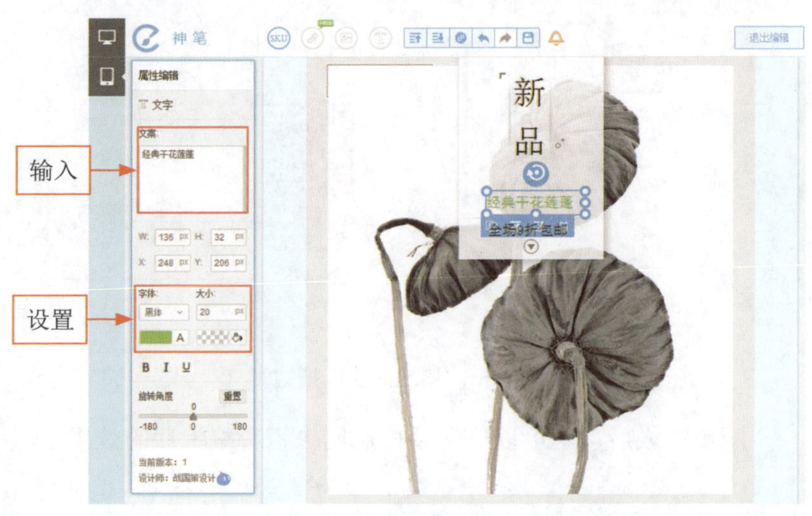

图 4-9 替换文字

步骤 09 用与上相同的方法，向下依次更换图片和文字，单击“同步详情”按钮，如图 4-10 所示。

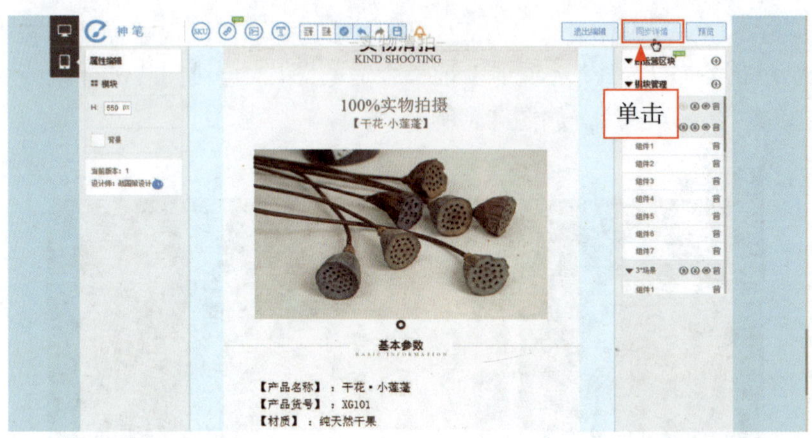

图 4-10 预览页面

步骤 10 进入“同步”页面，选中“我明确了解同步详情会覆盖现有的宝贝详情页面”复选框，单击“确定同步”按钮，即可完成手机宝贝详情页面的编辑，如图 4-11 所示。

图 4-11 单击“确定同步”按钮

步骤 11 同步完成后，就可以进入手机店铺去查看编辑后的效果了。

专家提醒

如果不需要使用某个模板，可以在模板右侧的“模块管理”中，单击“◉”按钮，如图 4-12 所示。

专家提醒

图 4-12　单击"◉"按钮

4.2.2　使用手机千牛神笔编辑宝贝详情页

用手机千牛神笔编辑宝贝详情页的具体操作如下。

步骤 01　登录千牛客户端，切换至千牛"工作台"选项卡，点击"神笔"按钮，如图 4-13 所示。

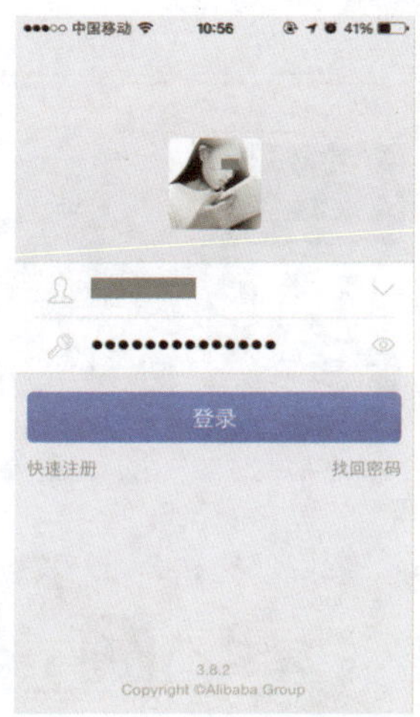

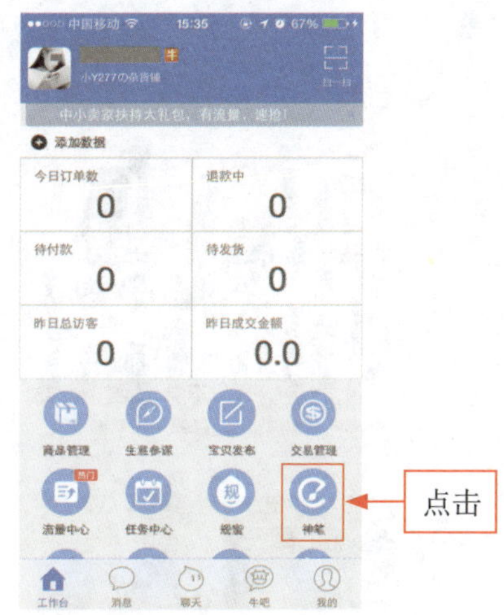

图 4-13　点击"神笔"按钮

步骤 02 进入“淘宝神笔”界面，点击“开始设计”按钮，跳转界面后，选择需要编辑的宝贝，如图 4-14 所示。

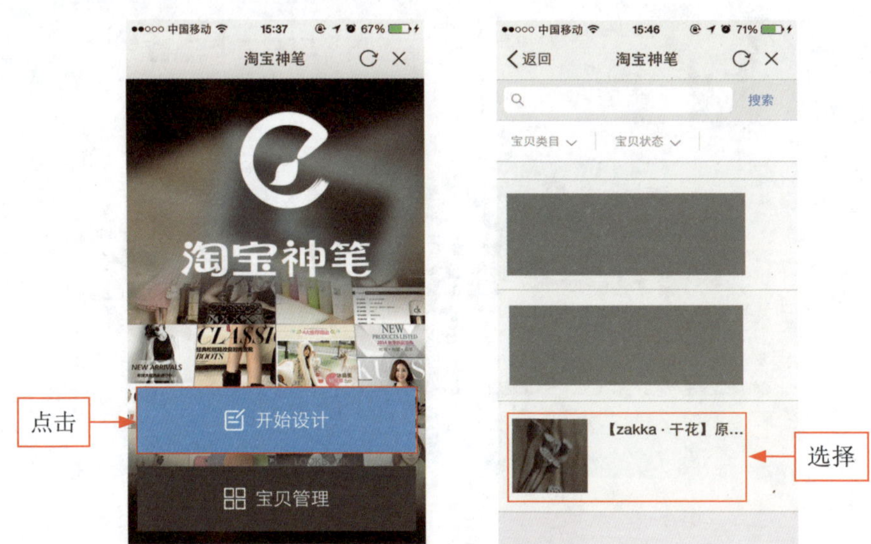

图 4-14 选择需要编辑的宝贝

步骤 03 选择完要编辑的宝贝后，进入“模板市场”选项卡，在模板市场内，可以根据自己想要的模板设计风格以及行业进行模板筛选，如图 4-15 所示。

图 4-15 筛选模板

步骤 04 选择合适自己商品的模板，点击进入“宝贝详情编辑”界面，如图 4-16 所示。

图 4-16 进入“宝贝详情编辑”界面

步骤 05 点击需要更换文字的部分，会出现一个蓝色框，代表你选中的部分，在下面的文本框内直接用手机键盘进行编辑输入，即可替换文字，如图 4-17 所示。

图 4-17 替换文字

步骤 06　选择需要替换的图片，出现蓝色边框，点击“ ”或“ ”按钮，可以拍照或从手机相册、空间相册中选择一张照片，如图 4-18 所示。

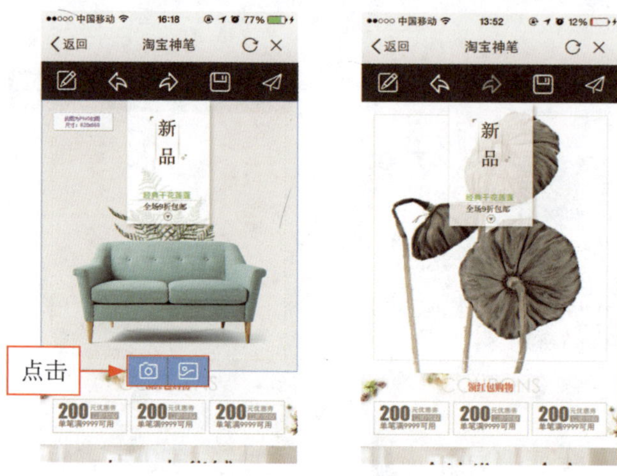

图 4-18　替换图片

步骤 07　用与上同样的方法，将模板的内容全部替换为自己宝贝的内容后，点击“ ”按钮，弹出“同步详情”对话框，点击“确认同步”按钮，如图 4-19 所示。

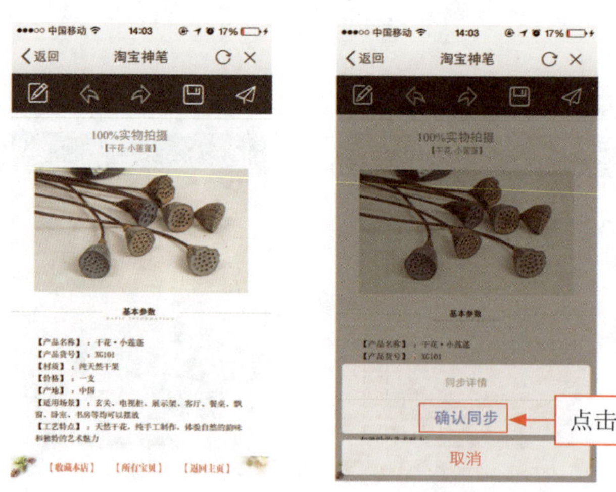

图 4-19　点击“确认同步”按钮

步骤 08　弹出同步成功提示后，编辑后的宝贝详情页就已经和手机店铺的完成同步了，到店铺中就可以看到编辑后的效果，如图 4-20 所示。

图 4-20　同步查看效果

4.3　利用微淘设计店铺动态

微淘是在移动互联网时代，商家面向消费者的移动电商平台。通过微淘，商家可以进行客户关系管理、品牌传递、精准互动、基于位置的导购以及成交转化。

4.3.1　开通微淘

开通微淘的具体步骤如下。

步骤 01　进入“我的店铺”界面，点击“发布微淘”按钮，如图 4-21 所示。

图 4-21　点击“发布微淘”按钮

步骤 02 进入“微淘广播管理”界面，点击“新建微淘广播”按钮，进入“新建微淘广播”界面，如图 4-22 所示。

图 4-22 进入“新建微淘广播”界面

4.3.2 设置微淘

设置微淘的具体步骤如下。

步骤 01 进入“新建微淘广播”界面后，在文本框中输入标题，如图 4-23 所示。

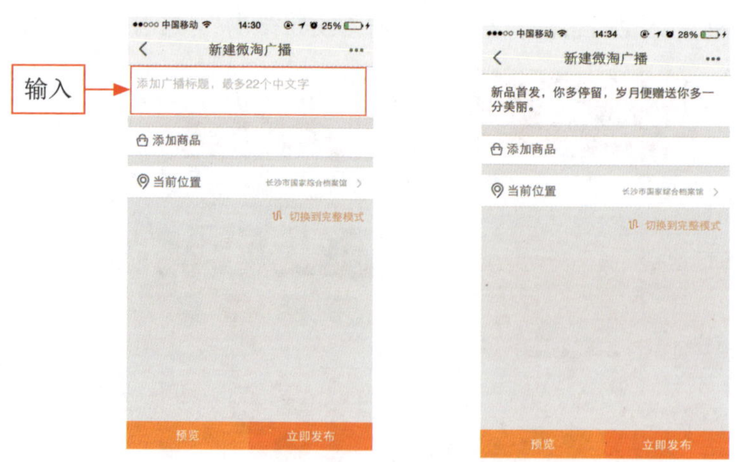

图 4-23 在文本框中输入标题

步骤 02 点击“添加商品”选项，进入“添加商品”界面，选择商品，点击“完成”按钮，如图 4-24 所示。

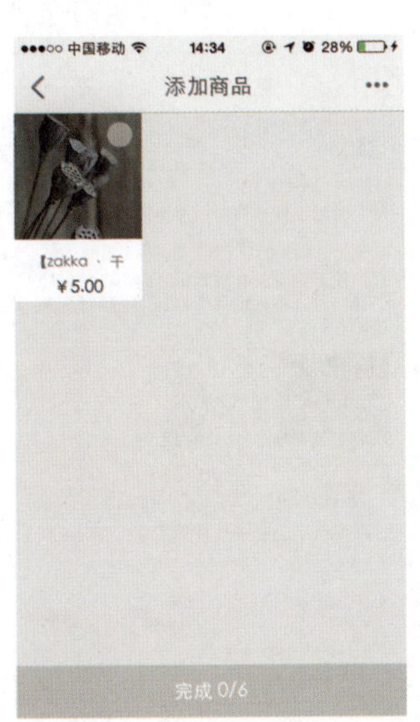

图 4-24 点击“完成”按钮

步骤 03 将微淘从极简模式切换至完整模式，点击“设置封面”选项，选择一张图片，如果预览合适，点击“确定”按钮，即可作为封面图，如图 4-25 所示。

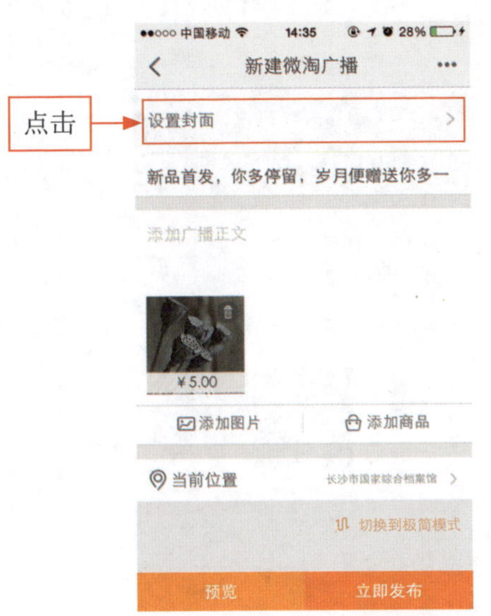

图 4-25 设置封面图

步骤 04　在文本框中输入广播正文，点击“添加图片”按钮，为广播内容添加图片，如图 4-26 所示。

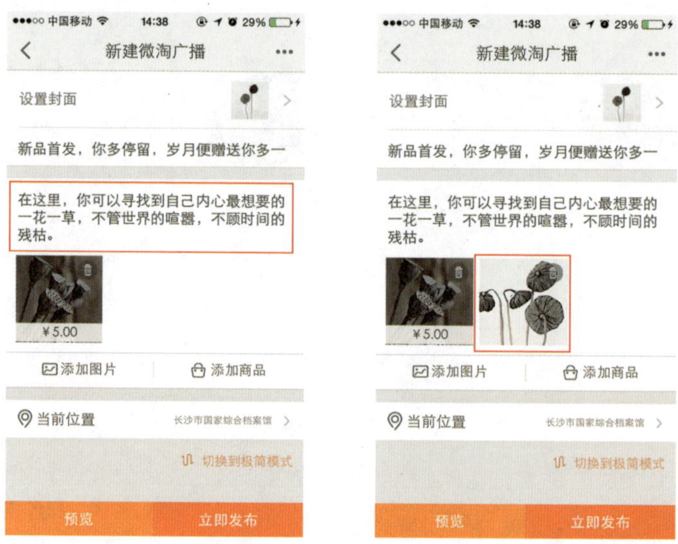

图 4-26　添加广播图片

步骤 05　点击“立即发布”按钮，即可发布微淘广播，在“微淘广播管理”页面可以查看到，在“店铺动态”里也可以看到，如图 4-27 所示。

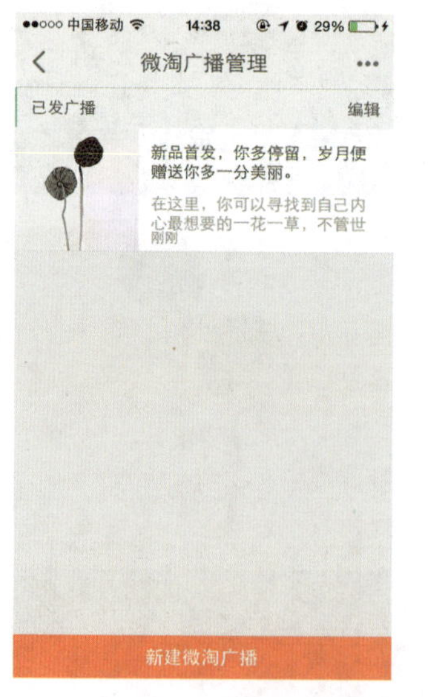

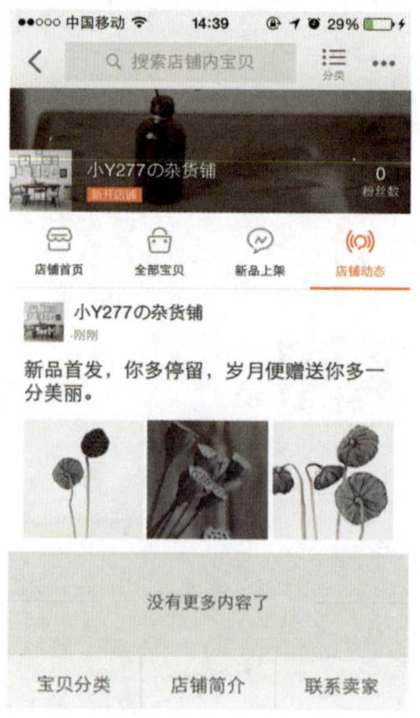

图 4-27　查看微淘广播管理

内部推广：淘宝手机客户端入门的第一步

第5章

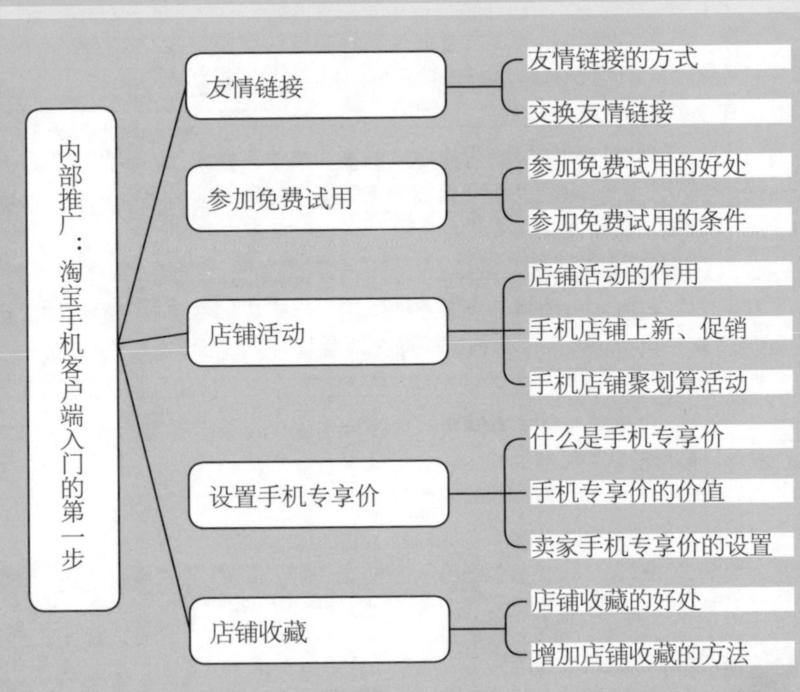

5.1 友情链接

友情链接是比较实用的推广方式。这样不但可以让大家第一时间看到店铺，而且还可以增加店铺的浏览量。

5.1.1 友情链接的方式

友情链接的方式

- **找一些比自己级别高的店铺来交换友情链接**。这里的级别高是指钻级或者皇冠级，通常想要做到这一点，是有一定难度的，但是，凡事无绝对，特别是一些新手店家，虚心请教，多主动、多沟通，还是有机会成功达成交换的。
- **在交换链接时要有目的性**。不要随便交换链接，那样意义不大，最好是与同行交换，这样才能更好地抓住目标顾客。
- **和自己同级别的店铺交换链接**。和自己级别差不多的网店，就算是不认识的，也可以相互交换一下链接，对别人对自己都是有好处的，做到这点还是比较容易的。
- **与有实力的新手店家交换链接**。每个店铺都有自己的优势，新手店家也是一样，彼此交换链接算是两全其美。
- **和合作伙伴交换链接**。选择合作伙伴，要选择志同道合的伙伴，这样才能抓住顾客。

5.1.2 交换友情链接

交换友情链接的具体操作如下。

步骤 01　进入自己的店铺页面，单击“装修此页面”按钮，如图 5-1 所示。

图 5-1　单击“装修此页面”按钮

步骤 02　进入旺铺装修页面，在“模块”的右侧窗格中可以找到“友情链接”按钮，如图 5-2 所示。

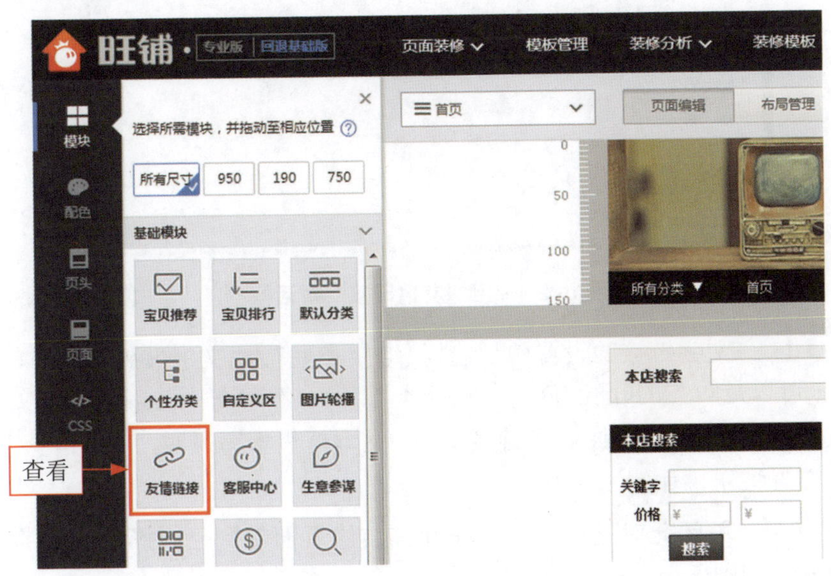

图 5-2　找到“友情链接”按钮

步骤 03　将光标移至“友情链接”按钮上方，单击鼠标并拖曳至合适位置，即可添加“友情链接”模块，如图 5-3 所示。

图 5-3　添加“友情链接”模块

步骤 04　将光标移至“友情链接”模块上，单击“编辑”按钮，弹出“友情链接”对话框，如图 5-4 所示。

友情链接
内容设置　显示设置　使用帮助
链接类型：文字　图片
链接名称：　移动　删除
链接地址：
链接说明：
添加
保存　取消

图 5-4　弹出“友情链接”对话框

步骤 05　文字链接的设置就是选择“链接类型”为“文字”，链接名称输入“hz 美衣铺”（可以是对方的旺旺 ID，或者店铺名字），然后在“链接地址”文本框内添加链接，如有特别的说明，在“链接说明”文本框里填写说明，确定信息无误后，单击“保存”按钮，如图 5-5 所示。

步骤 06　关闭此对话框，便可在旺铺装修页面看到已经操作完成的文字友情链接模块，如图 5-6 所示。

步骤 07　图片链接的设置就是选择“链接类型”为“图片”，单击“ ”按钮，同样在“链接地址”文本框内添加链接，如有特别的说明，在“链接说明”文本框里填写说明，确定信息无误后，单击“保存”按钮，如图 5-7 所示。

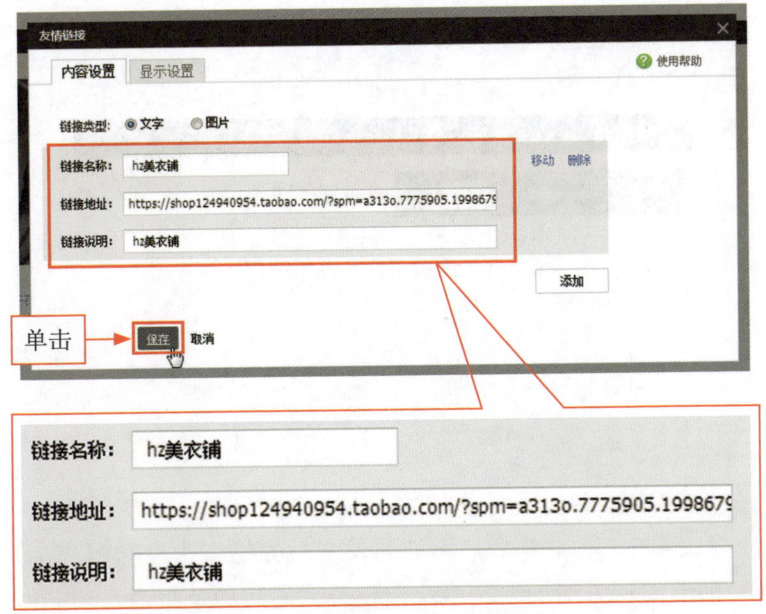

图 5-5　设置文字“友情链接”

图 5-6　查看文字“友情链接”

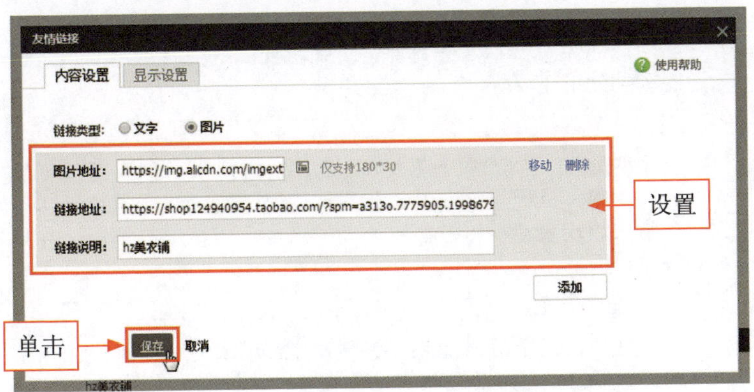

图 5-7　设置图片“友情链接”

步骤 08 关闭此对话框，便可在旺铺装修页面看到已经操作完成的图片友情链接模块，如图 5-8 所示。

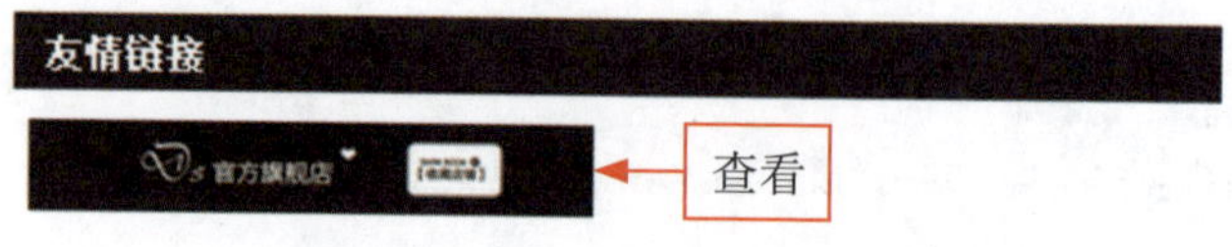

图 5-8 查看图片“友情链接”

5.2 参加免费试用

卖家们在新品刚推出时，由于其产品性能、功效、感觉等方面都还未被人所知，因此要打造产品品牌就更加困难。为了加大新品的推广力度和曝光率，很多时候卖家们都会参加淘宝官方活动，其中淘宝免费试用活动是最适合新品做推广的。

5.2.1 参加免费试用的好处

参加免费试用的好处

好处 1：该淘宝官方活动适合那些流量及好评不多的宝贝。因为这种免费使用体验的活动，既不用花钱去买，而且还可以包邮的好事会有多少？所以在关注度和销售量方面肯定不会太差。所以，卖家们要想提高网店的流量，不妨选几件宝贝来参加淘宝免费试用活动，这或许比直通车的效果还要好。

好处 2：免费试用活动结束后，买家提供的使用报告可以提高产品的好评率，以促进产品的销售量。而且一贯关注淘宝试用活动的亲们都会常去该淘宝活动区，浏览心动的产品，申请产品试用，并且若试用报告做得很好，宝贝的口碑也会相应得到好的宣传。

好处 3：卖家如果想利用免费试用活动来促进店铺其他产品的销售额，前提必须得做好产品之间的关联销售，这样试用活动做得好，不仅能提高整个店的销售量，也能把之前活动亏损的都赚回来，具有很好的意义。

参加免费试用的好处

好处4： 参加试用活动，还可以促进买家们的二次购买。一般来说，若买家们试用了某些产品觉得效果好的话，即使没有优惠价，也会再来购买的，如果说店铺还能提供二次购买的折扣优惠，那么估计顾客会更愿意再次购买了。

5.2.2 参加免费试用的条件

卖家参加淘宝免费试用的活动，有哪些方面的要求呢？

- 淘宝店铺必须是在一钻及以上，并且需要加入消费者保障服务。
- 试用品必须为原厂出产的合格全新且在保质期内的产品。
- 试用品总价值不得低于1500元，价格不得虚高，商品单价不得低于30元。
- 美容彩妆、日化、珠宝配饰、个人护理等类目，必须有假一赔三或分销平台品牌授权。
- 食品保健类商品必须有生产日期，且必须有QS或进口食品标记。
- 试用品免费发送给消费者，消费者产出试用报告，商品无须返还。

5.3 店铺活动

店铺活动，是手机店铺运营手段中最常用也是最重要的一环。

5.3.1 店铺活动的作用

店铺活动的作用主要有以下几点。

- 与老客户进行互动；
- 增加店铺的曝光度；
- 让新客户能更好地了解店铺的营销模式及主推方向。

店铺活动就像人体的新陈代谢，好的店铺活动可以帮卖家留住目标顾客群，同时也是卖家和买家最直接的互动方式。

5.3.2 手机店铺上新、促销

上新、促销手机店铺活动设置具体步骤如下。

步骤 01 登录“无线运营中心”(http://wuxian.taobao.com)，如图 5-9 所示。

图 5-9 登录“无线运营中心”

步骤 02 在“无线运营中心”首页下单击“无线装修”|“店铺装修”，进入到“装修手机淘宝店铺”页面，单击“店铺活动”按钮，如图 5-10 所示。

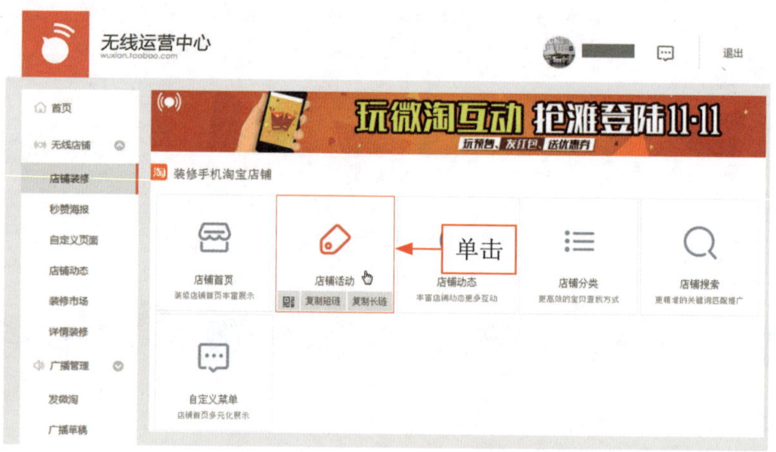

图 5-10 单击“店铺活动”按钮

步骤 03 进入店铺装修的“营销活动”页面，单击“创建店铺活动”按钮，如图 5-11 所示。

步骤 04 执行步骤 03 操作后，弹出营销活动的 4 大种类，要创建“上新宝贝”

活动，就单击“上新宝贝”下方的“创建活动”按钮，如图 5-12 所示。

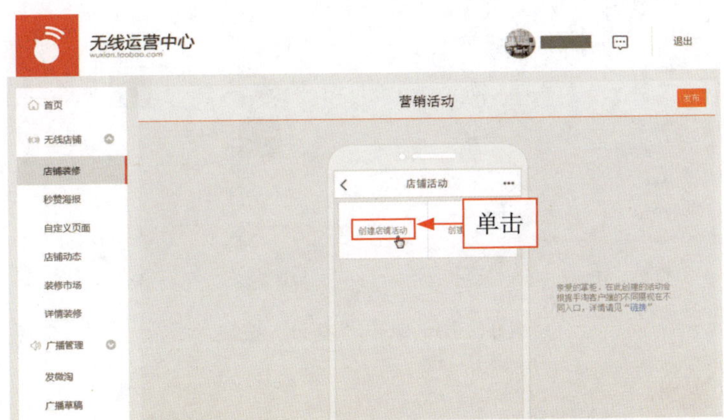

图 5-11　单击“创建店铺活动”按钮

图 5-12　单击“创建活动”按钮

步骤 05　进入“添加上新宝贝”编辑页面，将带有“*”的内容按照规定进行设置，设置完成后，单击“发布”按钮，如图 5-13 所示。

步骤 06　发布成功后，弹出“发布成功”界面，还可以单击“同步到微淘动态”按钮，进行微淘同步，如图 5-14 所示。

步骤 07　执行步骤 06 的操作后，即可在手机淘宝上查看上新店铺活动，如图 5-15 所示。

步骤 08　用与上同样的方法，再添加一个“热门促销”的店铺活动，设置完成后，即可在手机淘宝上查看，如图 5-16 所示。

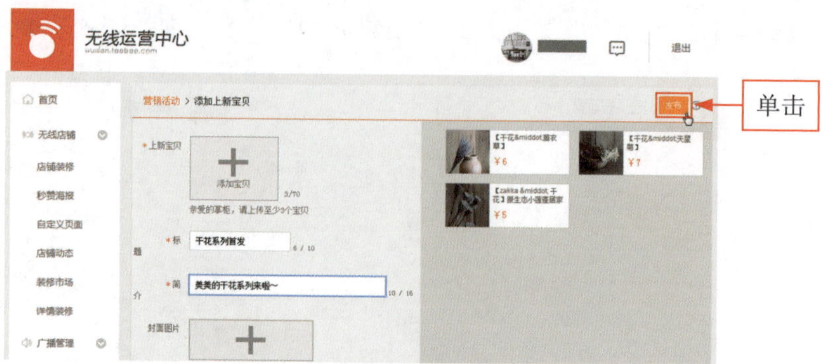

图 5-13 单击“发布”按钮

图 5-14 单击“同步到微淘动态”按钮

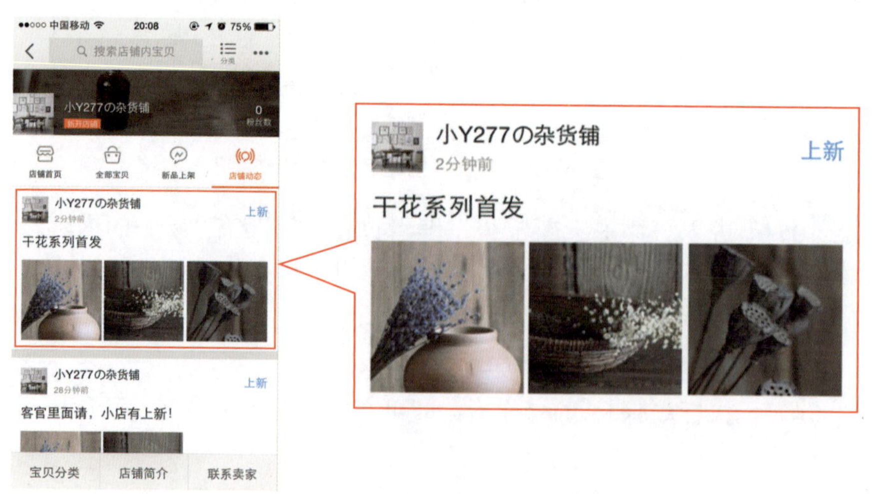

图 5-15 查看店铺上新活动

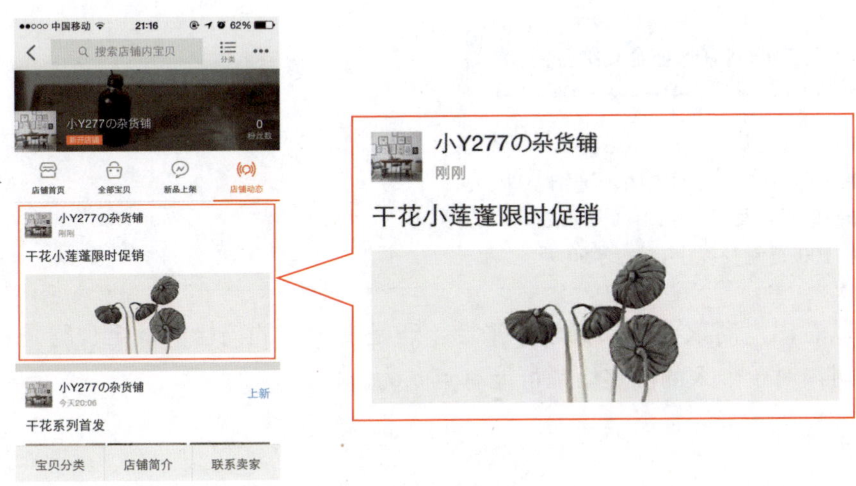

图 5-16 查看店铺促销活动

5.3.3 手机店铺聚划算活动

聚划算是阿里巴巴集团 2010 年推出的一个团购网络平台。现在主要有商品团购、品牌团购、整点聚三大业务类型。

手机淘宝卖家参与聚划算的条件

- 除特殊类目外，店铺信用等级为五钻及以上；
- 近半年店铺评分中三项评分均达 4.6 及以上，特定类型卖家其“卖家发货的速度”的评分达 4.5 分及以上即可；
- 店铺近半年的有效店铺评分数量达 300 次及以上；
- 店铺创建时间大于等于 3 个月；
- 店铺内非虚拟交易占比达 80% 及以上，虚拟、卡券类卖家除外。
- 加入淘宝网消费者保障服务；
- 提供持有品牌证明、品牌授权证明或进货证明。

参加聚划算是需要额外缴纳保证金的，具体的保证金缴纳公式为：

包邮商品 = 单价 × 数量

不包邮商品 =(单价 +10) × 数量

保证金的缴纳主要与销售产品的价格及数量有关，具体的参考标准如下。

普通商家保证金交纳金额

- 10 万元及以下的全额冻结，不减免；
- 10 万～ 30 万元之间，冻结 10 万元；
- 30 万元及以上至 100 万元之间，冻结 30 万元；
- 100 万元及以上，冻结 50 万元。

可以看出，商家要参加聚划算平台，还是有一定的门槛的，至少得是一个像样的公司，对于个人的淘宝店铺可能有点吃力。

5.4 设置手机专享价

淘宝手机专享价是指手机淘宝店铺为了更加优惠出售自己的商品，让消费者获得更多优惠所使用的一种营销模式，使用手机淘宝进行网络购物，V1 ～ V6 淘宝会员享有不同价值的优惠。

5.4.1 什么是手机专享价

手机专享价是一款专门针对手机淘宝下单的促销工具，可实现在手机端和电脑端上不同的促销价格折扣，是设置宝贝无线专享价格的官方无线营销工具。

集市 C 类商品支持与“双 12”大促、聚划算（仅限 C 商品）、天天特价、限时打折等第三方促销工具叠加使用，支持折上折，并且交易记录不会显示手机专享价，只显示电脑端优惠价或一口价，成交计入交易记录，不会影响单品的人气和搜索排名。

5.4.2 手机专享价的价值

UV 是指每一个独立访客，PV 指的是浏览量，比如一个 UV 访问了三个页面，那么就是 3 个 PV，这两个概念对我们的参考意义在于，如果 PV/UV 的比例过低，说明我们的网店浏览深度太浅，正常来讲，PV/UV 的比例至少应该在 2 ～ 3 个比较正常。

卖家使用手机专享价设置店铺的宝贝，店铺的宝贝将会获得

- “手机专享价”可以使宝贝搜索加权，当宝贝有明显的“手机专享价”标签时，在搜索LIST上，宝贝将获得更多流量和优先展示，每天百万UV的筛选流量，也让消费者更容易找到你的宝贝；
- 将设置了“手机专享价”的宝贝加入购物车，在购物车中查看宝贝时会有显示提醒；
- 手机淘宝上会不定期地出现“手机专享价”活动，并在消费者的手机淘宝客户端上持续曝光，比如手机淘宝首焦、PUSH资源推广；
- “手机专享价”能够有效提升手机宝贝的成交转化率。

5.4.3 卖家手机专享价的设置

卖家手机专享价的具体设置步骤如下。

步骤 01 进入“卖家中心”|“营销中心”，单击“手机营销专区”超链接，如图5-17所示。

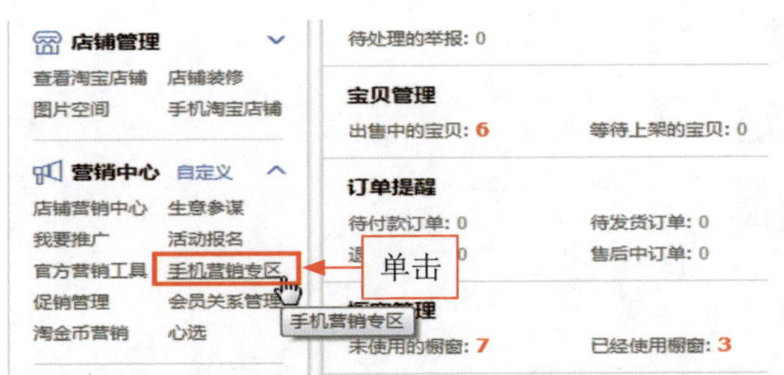

图5-17 单击“手机营销专区”超链接

步骤 02 进入“手机营销专区”页面，在“无线营销工具”选项栏中，单击“马上创建”按钮，如图5-18所示。

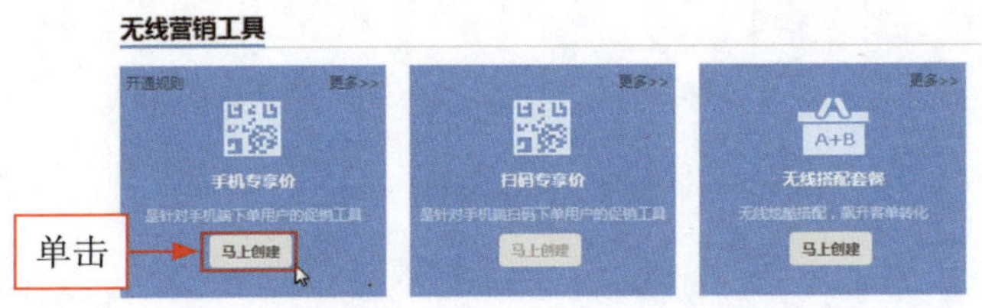

图5-18 单击“马上创建”按钮

步骤 03 进入“创建无线手机专享价活动”页面，填写“活动名称”，设置“针对用户”选项，填写“活动时间”，如图 5-19 所示。

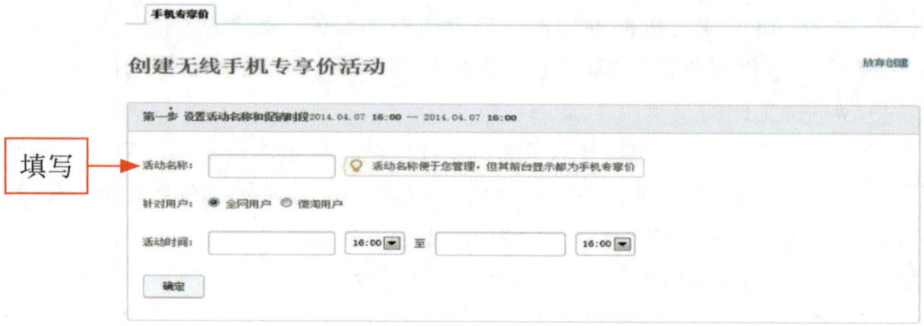

图 5-19 填写相关信息

步骤 04 选中需要设置手机专享价宝贝左侧的复选框，如图 5-20 所示。

图 5-20 选择宝贝

步骤 05 执行操作后，单击“完成选择”按钮，如图 5-21 所示。

图 5-21 单击“完成选择”按钮

步骤 06 设置无线手机专享价折扣及每人限购数量，单击“完成创建”按钮，即可完成手机专享价的创建。

淘宝店卖家可以结合店铺前期手机无线端成交宝贝的实际情况，合理设置手机专享价，通过手机详情页的推广图片、宝贝文案以及店铺客服专业应答介绍，不断提高宝贝的转化率。

5.5 店铺收藏

手机淘宝的收藏人气是衡量一个店铺热度的标准，人气商品的排名制度也需要看收藏的人数，因此提升手机淘宝店铺的收藏人数是让店铺生意翻倍的快捷途径。

5.5.1 店铺收藏的好处

店铺收藏的好处

- 收藏数的多少可以动摇一个人的购买欲望。
- 在同类店铺中，收藏数高的店铺往往曝光量要比其他同行多。
- 在同类商品中，收藏数高的商品往往比收藏数低的商品卖得更火热。
- 用户搜索商品的时候，人气搜索显示的就是收藏数最多的商品。
- 收藏数越多，产品在同类产品中排列的位置就越靠前。
- 宝贝或者店铺的收藏数越多，也会带动买家收藏店铺的其他宝贝。
- 收藏数与信誉一样重要，能让买家感觉真实可信。

5.5.2 增加店铺收藏的方法

增加店铺收藏的方法

- 与买家交流时，主动邀请他们收藏。
- 装修店铺时，在醒目位置放置收藏按钮，并写上鼓励买家收藏的文字。
- 与其他网店相互收藏。

第6章 外部推广：提高店铺知名度

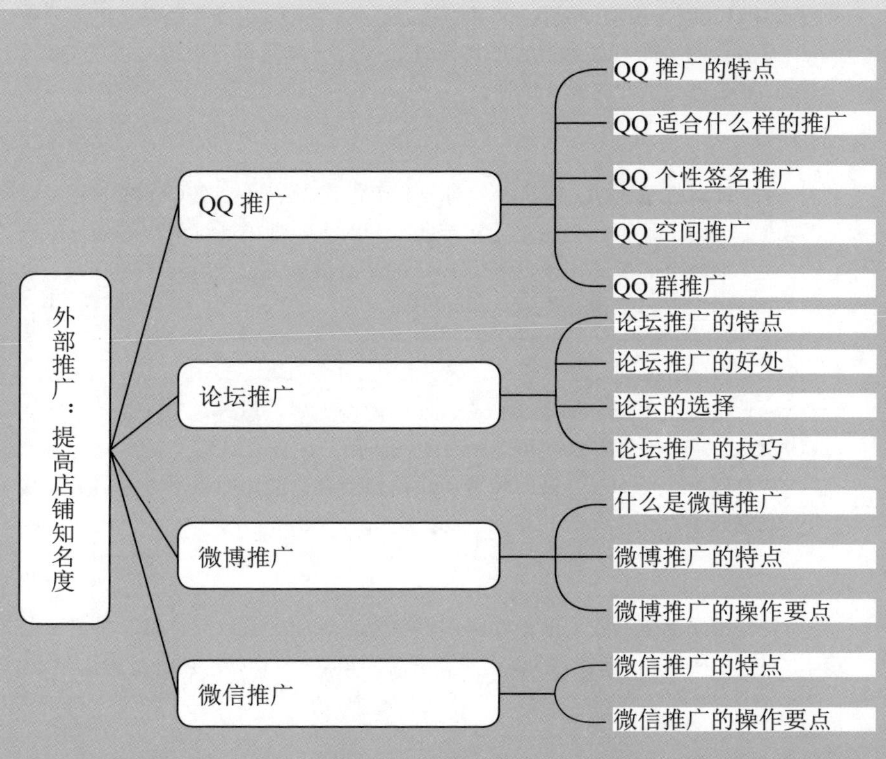

6.1 QQ推广

手机淘宝开店，卖家的主要难题还集中在如何引入更多流量。在众多的推广方法中，QQ推广是一个不错的选择。

6.1.1 QQ推广的特点

QQ是一个用户破亿的聊天软件，身边会用手机淘宝的人绝大部分都有QQ，利用QQ为手机淘宝店铺做推广，可谓潜在的客户基数是巨大的。

QQ推广的特点

覆盖范围广。对于国内上网的用户来说，一般打开电脑的第一件事就是登录QQ，2014年7月3日中午12点52分同时在线人数达到峰值210212085，成功创造吉尼斯世界纪录，这个人数超过了世界上大部分国家的人数。面对如此巨大的用户基数，几乎覆盖所有中国网民的QQ，绝对是外部推广的第一选择。

针对性强。QQ是基于一对一交流的沟通工具，在QQ群中还可以进行一对多营销。无论是一对一还是一对多，都能通过用户的细分，进行更加精准的推广，毕竟对于LV3的高级群来说也只能容纳500人，群中的用户都和主题有关。

花费成本低。如果想把QQ推广做得更好，最好是QQ会员，因为QQ会员是红色的名字并排在普通在线用户之前，这对于提高曝光率非常有好处，而QQ会员的收费，还是相当合理的，如果不办会员，花费就更低了。

持续高效。在QQ中和网友们建立良好的关系以后，做起推广来必将得心应手，特别在QQ群中成为群管理员后，一切推广就又变得简单了。

6.1.2 QQ适合什么样的推广

针对特定人群

对于受众人群，且喜欢在QQ群中交流的人群，使用QQ推广是一个非常不错的选择，比如减肥、时尚、IT、汽车等产品，非常适合QQ推广，这类产品的用户也非常热衷于QQ群。

针对固定人群

有些产品头疼的不是推广，而是如何提升用户的回访率、转化率。比如一些黏性比较低的产品，用户可能回购产品的时间间断比较长，时间一久，不容易记住店铺。在这种情况下，就可以通QQ群来提高黏性，先建立QQ群，然后将用户引导到群里面，这样即使用户回购时间长一点也没关系，因为我们已经将他们牢牢抓在了手里。只要他们看到群，就会加深对店铺的印象，当店铺有活动时，可以通过群来引导用户参与。

推广有针对性产品

对于一些简单、明确、针对性强的产品，非常适合用于QQ推广，如写一篇文章、一个专题、网络投票、线下聚会活动等。

对现有用户进行维护

如何维护好现有用户？如何提高用户的满意度？这些都是销售头疼的问题。而通过QQ维护用户效果非常好。比如建立QQ群，通过群来指导用户使用产品，通过群来与用户加强联络、增进感情等。

6.1.3 QQ个性签名推广

其实对于QQ推广来说，非常关键的点就是要让别人相信你。在这个虚拟的网络中，只有信任才会让你的推广效果更加好。

QQ个性签名推广法的具体操作如下。

步骤 01 调出详细资料卡，找到“个性签名”的位置，如图6-1所示。

步骤 02 修改“个性签名”的内容，比如宣传店铺，可以把店铺的网址放上去，如图6-2所示。

步骤 03 单击“保存”按钮，即可完成QQ个性签名推广。

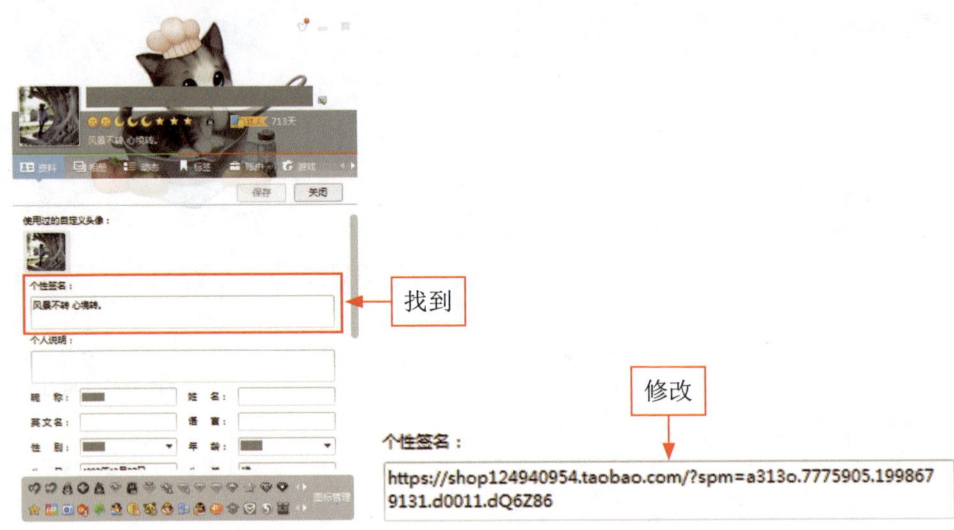

图 6-1　找到"个性签名"的位置　　　图 6-2　修改"个性签名"的内容

6.1.4　QQ 空间推广

QQ 日志推广法

找一些跟淘宝店铺宝贝有关的资料放到空间日志中，吸引客户的关注。

QQ 空间分享推广法

QQ 空间有一个分享功能，可以分享视频和网站地址，只要把目标页面的链接填写在上面，就可以分享给你的所有的好友，他们只要点击标题，就可以看到你分享的东西。这个分享的功能很强大，不管是图片、视频还是网址，都可以很轻松地分享给自己的 QQ 好友。你分享了东西，QQ 好友看到的界面也相当友好，QQ 好友可以在自己的空间无须点击就预览到内容简介。因为可以预览，这就要求分享的东西要有吸引力，让别人看到预览就想点击，点击了就主动分享下去。

QQ 空间相册推广法

人和人聊天或者加 QQ 时大部分都会进空间看一下空间的相册。所以，相册也是一个必不可少的一个推广工具。

QQ空间说说推广法

QQ说说可与QQ签名同步，其目的在于随时随地地分享心情。每次更新QQ签名的时候，都会自动更新到QQ说说上面，QQ说说有字数限制，所以一定要在一句话中就能激起别人想了解的冲动。

QQ空间名人推广法

加一些大师的QQ号，这些人的空间流量都是非常不错的，每天在他空间访问最高的时段给他送礼物，在他空间发表有争议性的话题和留言，这样的效果比随便到处留言强一百倍。

6.1.5 QQ群推广

QQ群推广是一个群体推广非常好的途径，不仅精准，时效性还高。

申请多个会员QQ

使用会员QQ的目的就是使该QQ在聊天室的显示列表中排名靠前。接着，优化QQ昵称、头像与签名，使其能够吸引别人查看我们的QQ。

申请多个会员

同时，装修QQ空间和充实QQ空间内容，使其等同于淘宝“销售页”，能够激发每个浏览QQ空间的人转到我们的淘宝店铺。

每个QQ可以登录3个目标聊天室，这样18个聊天室一天进进出出无数人。这6个QQ不需要开着，可以通过挂QQ的软件，只要在里面输入用户名和密码以及设置好的自动回复，就会自动登录，而且占用内存非常小。

申请加入别的群

要加入淘宝店铺目标消费群集聚的QQ群里，店铺的流量、人气就可以从群里来。

前15天是熟悉期，可以隔三岔五地“闲聊”，暂不发广告；15天后，可以陆续发隐性广告。但是重点不是群发QQ广告，因为发广告容易被踢出群，同时，广告信息被最新留言挤到后边去就没有效果了。我们的目标是既不用担心留言被挤到后面去而失效，同时，不会因为发广告而被踢。

6.2 论 坛 推 广

6.2.1 论坛推广的特点

在网络推广中，论坛推广的地位不可小觑。

论坛推广的特点

- 针对性强
- 适用范围广，重点突出
- 良好的口碑宣传
- 推广氛围柔和，容易形成利润转化
- 投入少，见效快

6.2.2 论坛推广的好处

在论坛推广形式渐趋多样化的形势下，论坛推广给企业营销提供并且创造了一个越来越广阔的空间。

论坛推广不需要高额的广告费用，只要活动和宣传真正能够结合受众所需，就能为受众创造良好的参与氛围，从而能够带来更多直接的客户量。

论坛推广是一种有效的推广手段

论坛推广作为一种有效的推广手段，能够形成一种感染潮。从一个人的购买行为到迅速感染周围其他人，形成小范围的购买高潮，从而为企业无形创造更多的口碑，使企业获得短期的销售利益。更重要的是经过论坛营销的长期潜移默化，就能够在人们的心中形成一种品牌概念，从而养成客户对产品和服务的忠诚度。

6.2.3 论坛的选择

论坛的选择

最好选择与你要推广的店铺相关的行业论坛进行推广。

先看看上面是否可以做签名，有很多网站是不能签名的，首先考虑能签名的网站。

不能签名的网站要靠创意贴来推广。如果能当上管理员那也是不错的选择。

6.2.4 论坛推广的技巧

论坛推广的技巧

关于注册

- 注册一个用户名，最好和域名有相关性。
- 尽可能去完善资料，保证高信誉度。
- 用自己的真实照片、产品图片或者能够吸引别人眼球的图片做头像。

关于积分

- 注册后第一件事就是了解积分规则，知道哪些方面可以得到更多的积分。
- 了解注册会员后的权限及在贴吧中的权利。
- 了解论坛的管理员、版主信息，看看管理员和版主发的都是什么帖子，可以找一些这方面的帖子进行加工，这样比较容易被加“精”。
- 帖子的主题一定要热门，有争议，这样参与的人会更多，起到的推广作用也会更好。

关于经验

- 一般刚注册的用户是不能在帖子里发链接的。
- 不要刚进论坛就发广告，会被禁言的。刚进论坛先到处看看、回复一下别人的贴子，可以增加积分。
- 可以加一些好友，如果有聊得不错的，可以让他帮你发一些链接。如果能成为管理员就更好了。
- 一个论坛里面可以注册多个账号的，如果需要Email验证，就多注册几个Email。
- 被删除或者屏蔽的帖子不要回复，有些论坛是会扣分的。
- 要注意激流勇退，如果账号积分太多就该换账号了，因为积分越多就越受关注，出了一点差错，站长都可能把账号封杀。那么以前的努力就全都白费了。

6.3 微博推广

微博，即微博客 (MicroBlog) 的简称，是一个基于用户关系的信息分享、传播以及获取平台，用户可以通过 WEB、WAP 以及各种客户端组件个人社区，以 140 字左右的文字更新信息，并实现即时分享。微博是集手机短信、社交网站、博客和 IM 等四大产品优点的集成者。

6.3.1 什么是微博推广

微博推广，就是以微博为媒体，在最短的时间内将信息以裂变的方式传播出去。微博推广能在第一时间让更多的人了解您的企业，关注您的品牌，进而提高您的销量。

6.3.2 微博推广的特点

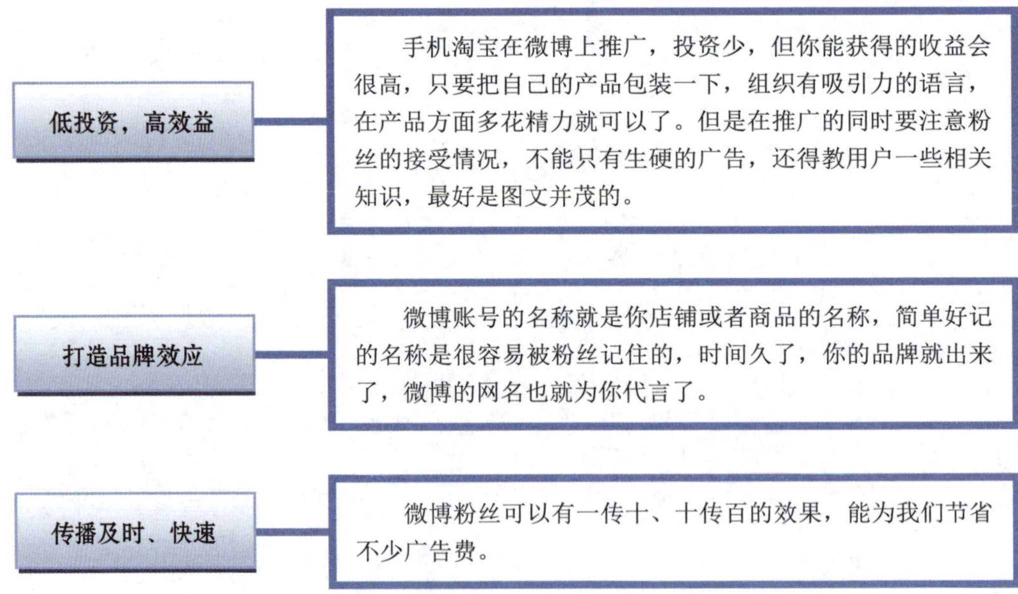

无时间地域限制

微博没有时间和地域的限制，可以随时随地发布，还有可能找到共鸣的人。

互动、针对性强

互动性体现在能与粉丝即时沟通及时获得用户反馈。关注本店或者商品的粉丝是本店或者本商品的粉丝，店家可以对其进行精准营销。

6.3.3 微博推广的操作要点

对人真诚 产品质量有保障

做手机淘宝店铺没有信誉是不可能卖得出商品的，想要赚钱，那首先要把自己店铺的信誉做起来。

店铺的信誉和人的美誉一样，是通过慢慢积累起来的，每个人心中都有一个评判的标准，谁好谁坏，也都是心中有数的，如果想要别人对你的评价好，那么平时对待他人就要真诚，手机淘宝店铺的信誉就更需要真诚了，不能欺骗客户，另外还要保证自己产品的质量，想要有回头客，那质量就是首决因素，要不然一切都是白费，你的服务态度再好，图片再好看，但如果产品的质量不行，那也不会有人回购的。

微博内容 包含产品信息

玩微博的人都知道，微博靠的就是我们随时随地发布的内容来维持的，没有内容的微博那就无任何意义，就像 SEO 做网站是一样，内容才是灵魂。

那么手机淘宝店铺既然想通过微博来推广，就要在内容上做充分的准备。微博内容里要巧妙地把自己的产品信息融合进去，但一定不能生硬，要让人看上去不是广告，而是正好提到，之所以要提到是因为微博内容的需要及用户所需。

如果能够把手机淘宝店铺产品的每样信息都很自然地融合在微博内容里发布出来，而又不会让微博用户反感的话，那就成功了一半。

推敲用户心理 提高网店信任度

微博推广手机淘宝店铺一样需要以用户体验为主，如果用户不满意，那你再好的推广方法也是失败的，因此，说到底还是要把客户体验做好，要让客户到手机店铺里来时，可以很信任你，而不会对产品或是其他方面产生怀疑。

要做到这些，就需要我们在利用微博推广时，站在客户的角度去考虑一些问题，推敲他们的心理，他们想要什么？如果把握住了客户的心理，那么手机店铺的信誉度也就明显提高了，相信回头客也会越来越多起来。

6.4 微信推广

现在，微信已经成为热门的社交平台，用户过亿，有相当多的潜在消费群。如果利用好这个推广方式，可谓事半功倍。

6.4.1 微信推广的特点

微信推广的特点

点对点精准营销：微信拥有庞大的用户群，借助移动终端、社交、位置定位等优势，推送信息，能够让每个个体都有机会接收到这个信息，继而帮助商家实现点对点精准化营销。

形式灵活多样：漂流瓶、位置签名、二维码、开放平台、公众平台等。

强关系的机遇：微信的点对点产品形态注定了其能够通过互动的形式将普通关系发展成强关系，从而产生更大的价值。通过互动的形式与用户建立联系，互动就是聊天，可以解答疑惑、可以讲故事甚至可以“卖萌”，用一切形式让企业与消费者形成朋友的关系，你不会相信陌生人，但是会信任你的“朋友”。

6.4.2 微信推广的操作要点

微信性别选择

首先会要求你注册一个微信号，并填写基本资料。这里最重要的是性别，要特别提出来一下。

如果你的手机店铺是卖服装鞋帽或是家居百货的，性别最好是填写男性。如果你的产品的受众群体主要是男性，性别最好就填写女性。

为什么要这样做呢？

因为你在玩微信的时候，系统会根据你所填写的性别来为你匹配微信朋友。就是说，如果你是女性，你发出的微信、漂流瓶之类的，90% 以上的可能性会被男性接收。

"摇一摇"时间选择

微信有个"摇一摇"的功能，可以为你匹配同一时刻在摇微信的人。个人觉得玩微信的时间最好是在晚上 7～10 点这段时间。

为什么呢？

因为在这段时间，玩微信的人比一天中的其他时段都要多，是最集中的时间段。

最好不要在白天上班的时段玩"摇一摇"，因为大家都很忙，玩微信的人很少。即使有人在玩，估计也是那种闲得无聊的人，成为你客户的可能性不大。

选择在晚上 7～10 点这段时间玩微信的人，一般都是正事忙完了，玩玩微信打发下时间。如果在这段时间你宣传自己的店铺，成交的概率要比别的时间段大很多。

漂流瓶注意事项

微信中有个"漂流瓶"功能，每天可以捡瓶子 30 次左右，发瓶子次数是不受限制的。

漂流瓶的内容只有两种，语音和文字。最好是语音，其次是用文字。如果你的声音很好听，那么会更好。文字要写得很煽情、很优美、很感人。这些都是决定瓶子命运的第一印象。

扔漂流瓶的时间倒没有什么严格的限制，但捡到别人的瓶子，要认真回复，建立良好的互动关系。

微信头像的设置

头像设置分为微信头像设置和漂流瓶头像设置。可以用真实头像、也可以不用。唯一的要求是要好看，也可以选择店铺主打的产品做头像，增强客户记忆。

微信内容更新

微信朋友圈可以用图片的形式记录每天的生活轨迹。图文结合的表达形式，能让你的微信朋友关注你、评论你、赞你的内容。

那么用来宣传店铺也是不错的，可以每天分享一些店里新上架的宝贝、促销的宝贝，语言要幽默风趣，还可以配上小视频。

微信好友添加

你可以通过微博、博客、论坛、手机短信等任何形式告知别人你的微信号，让别人关注你。

你也可以关注别人的微信。不要因为是陌生人你就拒绝加他们。因为他们很可能就会在不经意间成为你的客户。即使偶尔加了几个浑水摸鱼的恶俗之人也没事，删掉、拉黑就可以了。

第7章 钻石展位：让你的点击率飙升

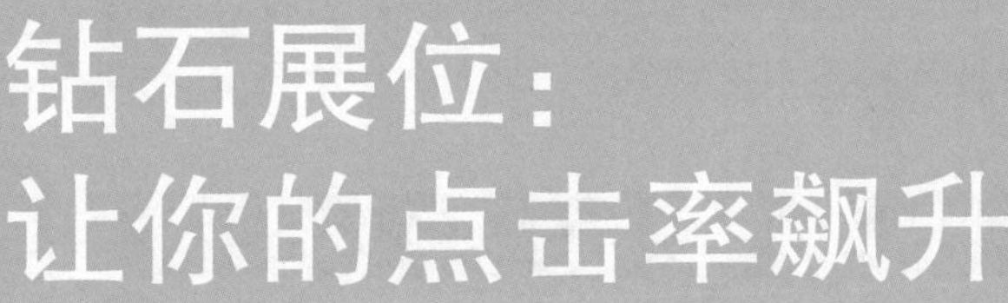

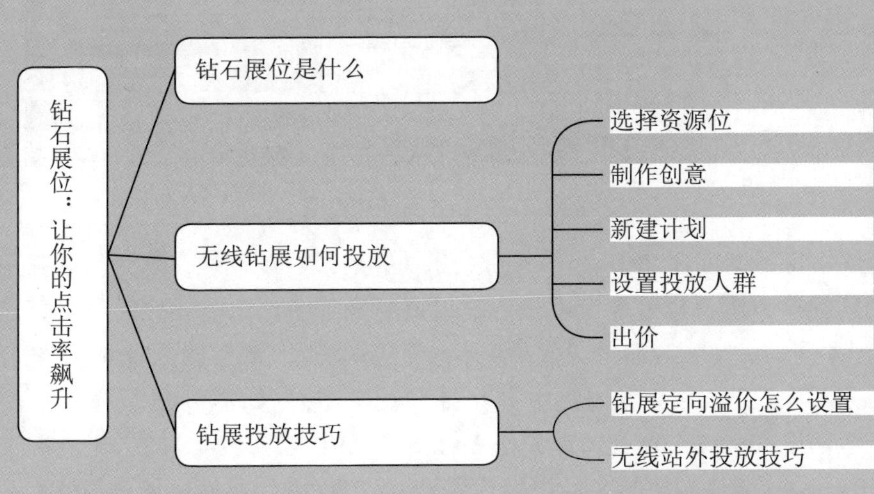

7.1 钻石展位是什么

“钻石展位”是图片类广告位自动竞价平台，钻石展位又简称钻展，较直接的说法就是网上的图片类广告。例如，线下的高速公路边上的广告牌，其优点是卖家自行制作，图片颜色更加鲜艳，博眼球，可增加品牌记忆点，方便买家加深印象，成本低，可获取流量大。

目前钻展在淘宝 PC 端和无线端的应用是最广泛的，因为卖家的需求，现在淘宝又拓展出站外了。不过商家投放最多的还是在站内，最受众卖家喜欢的是淘宝首页的焦点图和无线 APP 的焦点图，它以图片大、制作方便、展现丰富为基础，可获取巨大的流量，能够满足各种流量和品牌的展现需求，如图 7-1 所示。

图 7-1 淘宝首页的焦点图

无线钻展是淘宝在 2013 年 5 月份推出的钻石展位新模块，它大大加强了淘宝无线端的推广力度，也是淘宝手机店铺引流的好帮手。无线展位的最大亮点就是首页的大海报，处于很显眼的位置；整体页面色调清新，除了四个布局一致的色块，其余再无图片干扰，很好地与淘宝官方图片融为一体，如图 7-2 所示。

无线钻展共有 5 个展位，分别是无线淘宝 APP 首页焦点图 3、无线淘宝站内触摸版首焦 3、无线淘宝热卖触摸版首焦 1、2、3，竞价条件最低日预算都是不能低于 100 的，最低千次展现价格不等，创意都要求为一级创意。这些资源位虽然上线不久，但是都有令人惊喜的表现，整体 CTR 在 2% 以上，CPC 不到 0.5 元，如表 7-1 所示。

图 7-2 无线 APP 的焦点图

表 7-1 无线站内主要资源位

模块	广告位名称	尺寸	创意类型	最低 CMP 价格	资源优势
无线站内	无线淘宝 APP 首页焦点图 2	640×200	图片	5	站内资源，流量大，转化佳
	无线淘宝 APP 首页焦点图 3				
	无线淘宝 APP 首页焦点图 2	640×210		3	
	无线淘宝触摸版首页焦点图 2	640×200		0.01	
	无线淘宝触摸版首页焦点图 3				
	无线爱淘宝触摸版首页焦点图	640×200		0.5	

7.2 无线钻展如何投放

很多卖家已经意识到无线钻展的投放对营销推广的重要性，但苦于不知如何开始，下面介绍无线钻展投放的流程，如图 7-3 所示。

图 7-3　无线钻展投放流程

7.2.1　选择资源位

淘宝、天猫首页，以及各个频道大尺寸展位，淘宝无线 APP 端以及淘宝站外(如新浪微博、腾讯、优酷等)各大优势媒体，可以在钻展后台“资源位”中查看，分 19 个行业，其中“网上购物”为淘宝站内的资源位，其他为全网资源，如图 7-4 所示。

图 7-4　选择资源位

选择好的资源位是操作钻展制胜的第一步

钻展所有的资源位列表在“资源位——资源位列表”下方。

选择资源位最主要看两点：日均可竞流量、点击率 (CTR)，寻找那些 CTR 好同时日均展现较高的展位，可以加入收藏，进行投放测试，如果效果不错再进行长期的投放，如图 7-5 所示。

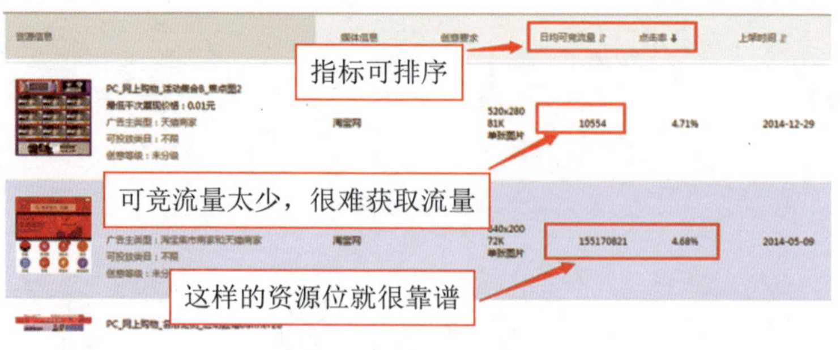

图 7-5　查看资源位

新手资源位选择方案

1. 参考系统推荐资源位

首先选择站内的资源位，即名称带有“网上购物”的资源位，少而精，预算不大的话，投放的资源位数量不要超过5个。操作方法如图7-6所示。

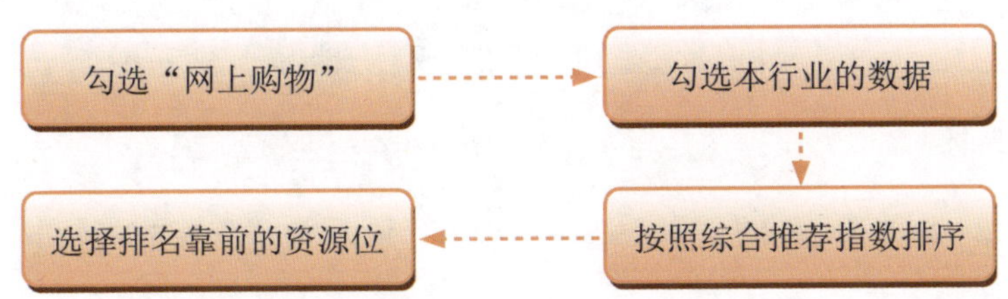

图7-6 参考系统推荐资源位

这些都是系统根据各个数据维度按照最适合卖家行业的资源位进行排序的。

2. 参考以下资源位

为新手推荐一些流量充足、点击率相对较高、投放性价比较高的位置，如果不知道怎么选择投放位置，可以从以下方面入手，如图7-7所示。

广告位名称	尺寸	推荐理由
无线_网上购物_app_淘宝首页焦点图2	640x200	流量充足、效果好、钻展最黄金的资源位
无线_网上购物_app_淘宝首页焦点图2	640x200	
PC_网上购物_淘宝首页焦点图2	520x280	
PC_网上购物_淘宝首页焦点图3	520x280	
PC_网上购物_淘宝首页焦点图4	520x280	
PC_网上购物_淘宝首页焦点图右侧banner二	170x200	流量充足、价格相对较低、性价比高
PC_网上购物_淘宝首页3屏通栏大banner	375x130	
PC_网上购物_阿里旺旺_弹窗焦点图2	168x175	

图7-7 参考推荐资源位

7.2.2 制作创意

制作创意的具体步骤如下。

步骤01 查看资源位对应的创意要求，如图7-8所示。

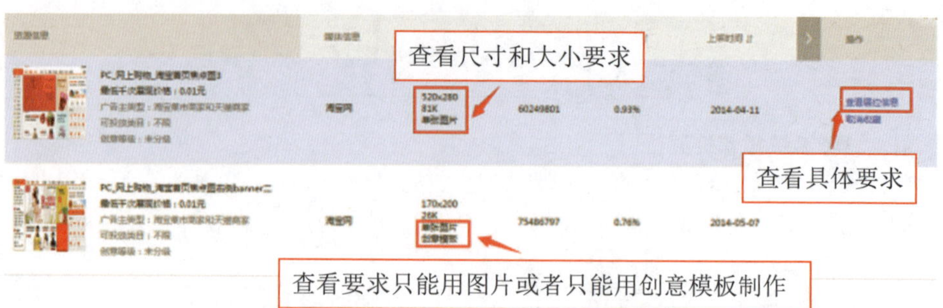

图 7-8　查看资源位创意要求

步骤 02　单击“我的创意”选项，进入“创意管理”页面，单击“本地上传”按钮，如图 7-9 所示。

图 7-9　单击“本地上传”按钮

步骤 03　填写创意基本信息，选中“在无线设备投放”复选框，如图 7-10 所示。

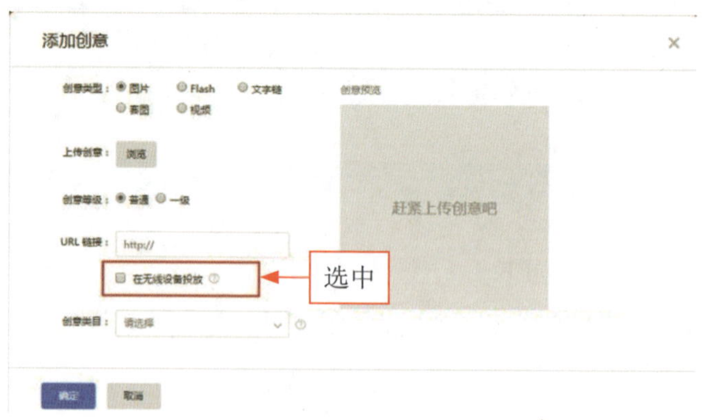

图 7-10　选中“在无线设备投放”复选框

步骤04 等待创意审核，审核时间一般为1～2个工作日。如果审核被拒绝，可查看拒绝理由，单击“点击查看”超链接即可，如图7-11所示。

图7-11 单击“点击查看”超链接

7.2.3 新建计划

新建计划的具体步骤如下。

步骤01 在“新建计划”页面，单击“展示网络”下方的“立即创建”按钮，如图7-12所示。

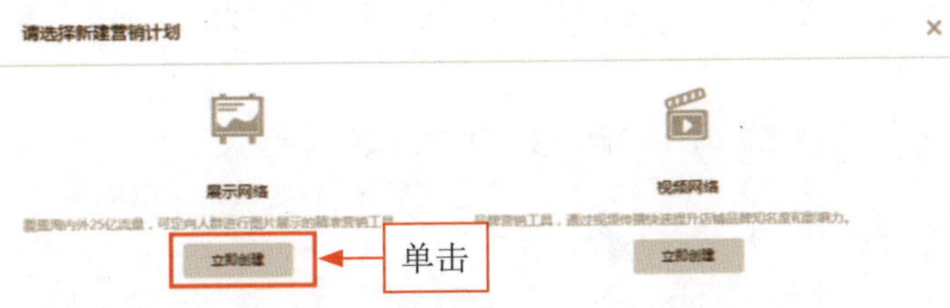

图7-12 单击“立即创建”按钮

步骤02 填写计划的名称和预算，选择投放时间、地域，以及投放方式等基本信息即可，如图7-13所示。

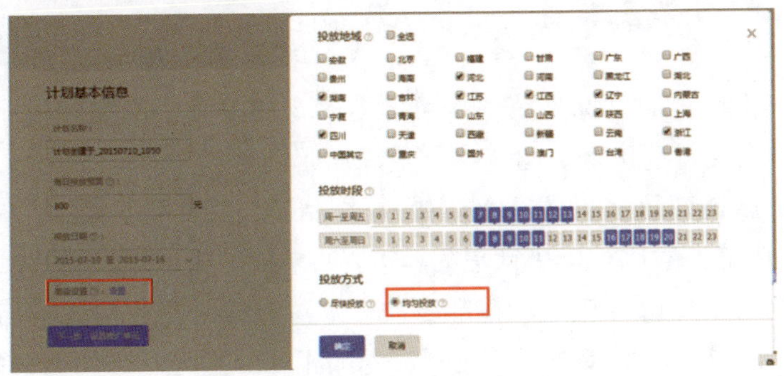

图7-13 填写计划的基本信息

7.2.4 设置投放人群

设置投放人群也就是设置定向，卖家可以通过钻展系统来圈定这些已打上标签的人群，从而只把卖家的广告创意展现给定向的访客，卖家通过这种合理的定向，获得精准流量和好的广告效果。

目前钻石展位有群体定向、访客定向、兴趣点定向 3 种定向方式。一般来说，定向的精准度为**访客** > **兴趣点** > **群体** > **通投**，因此卖家只需设置访客和兴趣点定向即可，而新手先不做群体定向。

三种定向方式

群体定向：综合消费者历史浏览、搜索、收藏、购买行为，确定消费者当前最可能点击的商品类型和价格偏向，提炼出 21 种主流商品类型；每种产品类型有高中低 3 种价格倾向。

特点：较广泛，当然精准度较低，需要大流量时可选用。

访客定向：综合消费者历史浏览、收藏、购买等行为，确定消费者与店铺的关联关系。广告主选定店铺 ID；系统可以向与选定的店铺有关联的访客投放广告。

特点：可以一次定向较精准的目标人群；维护店铺的老客户并同时共享竞争对手客户和潜在客户。

兴趣点定向：兴趣点定向和群体定向的原理基本相当，但兴趣点更精准，可精确到叶子类目和部分二级类目，可选择兴趣点个数高达 1500 个。

特点：可以一次定向较精准的目标人群，定向直达细分类目。

定向和出价设置的目标是获得尽可能多的定向流量，不要通投流量，获得高点击率。所以应该首选访客定向——自主添加店铺。

自主添加店铺建议多设置几个店铺，注意圈定人数不能太少，在 10 万～ 20 万为佳。自主店铺一般比种子店铺更为精准，如果种子店铺效果不好，也可不设置。

兴趣点定向流量访客较大，精准度次之。可以输入卖家自己的店铺旺旺来获取相应兴趣点，也可以直接搜索关键词，添加相应的兴趣点，如图 7-14 所示。

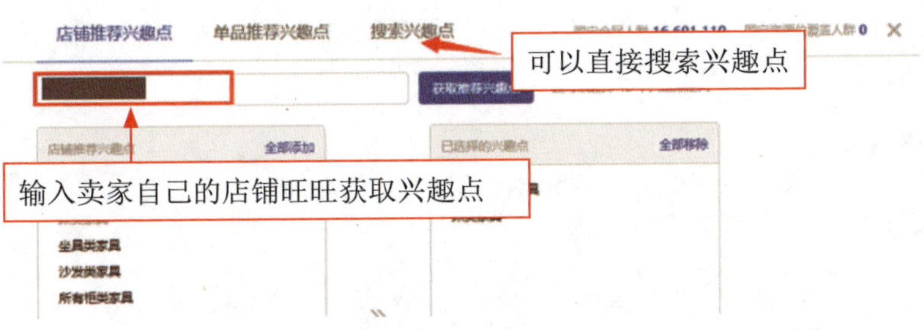

图 7-14　添加兴趣点

专家提醒

由于兴趣点流量相对较大，不要把系统推荐的所有兴趣点都一起添加。一般来说，推广什么产品，就添加最相关的几个兴趣点，数量在 2 ～ 3 个即可。

7.2.5　出价

出价的具体步骤如下。

步骤 01　从创意库中选择已经审核通过的创意，单击“选择创意”按钮进行添加，如图 7-15 所示。

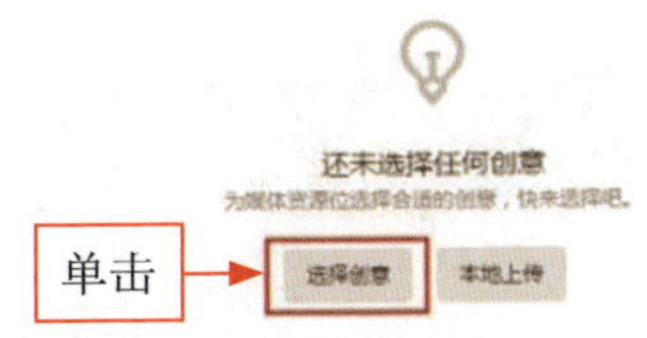

图 7-15　单击“选择创意”按钮

步骤 02　单击“保存”按钮后，一个计划就设置完成了，可以从“计划管理”|“单元管理”查看到实时的投放流量数据，如图 7-16 所示。

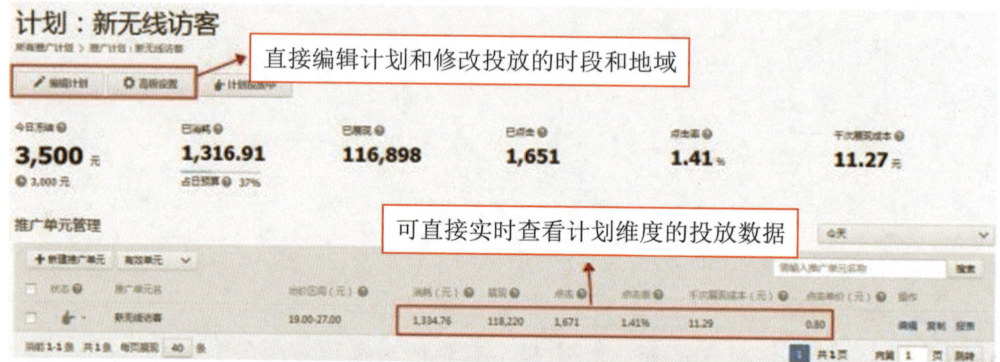

图 7-16　查看实时的投放流量数据

专家提醒

根据计划的预算和投放时段计算每小时应该消耗多少钱，确保卖家的出价合适，能刚好消耗掉那部分钱。

7.3　钻展投放技巧

钻展，大店能做，中小卖家也能做。合理利用钻展的 3 种定向方式并出一个合适的价格，根据计划时段报表实时调整出价，多测试多调整，不用多久就会发现钻展要做好也并非那么难。

7.3.1　钻展定向溢价怎么设置

下面就以店铺定向为例，具体说一说刚开始尝试钻展或面对一个新展位时，卖家应该如何出价，才能快速获得理想中的点击单价和回报率。

方法 1：保守型出价法

出价的时候，比提示平均价格高 10% 出价。

以首焦 3 为例，卖家在进行店铺定向溢价时，系统会提示该位置的平均定价为 23.49 元，如图 7-17 所示，则卖家可以出价 23.49×1.1=25.84 元。

（以下参考价格为：千次展现价格 + 定向溢价）

店铺定向平均价格：**23.49** 元

女装：　24.28 元

图 7-17　系统提示

好处：只要无线钻展图片和定向店铺没有问题，基本不会出现远超心理价位的点击单价。

坏处：可能展现太少，预算不能花完。

方法 2：激进型出价法

根据展位未来三天竞价情况，按竞价 100 位左右的价格出价。

以首焦 3 为例，第 100 位左右的出价为 37.69 元，如图 7-18 所示，则卖家可以出价 38 元。

90	40.00元	10.03%	7.00元
91	40.00元	10.11%	7.00元
92	39.42元	10.01%	8.76元
93	39.00元	10.01%	7.00元
94	39.00元	10.01%	7.00元
95	38.50元	10.03%	7.00元
96	38.30元	10.09%	7.20元
97	38.00元	10.01%	8.00元
98	38.00元	10.02%	7.00元
99	37.70元	10.01%	7.00元
100	37.69元	10.03%	7.00元

图 7-18　激进型出价法

好处：预算基本能花完，取得预算所需流量，快速测试图片点击率。

坏处：容易产生过高的点击单价。

那么如何进行价格的实时调整呢？

钻展系统进入 2.0 以后，在下一个整点半的时候，就能看到上一个整点的钻展点击及消耗数据。按照之前所说的两种出价法之一出价后，到底点击单价有没有超出心理预期，或者有没有获得计划所需的展现，在一个半小时后就能得到反馈，这时就可以根据数据进行针对性的出价调整。

计划时段报表反馈的数据会出现以下 3 种情况。

情况 1

计划金额已经消耗完，点击单价也在卖家的心理价位之内。

那么就意味着首次出价就达到了卖家自己的需要，不需做任何调整，保持计划不变，观测下一时段计划时段报表即可。

情况 2

计划金额已经消耗完，但点击单价过高，超过心理预期。

不论初始出价是保守型出价法，按平均出价出，还是用激进型出价法，按 100 名位置出，卖家都可以采用二分法，即将出价调整为 (平均出价 +100 名价格)/2。

以首焦 3 为例，如果首次出价为激进型出价法，即 38 元，则卖家可以降低出价，调整为 (38+25.84)/2=31.92。

如果首次价格为保守型出价法，即 25.84 元，则卖家可以将价格提高，调整为 (38+25.84)/2=31.92。

点击单价偏高，对于降价，大家都能接受，但对于提高出价，也许有些人就接受不了，会认为提高出价就是提高点击单价。其实不是的，因为提高出价的同时，往往获得的流量会更精准，点击率也会提高。如图 7-19 所示，首焦 4 的 CPM 由 28.79 元提高到了 35.01 元，可是 CPC 从 0.55 元降到了 0.44 元。

广告位名称	消耗	展现	点击	CTR(%)	CPM	CPC
淘宝首页焦点图4	37.95	1,084	87	8.03	35.01	0.44
淘宝首页焦点图4	38.46	1,092	72	6.59	35.22	0.53
淘宝首页焦点图4	39.18	1,361	71	5.22	28.79	0.55

图 7-19　单价与点击率的关系

情况 3

如果计划金额没有消耗完。

如果采用保守型出价法，计划金额没有消耗完，则可以直接改用激进型出价法，即将价格调成 100 名位置的出价，然后在下一时段再进行二分法调整。

专家提醒

针对上述 3 种情况，如果经过两次价格调整后，点击单价依然超过心理预期很多，则基本可判定图片本身有问题，需要换图片测试。

做店铺定向，卖家又该如何选择定向的店铺呢？对选择定向的店铺，又该如何分类呢？

一般把定向的店铺分为以下 4 类，就精准性而言，**第一类** > **第二类** > **第三类** > **第四类**。根据预算情况，优先投放第一类和第二类店铺。

定向店铺的分类

第一类：卖家自己店铺

定向自己店铺，广告的投放对象就是曾经访问过自己店铺的客户，用于老顾客的再次引入和维护。精准度最高，点击率有保证，在预算金额中需优先投放。

第二类：竞争对手店铺

对于和卖家自己店铺风格相似，价位段也接近的店铺，可以称之为竞争对手型店铺。这类店铺的客户群，对自己店铺的接受度很高，是可以重点争夺的客户群。

第三类：同价位段店铺

对于和卖家自己店铺风格不一样，但价位段接近的店铺，通称为同价位段店铺。对于这类店铺的客户，至少对卖家的价位接受度很高，客户在风格上也不一定是固定不变的。

第四类：大流量店铺

该类店铺风格和价位都与卖家自己的店铺有差异，但店铺流量很大，在卖家需要大流量的时候，也可以定向该类店铺。

专家提醒

对于以上四类店铺，推荐建立不同的计划，分别投放。根据当日预算金额以及实际消耗，优先投放第一类和第二类店铺定向的计划，在需要大流量时再投放第三类和第四类。

7.3.2 无线站外投放技巧

除了站内的无线钻展投放外，站外也可以实现无线钻展投放。

无线钻展引入了国内最顶尖的 APP，覆盖人群广，可以满足卖家多样化的曝光需求，可以根据不同 APP 的属性创建对应的推广计划。目前无线钻展外投的 APP 及对应的特点如表 7-2 所示。

表 7-2　无线钻展外投的 APP 及对应的特点

媒体名称	展现形式	媒体特征	投放目的建议
陌陌	Feeds 流	社交媒体，媒体知名度高，流量巨大，覆盖客户群体广，且群体年龄层次年轻	陌陌定位“总有新奇在身边”，活动建议投放上新，同时超低的 CPC，适合品牌曝光
今日头条	Feeds 流	资讯类客户端，媒体口碑好，可收集用户关注的热门新闻和感兴趣的新闻，客户黏性高，客户群体高端，白领居多，购买力强	适合长期投放计划，品牌曝光计划，此外，广告的展现形式可以结合今日头条资讯的展现形式，更好地吸引用户

续表

媒体名称	展现形式	媒体特征	投放目的建议
腾讯视频	Feeds 流 	中国最大在线视频媒体平台，知名度高，覆盖客户群体广	观看视频人群一般在这一段时间都比较空闲，对于广告的排斥会相对小，投放效果更好
儿歌多多	插屏 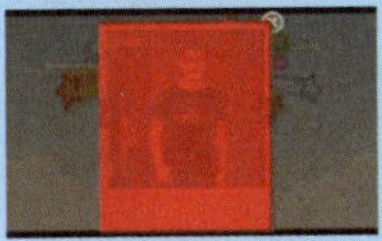	垂直类媒体，家长必备，媒体人群诉求明确，流量精准，客户黏性高	根据媒体特征，可以结合当前母婴、儿童的热门点进行投放
芒果聚合平台	Banner、插屏	集合众多 APP 资源及知名 APP 的平台，流量巨大，客户覆盖群体广，年龄层次丰富，职业分布丰富	联盟流量，可满足各种投放需求，适合引流、品牌曝光
风行视频	焦点图 	专注于影视长视频，客户群体年轻，黏性高	焦点图的展现形式优于其他无线站外媒体，可在创意上有更多表现空间，可用于全面的投放
暴风影音	焦点图 	消费者最喜爱的播放器之一，客户年龄层次丰富，媒体知名度高	焦点图的展现形式优于其他无线站外媒体，可在创意上有更多表现空间，可用于全面的投放

续表

媒体名称	展现形式	媒体特征	投放目的建议
百姓网	Banner	一个本地信息栏网站，目标是建立一个为本地人群服务的地方便捷生活信息发布及查询平台，客户群体年轻，黏性高	适合低成本曝光

无线站外的资源明细如表 7-3 所示。

表 7-3　无线站外的资源明细

模块	广告名称	尺　寸	创意类型	最低 CPM 价格	资源优势
无线站外	站外 Android/iOS	640×320	创意模板	0.01	可实现全部定向投放，取消被动通投
	站外无线 APP 今日头条 Feeds 流 Android /iOS	640×290			
	站外无线 APP 儿歌多多 Android 插屏	480×580	图片		
	站外无线 APP 腾讯视频 Feeds 流	800×580			
	站外无线 APP 风行焦点图 Android	640×320			
	站外无线 APP 暴风影音 焦点图 2 Android	640×290			
	站外无线 APP 芒果聚合平台 Banner Android /iOS	640×100			
	站外无线 APP 芒果聚合平台 插屏 Android /iOS	480×580			
	站外无线 WAP 百姓网内容通发页 001 计划	300×110			

第8章 淘宝 SEO：网店流量高速转化

淘宝 SEO：网店流量高速转化

- 什么是 SEO
- 认识淘宝 SEO
- 淘宝 SEO 常见误区
- 淘宝 SEO 排名要素
- SEO 策略

8.1 什么是 SEO

SEO 是由英文 Search Engine Optimization 缩写而来，中文意译为“搜索引擎优化”。SEO 是指通过对网站内部调整优化及站外优化，使网站满足搜索引擎收录排名需求，在搜索引擎中关键词排名提高，从而把精准用户带到网站，获得免费流量，产生直接销售或品牌推广。

8.2 认识淘宝 SEO

淘宝 SEO 其实就是淘宝搜索引擎优化，是利用淘宝搜索排名的规则，让卖家的产品展示给搜索人群。简单说就是当卖家的目标客户搜索卖家的产品时，利用一些方法将卖家的产品展示在搜索结果的前面。

狭义的淘宝 SEO

狭义的淘宝 SEO 即淘宝搜索引擎优化，是指通过优化店铺宝贝标题、类目、上下架时间等来获取较好的排名，从而获取淘宝搜索流量的一种新型技术。

广义的淘宝 SEO

广义的淘宝 SEO 是指除去淘宝搜索引擎优化外，还包括一淘搜索优化、类目优化、淘宝活动优化等，是最大限度地吸取淘宝站内的免费流量，从而销售宝贝的一种技巧。

8.3 淘宝 SEO 常见误区

在淘宝 SEO 搜索优化排名上，卖家总有一些普遍认识上的误区，总结起来有以下几点。

误区 1：淘宝搜索排名结果会倾向于大卖家

大卖家之所以能够得到更多的流量，就是因为他们的产品更全面，更熟悉淘宝的搜索规则，做了更多的优化，更多的推广，客服做得更到位，老客户也更多。而中小卖家，商品数量、经验相对少一些，自然得到的流量也少一些。

在淘宝排名规则中，大卖家店铺信誉的权重现在越来越低，而对于卖家店铺的动态评分的权重则越来越高。而买家是不会因为对方是大卖家就给更高的评分的。淘宝也不会在搜索排名结果上优先那些大卖家的，就算是刚开张的店铺，也有可能排在搜索结果的前面。

误区 2：新上架的商品在人气排序中永远没机会

这是一个很典型的误区，大家都普遍认为，刚上架的商品由于没有任何参数可以计算，所以会在人气排名中靠后。

事实上，淘宝对于新上架的商品，会给一个默认的人气分，这个默认的人气分能保证新上架的商品也有可能获得一个比较好的排名。随着时间的推移，如果各个影响排名的参数没有任何提高，那么这个人气分还会下降。

如何让买家能够方便地找到那些刚上市的新品，也是目前淘宝正在竭力解决的一个问题，相信未来会有更好的措施出台。

误区 3：淘宝人气排名会优先考虑淘宝直通车宝贝

有的卖家觉得做了淘宝直通车之后人气排名会被淘宝优先排序，这也是错误的想法。

人气排序与是否做淘宝直通车推广没有直接的关系，但如果卖家用直通车做了推广，销量、收藏、转化率等各个影响人气排名的因素都提升上去了，那么店铺、宝贝的人气排名自然也会有所提升。只是这个提升结果和卖家做其他推广的结果是一样的。

误区 4：搜索结果中看不到的宝贝就是被屏蔽了

事实上，目前淘宝的搜索结果中，每页只展示 40 个宝贝，总共可以查看 100 页的页面，而如果卖家的宝贝排名在 4000 名以外，很明显不会显示在搜索结果中，但这不表示宝贝被屏蔽了。有些卖家的宝贝在搜索结果中搜寻不到，除了被屏蔽了，也有可能是搜索结果过多从而被排除了。

一般情况下，买家一般只会找搜索结果页面的 2 ～ 3 页就不会再找了，5 ～ 10 页以后的宝贝带来的流量会迅速下降到 0，绝大部分的流量在第一页就已经被瓜分完毕了。

所以，你需要想办法让自己的商品在同类关键词商品的排名中尽量往第 1 页搜索结果中靠拢。

误区 5：多做活动可以快速提高人气排名

众所周知，淘宝的销量对商品的人气排序是很重要的。

在以前，很多淘宝卖家通过做“聚划算”等活动，打造出超级爆款宝贝，然后再聚拢人气，把排名迅速做到前几位，从而成就整个店铺的崛起。但是现在淘宝已经不允许这样做了。

在淘宝的新规中，“搜索结果页面”和“类目宝贝列表页面”中的“最近成交笔数”将去掉“聚划算”“淘金币”“天天特价”“试用中心”及淘宝官方活动期间的销量，并不计入搜索排序。

折扣活动所产生的销量在搜索中的影响会比较低。销量排序中减去了这些做活动后的销量，包括做“聚划算”等活动所积累的销量。

所以，现在做这类活动就不能达到提升搜索排名的目的了。

误区 6：提高店铺和宝贝的收藏量可以提高搜索排名

很多人还在用以前的概念做搜索排名，比如刷淘宝宝贝的收藏等，但现在已经没有用了。

在最新的淘宝 SEO 宝贝排名中，淘宝对刷流量和收藏等作弊的行为会有严厉的处罚。

误区 7：只要顺利把产品卖出去，其他的都不重要

很多卖家对于客户体验很不重视，他们把所有的精力都花在了如何增加流量，如何增加销量上面。而这种忽视客户个人购物感受的做法，会使未来宝贝的销售成本越来越高。

淘宝已经出台的各项政策表明，淘宝的工作人员会在接下来的工作中，加强对卖家服务质量的监管，在搜索、营销、培训等方面向重品质、重服务的卖家倾斜。

淘宝将会根据店铺的好评率、宝贝与描述相符、卖家的服务态度、发货速度、退款率、纠纷退款率 6 个指标，结合各类目服务平均水平制定标准，让品质好、服务好、评价好的卖家获得更多展现店铺和宝贝的机会。

淘宝同时也会加大对指标普遍低于平均水平的店铺的监控，让这些店铺在搜索、营销等方面都受到一定程度的限制。所以，卖家的服务质量如何，将会在很大程度上影响店铺中的宝贝在搜索结果中的排序。

专家提醒

事实上，目前淘宝的目的是促进卖家提升各方面的服务质量，提高客户在淘宝的购物体验。在这一过程中，淘宝也一定会鼓励和扶持品质好、服务好的诚信卖家，加强对低服务水平卖家的督促和监控，让淘宝这个平台能够有一个更好、更光明的前程。

随着网购市场的日益规范化，以后只有品质好、服务好的诚信卖家，才能在未来激烈的市场竞争中脱颖而出。

8.4 淘宝 SEO 排名要素

当买家搜索一个关键词的时候，淘宝搜索机制要进行宝贝的筛选，最终选择 SEO 做得好的宝贝展示在前面。

这个筛选过程一共有 6 个步骤

- 相关性筛选。不相关的产品，淘宝会直接屏蔽掉，比如买家搜“单肩包”，卖家如果是做牛仔裤的，就会被直接屏蔽。
- 违规过滤。有过违规行为的宝贝会被直接屏蔽。
- 优质店铺筛选。淘宝会优先选择权重高的店铺。
- 优质宝贝筛选。淘宝会优先展示权重高的宝贝。
- 橱窗推荐。淘宝会将橱窗推荐的宝贝优先展示。
- 个性化筛选。淘宝会根据买家的属性、浏览习惯、购买习惯进行宝贝的排序。

如果卖家把商品放错了类目属性，标题不够精准，店铺相关性不高的话，卖家的宝贝会在第一层就被搜索引擎筛选掉，这是淘宝 SEO 精准性小而美的体现，也是卖家需要注意的一点。

在新广告法施行后，像“全网最低”“清仓”这类违规词放在标题里，也会被搜索引擎筛选掉。

而经过了第一层、第二层的筛选，搜索引擎就会依次根据大数据，为买家挑选出网内优质的店铺和宝贝。在这个过程中，会涉及多个指标，根据这些指标，搜索引擎会计算出宝贝的综合分数。这些指标中，最重要的两个就是稳定排在行业前列销售的宝贝和短期内销售增长很快的宝贝。

经过前面四层的筛选，淘宝搜索引擎会根据剩下宝贝的上下架时间和橱窗推荐来安排宝贝在前端展示的时间。

为了公平起见，淘宝搜索引擎会根据卖家宝贝的综合分数来决定宝贝在前端排序停留的时间。其实也就是说，卖家宝贝的综合分数越高，在综合排名中排在前端的时间就越长。

到最后一层时，搜索引擎会计算出每个宝贝的排列顺序，然后这些宝贝就按照各自的综合分数，一个一个排列好等待买家点击。

专家提醒

一般来说，搜索引擎的工作到橱窗推荐那一层就已经可以结束了，但是淘宝发现，如果一个买家想购买便宜的宝贝时，在这个买家面前展现昂贵高端的宝贝就会变得没有任何意义，同样，卖家的宝贝如果找不到该宝贝应有的目标客户，这样对卖家也是没有意义的。

于是，淘宝提出了“千人千面”，也就是后来所说的“个性化”。在最后一层个性化的筛选中，搜索引擎会根据买家的浏览、购物、收藏习惯给买家一个定位，然后根据这些数据，主动过滤掉不符合买家定位的宝贝。

这样的方式对于买卖双方都是有利的，是淘宝 SEO 优化的双赢体现，也可以为买卖双方节约大量时间，提升买家的购买体验，提高卖家的流量价值。

8.5 SEO 策略

SEO 策略有以下几点。

1. 设置手机宝贝描述加分

为什么把手机宝贝描述这条放在第一位，那是因为店铺的手机宝贝描述是需要专门制作的，这是一个相对来说比较重要的权重。设置了手机宝贝描述之后，一般比没有设置手机宝贝描述的同等情况，搜索排名要靠前很多，这是一个只要设置就能加分的操作。

专家提醒

可能很多店铺宝贝已经上传好了，或者宝贝太多了就忽略了手机宝贝描述，但这是一个很重要的权重，且手机宝贝的描述停留时间和跳转率等一样影响搜索排名。

2. C 店专属淘金币活动

淘金币，是一个专属 C 店的活动，很多人以前只是知道淘金币能做活动，但是不知道现在淘金币还能应用到手机淘宝上，对排名的影响很重要。

例如，在女装这个大类目下搜索“杀手包”，搜索结果中占领了前 3 位置的都是 C 店，且全部都有淘金币活动，而这个手机截图，正是手机淘宝搜索最好的 3 个位置排名，如图 8-1 所示。

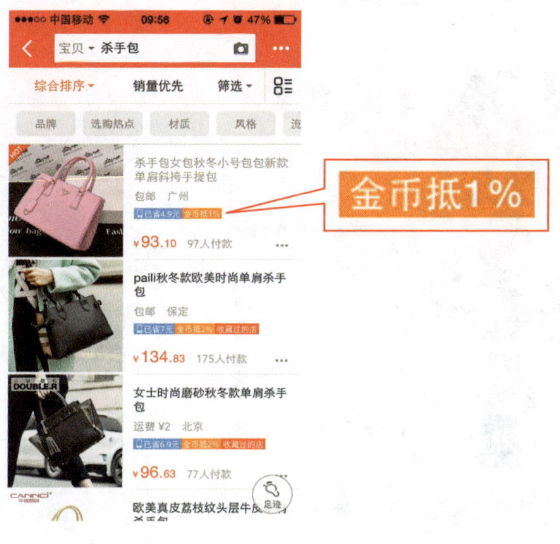

图 8-1　淘金币对排名的影响

3. 标题关键词需搭配搜索热词

设置宝贝的标题时，必须有一些搜索热词。搜索热词就是和搜索有关联性的标题关键词，一般卖家想展示什么词，怎么把产品的主要特点说出来，客户常搜索的关键词组合是什么，这些都需要花时间去做数据分析。

专家提醒

修改标题需要注意几点：修改标题不要太过于频繁，一般7天修改一次，7天内最多不要超过两次，因为每修改一次标题，淘宝就要对店铺的宝贝进行重新收录，这相当于增大淘宝服务器的负担，如果修改得过于频繁，淘宝可能会误认为店铺的宝贝有问题。

4. 对部分C店开放的手机专享活动

手机专享，这也是手机淘宝比较重要的一个设置，现在C店只有部分店铺开放，天猫商家默认拥有该权限。

例如，在搜索栏中输入关键词“毛衣女”，搜索的结果显示，位列最前面的C店就设置了手机专享，如图8-2所示。

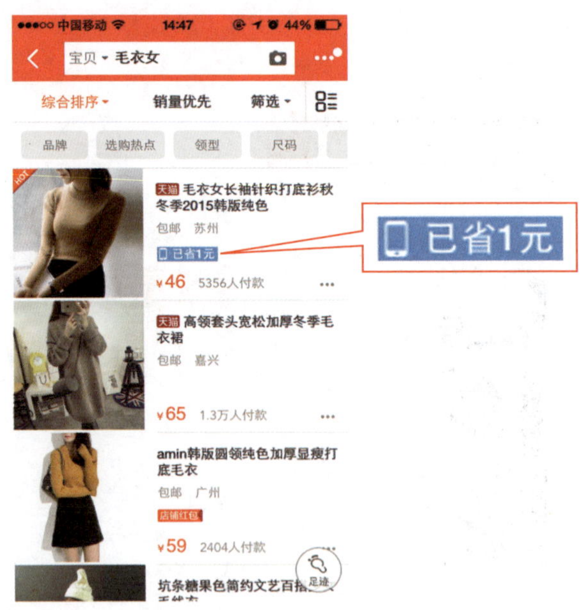

图8-2 手机专享对排名的影响

5. 手机渠道提升成交转化率

手机淘宝上最能提升搜索权重转化率的就是搜索转化率，通过搜索的关键词，进入店铺达成交易的比率越高，权重就会越大，排名一般就会靠前一些。

比如，如果买家搜索关键词“毛呢大衣女”，点击进入这个宝贝，然后成交，那么这个转化率对于“毛呢大衣女”这个词的权重提升是相当有好处的。

如果买家搜索“毛呢大衣女韩版”这个词，进入这个宝贝，然后成交，那么，这个转化率除了对“毛呢大衣女韩版”这个词的权重有提升之外，对于“毛呢大衣女”这个词的权重也是有提升的，因为“毛呢大衣女韩版”这个词里包含了“毛呢大衣女”这个词。

6. 手机成交量影响搜索权重

不管卖家通过什么渠道，用什么方式引来的流量，只要卖家手机淘宝成交量高，综合排名就会高，并且在同维度下，在一些特定关键词的搜索中也有权重，如图 8-3 所示。

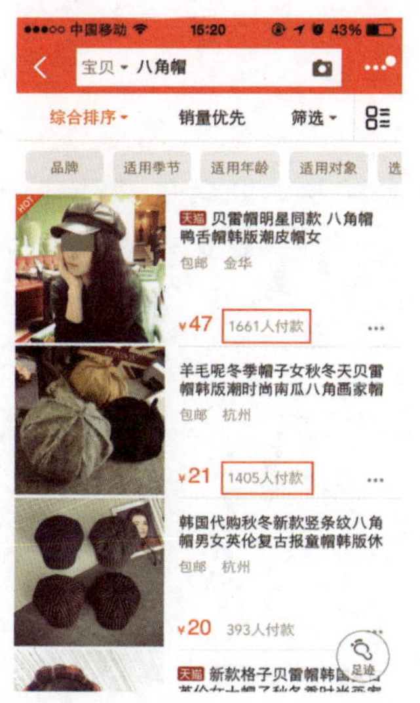

图 8-3 手机淘宝的成交量高，你的综合排名就会高

7. 手机淘宝店铺的流量越多越好

手机淘宝店铺获取的流量越多，店铺的排名在同维度情况下，比其他店铺的排名会更靠前。所以，卖家可以多推广一下自己的店铺以增加流量，如图 8-4 所示。

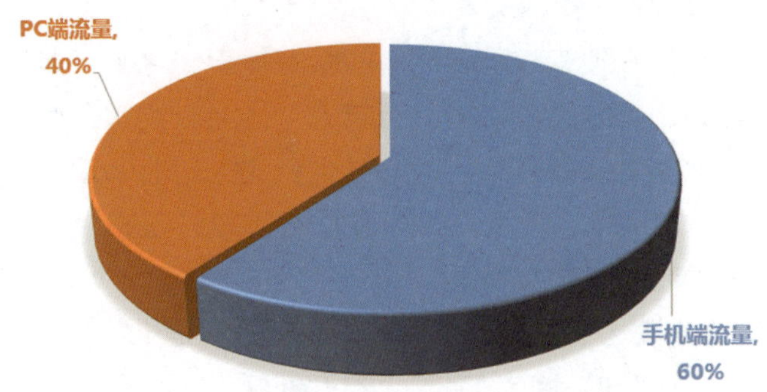

图 8-4 手机端流量和 PC 端流量比较

8. 手机广告投放比重越多越好

一个店铺的手机直通车和手机钻展等投放量越多，手机淘宝搜索的排名会更靠前，所以手机广告的投放量也算一个影响权重的因素。

同样地，一个店铺在手机直通车和手机钻展上推广的转化率越高，相对来说，比其他同维度的店铺排名会更靠前。

9. 店铺 DSR 评分飘红才好

目前，淘宝产品搜索排序中，整个权重已经开始向店铺 DSR 评分倾斜，店铺 DSR 评分已经成为重要的权重因子，从而引导卖家将营销重心从量向质转移。

对于每个卖家而言，店铺动态评分 (DSR 评分) 需要一直保持飘红的状态，不管任何一项变绿了都不是好事。

换个角度想，如果我们是买家，在淘宝购物，两个商品款式相同、价位相等，A 店铺全飘红，而 B 店铺全泛绿，我们会如何选择呢？

一般都会选择去 A 店铺吧，即使 A 店铺的宝贝比 B 店铺贵一些，可能还是会觉得在 A 店铺购物更踏实。

所以卖家要每天关注 DSR 涨或者降的状况。但是有些卖家有一个误区，借助工具每天计算离期盼的 DSR 还差多少。在这里需要提醒卖家，千万不要本末倒置，经营店铺，只要每一单都踏踏实实做好，DSR 自然会飘红的。

大多数卖家应该也都网购过，那么，同时作为买家，就可以换位思考一下，站在买家的立场去分析买家的心理，以此来提高 DSR。

下面来看看淘宝的 DSR 评分权威数据分析，如表 8-1 所示。

表 8-1 淘宝 DSR 评分权威数据分析

买家评分	原　因	健康状况
5 分	买家对整个购买过程感到满意	健康
1 ～ 4 分	买家对一方面或几方面不满意： 描述与实物不符以致买家不满 (直接) 描述不清楚以致结果不符合卖家预期 (直接) 由于快递物流等不可控因素导致买家不满 (间接) 售后服务不好导致买家不满 (间接)	不健康
不评分	部分买家没有评分习惯，卖家也没有做买家评分引导	不健康

通过表 8-1 中的内容，可以清楚地知道买家评分的集中情况和原因，所以卖家应该采取相应措施。

措施 1：提高宝贝描述相符值

首先作为卖家，要对自己产品的质量做到心中有数，努力提高自己产品的质量是提升 DSR 的关键，而且质量差的产品，光是售后就足够折腾的了。

● **杜绝描述与实物不符**

图片效果美观但不夸张，卖家要突出卖点，适当的夸张是必要的，如运动鞋，宝贝的每一种颜色，每一个面，每一个用户可能关心的细节都要体现出来，必要时要有文字说明。

鞋子尺码要有好的尺码展示方式，避免买家在拿到实物时出现不合适的情况，从而产生不满，如图 8-5 所示。

图 8-5　鞋子尺码描述

● **杜绝描述不清楚**

很多产品都没有具体的大小尺寸可以说明，如果没有好的对比说明，用户只能根据图片的感官来判断。

宝贝描述拍照时可以借助常规东西，比如用硬币等物品作为一个对比说明。

措施 2：提高客服和快递的服务态度

买家在店内询问商品相关问题时，客服的服务态度会直接决定买家对店铺的第一印象，而快递的服务也会影响买家的购物体验，对 DSR 产生影响。

● **高质量的客户服务**

"察言观色，拿捏时机"，这需要客服慢慢积累经验。在回答问题时，尽量少说客套话，要将解决买家的实际问题作为重点。

为买家提供高质量的服务，在整个聊天过程中让气氛愉悦，还可以顺其自然地提醒一下买家："您在收到宝贝后，如果满意请别忘记给我们全五分好评鼓励哦！遇到什么问题请随时与我们联系，我们会尽快妥善处理。"

每家店铺都是不一样的，但有一点是共通的，那就是卖家应该换位思考，从买家的角度去考虑分析，这样才能提升店铺的服务。

● **与买家沟通默认快递**

举个例子，如果卖家默认只发 A 快递和 B 快递，当与买家交流物流问题的时候，不要生硬地答复"我们默认只发 A 快递和 B 快递"，而应该主动询问买家什么快递可以到，如果买家第一个回答是除 A、B 以外的其他快递，再迂回地问一下"亲，请问 A 和 B 快递能到吗？"这样就会让买家觉得更舒服。

如果在卖家能力范围内也可以发其他快递的话，与买家沟通时可以说："亲，我们默认只发 A 快递和 B 快递，如果您要求 C 快递，请稍等，我问问卖家。"稍等 10 秒左右，再回答："亲，可以发 C 快递的哦！"这样让买家感受贴心的同时，立即下单的概率也会成倍增长。

措施 3：提高发货质量

以上的预防工作做好了，但很多买家由于等待的时间太长而没有收到货，他们也会迁怒于我们的产品，感觉产品毫无价值，这是不少人都有的心理。此时要做的，就是"弥补"一下买家。

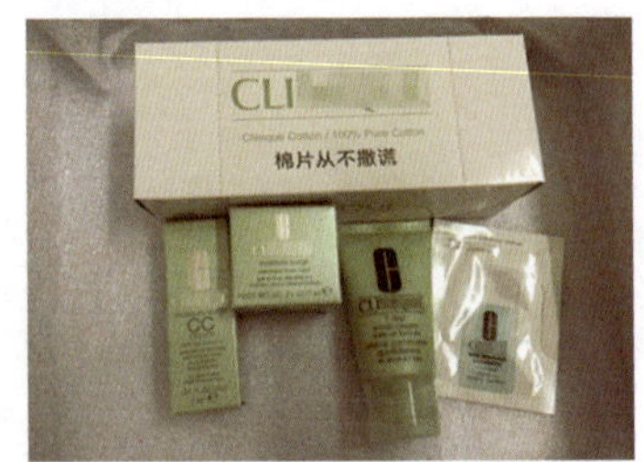

图 8-6　礼品

● **小卡片：预防性的道歉**

附上小卡片，大致内容是："如果由于快递等原因让您感到不满，请多多谅解，并联系我们的客服，我们一定会给您最满意的解决方案；如果满意，请给我们五分好评，联系我们的客服，将赠送 10 元优惠券。"预防中差评的同时，还能引导没有评分买家的习惯，并且促成二次购买。

● **意外小礼品：减轻买家不满情绪**

给买家小惊喜这种行为可以很大程度地削减买家可能已存在的不满，礼品主要是一份心意的体现，如图 8-6 所示。

措施3：提高发货质量

● **找出最快物流：降低不可控风险**

其实卖家都很清楚，快递的速度是控制不了的，但是为了避免快递速度慢所造成的影响，我们需要比较不同快递公司在不同地区各自的优势，选择最靠谱的快递公司，以降低不可控的风险。

卖家在发货的时候，可以从后台查看到目的地(地区性)时，对比一下哪个快递比较快。

相信只要卖家把心态调整好，抓住细节，用心去做，店铺DSR评分飘红的大好局势一定不会太远。

10. 产品折扣、性价比是王道

淘宝官方发布过，产品折扣是一个比较不错的权重，在同类型产品中，价格没有虚高，折扣越低，产品的搜索排序越靠前。所以性价比是个永不落伍的话题。

11. 有两个价格区间容易转化

在几个类目中测试发现，价格并不是越低越好，20～29元和40～59元这两个价格区间，在很多类目比较容易被接受，转化率也最好。

12. 产品的条形码增加权重

产品的条形码在PC端和手机端都增加了权重。淘宝将针对条形码准确且有码率超过50%的卖家，给予专门手机端活动等资源奖励，有码且准确的商品也将获得搜索流量加权。

13. 千牛手机端在线时间也占权重

以前PC端手机权重里面有个旺旺在线时间的权重，其实淘宝每次推出聊天系统，都会增加其在线时间的权重，千牛手机客户端也是一样，所以，要充分利用这些插件，如图8-7所示。

14. 保证店铺每个宝贝都有活跃度

每个店铺都有很多商品，每个商品都代表一个活跃值，而没有成交、搜索、转化率的产品会拉低整个店铺的权重，所以，要让所有产品都有一定的活跃度，删除没有任何流量和销售的产品。

图 8-7　千牛手机端

15．避开宝贝的高峰卡位时间

手机淘宝内宝贝的卡位时间一般不是很长，在中午 12 点左右和晚上 4 点左右，还有晚上 8 点左右，位置最容易变动，所以，产品上下架时间的设置最好避开高峰，不然宝贝排名下降一位，就会降低 10% 的转化率，甚至更多。

16．客户记忆推送宝贝

手机搜索会对浏览过的产品和店铺进行筛选再推送。一些买家关注的相似店铺和产品，手机成交过的、支付宝支付过的产品，一个手机登录的旺旺或者千牛等工具，手机淘宝都会获取信息，并且推荐店铺给买家。淘宝的这些插件是把搜索的客户体验发挥到了极致，这里很多机会可以运用，能够被买家不断地看到，如图 8-8 所示。

图 8-8　客户记忆

第9章 直通车：无线推广新蓝海

- 直通车：无线推广新蓝海
  - 直通车是什么
    - 直通车的好处
    - 直通车的原理
    - 淘宝直通车的特点
    - 直通车主要产品介绍
  - 如何设置无线直通车
    - 新建推广计划
    - 开通无线
    - 新建宝贝
    - 添加创意
    - 添加关键词
    - 搜索人群溢价
  - 无线直通车设置技巧
    - 无线直通车出价技巧
    - 无线直通车选词技巧
    - 无线直通车优化技巧
    - 无线直通车定向推广技巧

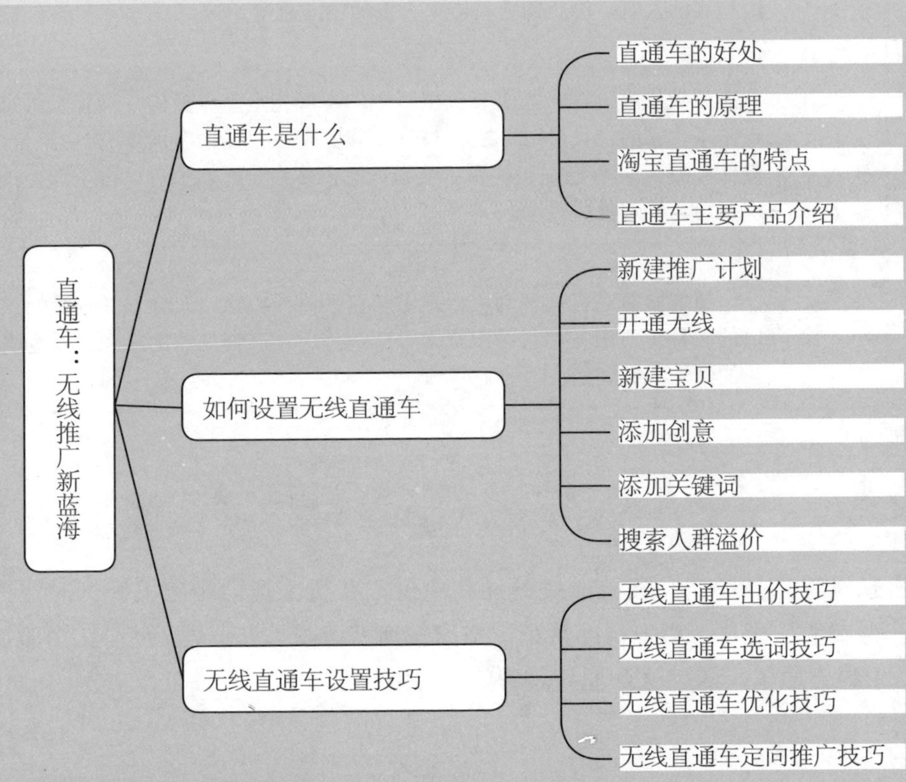

9.1 直通车是什么

直通车是淘宝卖家们的一个非常好的引流工具，在宝贝销量比较小的情况下，自然搜索流量比较少，想获得更多展现，及一些销量不错的宝贝想获得更多的流量，都可以使用直通车。

9.1.1 直通车的好处

直通车的好处

超准流量。直通车上拥有超过上亿买家浏览的热门展位，它采用根据买家搜索关键词展现匹配宝贝的推广方式，能够把宝贝最精准地展现给想买的人看，给店铺宝贝带来大量的精准流量。

超省成本。在直通车展位上得到的展现完全是免费的，只有当买家点击了卖家的宝贝，才需要支付费用。卖家可以根据推广预算，自由出价，最低 0.05 元。直通车也提供了全自助的操作后台，卖家可以自主调控推广费用，管理推广内容。

超值服务。直通车为用户提供了包括热线电话、万堂书院及论坛在内的多种优质服务，帮助用户提升店铺推广和店铺经营的能力，成为真正的网络营销高手。

9.1.2 直通车的原理

卖家设置与推广商品相关的关键词和出价，在买家搜索相应关键词时，推广商品获得展现和流量，实现精准营销，卖家按所获流量（点击数）付费。卖家加入淘宝 / 天猫直通车，即默认开通搜索营销。

9.1.3 淘宝直通车的特点

淘宝直通车的推广服务具有多、快、好、省的特点，如图 9-1 所示。

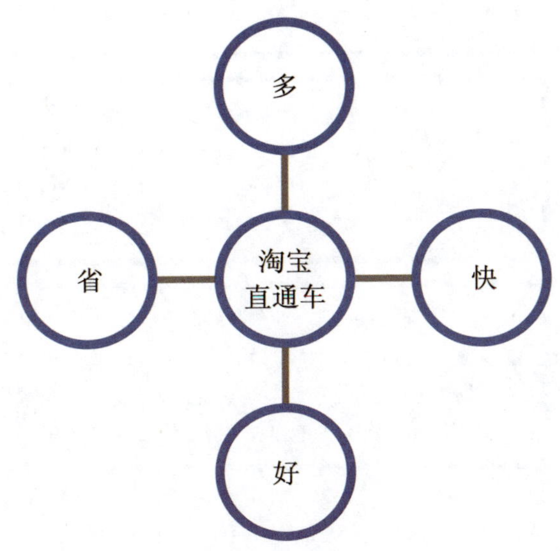

图 9-1 淘宝直通车的推广特点

- **多：**能够多维度、全方位提供各类报表，以及信息咨询，为推广宝贝打下坚实的基础。
- **快：**拥有快速、便捷的批量操作工具，让宝贝管理流程更科学、更高效。
- **好：**拥有智能化的预测工具，在制定宝贝优化方案时更胸有成竹，信心百倍。
- **省：**采用人性化的时间、地域管理方式，有效控制推广费用，省时、省力、更省成本。

9.1.4 直通车主要产品介绍

为了能更好地贴合买家购买需求，帮卖家把推广覆盖到更多潜在买家，直通车除了宝贝推广，还推出了店铺推广、活动专区和定向推广等营销产品来辅助卖家进行推广。它们具备各自特有的优势，卖家可以根据自己的需求，灵活选择组合这些营销推广产品。

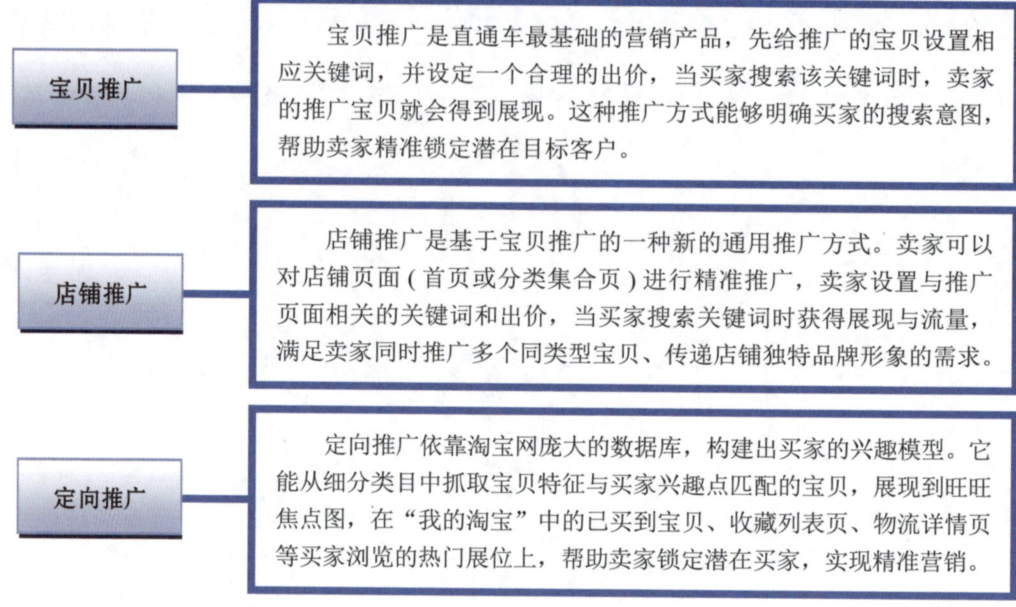

9.2 如何设置无线直通车

下面介绍无线直通车的设置步骤。

9.2.1 新建推广计划

新建的推广计划是标准计划，一般来说最多有 4 个标准计划，如不够可以申请 8 个标准计划。标准计划一旦建立不能删除，只能修改名称，如图 9-2 所示。

我的推广计划　您可以根据不同的推广目的、宝贝类型，添加多个推广计划，让您的推广更有效，了解详情 >>

+新建推广计划　暂停推广　参与推广

	状态	推广计划名称	计划类型	分时折扣	日限额	投放平台	展现量
	推广中	快捷推广	快捷推广	100%	100元	-	71,650
	推广中	活动专区	活动专区	100%	不限	-	-

图 9-2　新建推广计划

一个直通车计划，可设置点有很多。这里只强调以下几点。

1. 时间折扣

时间碎片化时代，用户在手机上的时间越来越多，但这并不意味着用户将时间都花在了手机淘宝上。

手机淘宝的流量，在 24 小时内具有非常明显的流量集中特点。早上起床后、公交车时间、地铁时间都不属于有效的购物时间，真正的购物时间，集中在中午午休和晚饭后到睡觉前，要知道，很多剁手党，都是在临睡前完成最后下单的。

这里分享一个通用的时间折扣设置建议给大家。

- **周一到周五：**00:00 ～ 8:00 设为 30%，11:30 ～ 13:30 设为 120%，19:30 ～ 22:30 设为 130%；
- **周六、周日：**对于无线端来讲，是流量较好的时间。所以从 10:00 ～ 00:00 都可以设 130% 来获取更多流量。

2. 地域位置

中国的无线互联网现状是 WiFi 覆盖率不够，而在 3G 信号下完成一次手机淘宝购物是非常困难的事情，亲身体验一下就知道了。

所以，WiFi 的覆盖率决定了手机淘宝的流量质量，因而在直通车地域设置上，尽量选择 WiFi 覆盖率高的大中城市。

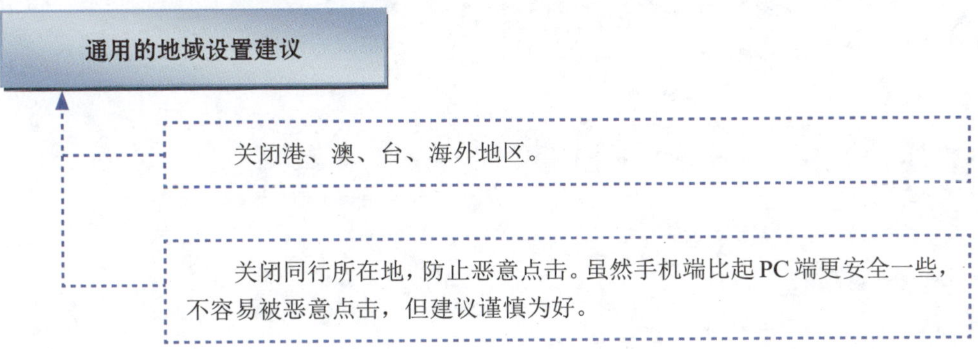

3. 平台位置

直通车后台目前没有开放“无线站内定向”“无线站外定向”的设置按钮，但如上面讲到，无线也是有定向投放的。

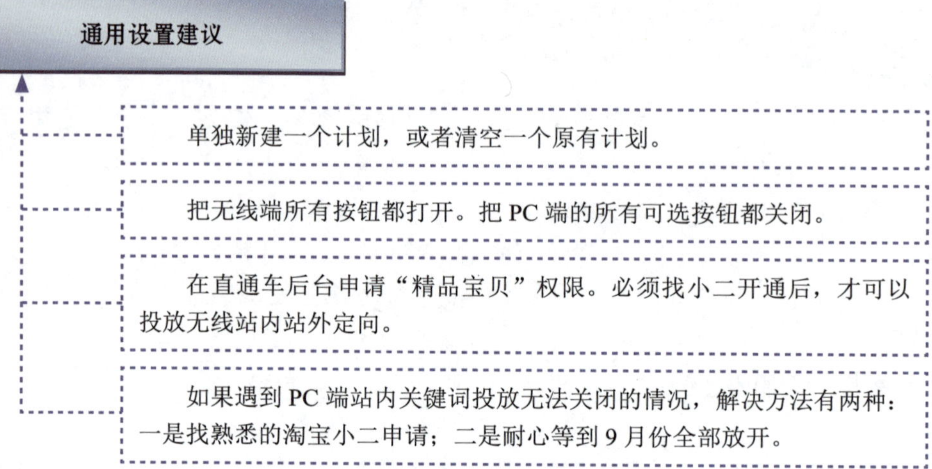

9.2.2 开通无线

建立好计划后，在设置投放平台打开移动设备的投放按钮，并设置移动端溢价扣。投放分为移动设备的淘宝站内和淘宝站外，如图9-3所示。

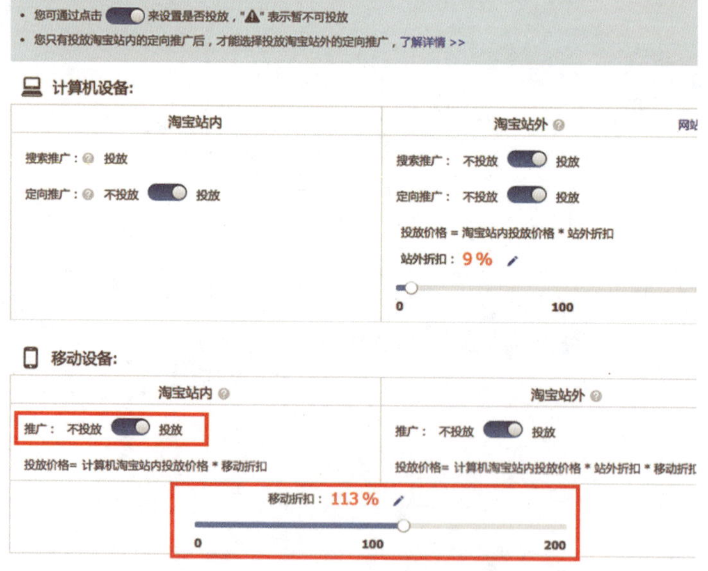

图9-3 开通无线

9.2.3 新建宝贝

新建宝贝的数量不受限制，卖家可以添加所有宝贝，通过测试的方式来决定后期重点投放哪些宝贝，如图 9-4 所示。

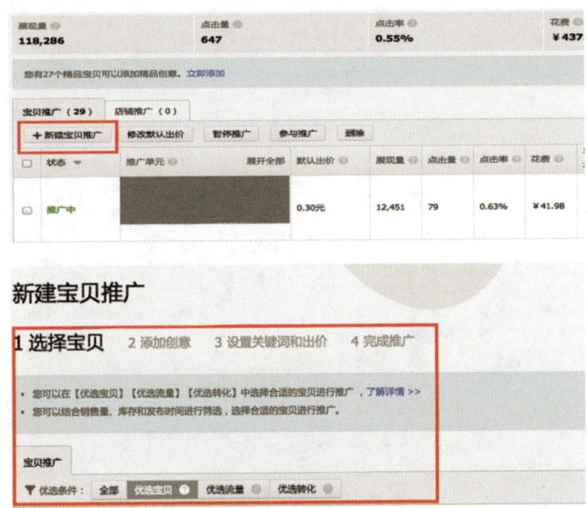

图 9-4　新建宝贝

9.2.4 添加创意

创意分为创意图片和创意标题。创意图片可以在主图中选一张，若卖家有精品创意（一部分卖家开通试用），则可以将精品创意图片作为直通车搜索推广的图片。创意文字尽量是一些促销、推荐等一些引人注目的文字，如图 9-5 所示。

图 9-5　添加创意

9.2.5 添加关键词

关键词最多可添加 200 个。关键词可以在均衡包、流量包、转化包、移动包里选择。对于新卖家，建议一开始在转化包里选词，如图 9-6 所示。

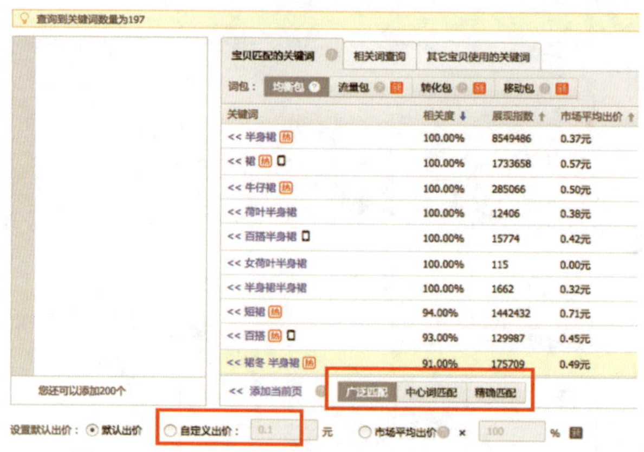

图 9-6　添加关键词

9.2.6 搜索人群溢价

在关键词推广页面，找到搜索人群，在核心客户、潜在客户、自定义人群里设置溢价比例。溢价比例目前最高 300%，最终的对人群的出价为：关键词出价 (1+ 溢价比例)，如图 9-7 所示。

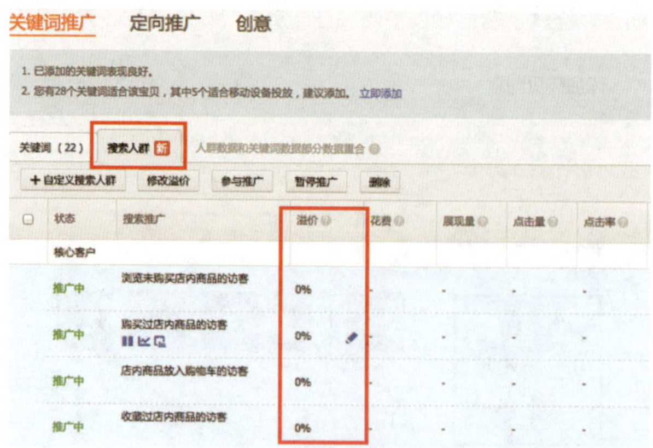

图 9-7　搜索人群溢价

专家提醒

直通车的搜索人群是比较精准的推广方式。搜索人群的溢价功能改变，通过核心客户、潜在客户和自定义人群多个维度的精准人群带来精准流量，提高点击率的同时减少不必要的花费。

9.3 无线直通车设置技巧

下面介绍几个无线直通车的设置技巧。

9.3.1 无线直通车出价技巧

众所周知，无线端点击单价较低。

原因总结起来有以下 3 个。

为了吸引更多卖家参与无线端直通车的投放

在相当长一段时间，官方给予了扣费折扣，站外流量有一段时间甚至是免费。

也就是说，按照扣费公式，本该收取 1 元点击费用，但实际收取可能是 0.5 元或者 0.3 元。

在整个竞争队列中，由于一部分选手的出局，使得留下来的选手，在扣费上普遍降低

同一个竞价词下，不是所有参与出价的宝贝都显示。

例如，“雪纺连衣裙”，第 1 名出价 5 元，第 2 名 4 元，第 3 名 3 元，第 4 名 2 元。当买家搜索“雪纺连衣裙”的时候，第 2 名和第 3 名因为创意标题没有写“雪纺连衣裙”而导致搜索相关性低，从而失去了本次展现的机会。这二者的出局，使得原本的第 4 名提升为第 2 名，从而决定了第 1 名的出价。最终，第 1 名受益，他的扣费会从原本的 4.01 元降低为 2.01 元。

竞争的分散和不充分

简而言之，目前参与无线直通车投放的卖家还不多，竞争不充分，价格就会便宜。

综上所述，无线直通车的特点是你出价高，但是扣费往往比出价低很多。

通用的出价建议

可以大胆一点出价。这里给一个经验值供参考：无线出价 =PC 端出价的 150%。例如某个词在 PC 上出价 1 元，无线里就可以出 1.5 元。

关键词刚刚投放时，基础出价以比市场均价的 110% 为基准。精准关键词，可以在基础上再上浮到 140%。

给自己设定一个合理的心理出价上限，热词量力而行，不要轻易超过。

后续优化时，根据质量分变化来调整，质量分上涨，则价格可下调，否则上调。

9.3.2 无线直通车选词技巧

选词，被大家熟知的常规注意事项除了有展现、点击、转化、有类目相关性、文本相关性之外，还有以下几点。

1. 用无线端飙升词来养词

飙升词，指的是展现量在很短时间内突然飙升的买家搜索词。

这种词的来源往往是淘宝运营人员的人工干预，例如“626 年中大促”，或者突发热点事件，例如“汽车安全锤”的热搜。

飙升词的优点是展现量大，竞争度小，价格便宜，非常有利于养词，能够提高质量得分。

例如，无线端站内飙升词“pillowtalk 枕头”。其展现量一天扩大一百倍，而竞争度居然只有 1，意味着只有一个人买了这个词，没有其他人和他竞争，如图 9-8 所示。

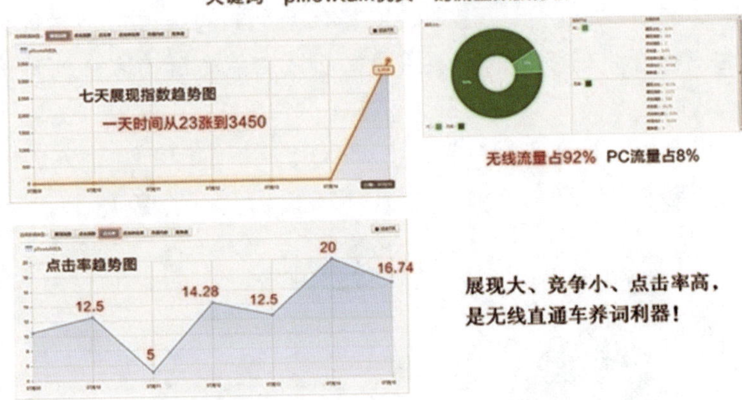

图 9-8 飙升词“pillowtalk 枕头”

2. 用标签引导词来获得展现

在手机上打字通常很困难，手机淘宝用户更喜欢选择系统推荐的标签词来二次搜索。所以我们在直通车选词的时候，也要遵守这个原则来选择。

操作方法

把你的产品词或者“产品词+修饰词”作为起点，去手机淘宝上搜索，把它下方的所有扩展标签词记录下来，并作为下一次的起点来再次搜索扩展。

例如，雪纺衫，扩展为“短袖雪纺衫”“长款雪纺衫”“长袖雪纺衫”“大码雪纺衫”“娃娃领雪纺衫”“印花雪纺衫”“波动雪纺衫”“清凉雪纺衫”，然后这 8 个分别再进行扩展，这样就有了 8×8=64 个词。

选择另外某种属性词组合，重复上一步操作，把结果词和之前结果合并再去重组。

重复第二步，直到词够 200 个，或者无新词可选。去掉一些属性不对的、相悖的、展现量太少的，剩下的就可以作为选词结果。

以上词的组合、合并等操作，可以手动或者使用 Excel 完成。

3. 用新版流量解析来过滤无效词

当确定候选词后，下一步工作是确定其有无足够的展现量，并且必须是无线端展现量。这依赖直通车后台的新版流量解析，它能告诉卖家任何竞价词的详细数据，是决策选词的必备工具。

具体操作步骤为“直通车后台”|“工具”|“流量解析”|“输入关键词”|“数据透视”|“流量透视”，然后就能看到流量分布图，如图 9-9 所示。

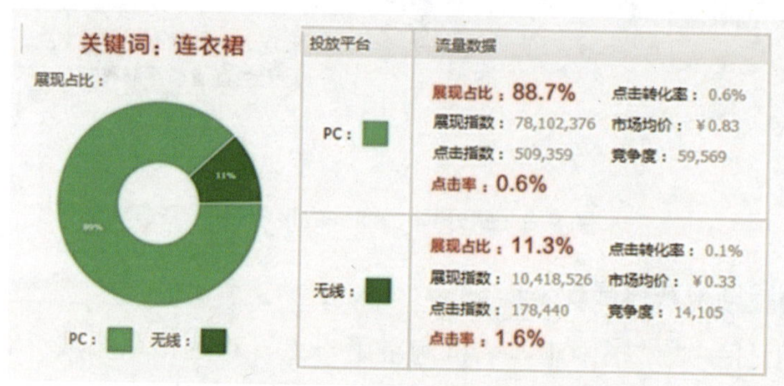

图 9-9 “连衣裙”的 PC、无线占比图

这里会告诉卖家，这个关键词，有多少无线端的展现量。如果太少就排除掉。给一个经验阈值，一天展现量要大于 100，小于该阈值的，可以认为是无效的。对于较大类目的，阈值可以适当提高一些。

目前直通车流量里，无线端和 PC 端流量占比，总体大约不到 1 ：10，也就是说来自无线直通车的流量，目前不到 10%。这跟无线端直通车广告位比例不大有关系。

9.3.3 无线直通车优化技巧

直通车优化总结起来只有两件事：“换词”和“调价”。

1. 无线端调价思路

无线端调价思路和 PC 端一致，总结起来有以下几点。

当词不错 (质量分高于 7 分)，但是展现量不够时，不想删除的就加价。

当展现量够，但是点击率不够时，例如低于 0.5%，降价。

当展现、点击都不错，但是转化能力差时，例如低于 1%，降价。

当 ROI 效果好，加价，反之降价。

2. 无线端换词思路

无线端换词思路和PC有较大的不同，关键差别如下。

(1) **一个词在流量解析有展现量，但不一定在无线端有展现量**。所以不仅要看全网展现量，更要看无线端的流量占比。

(2) **一个质量分高且有全网展现量的词**，因为无线端直通车文本相关性的过滤规则，虽然排名不错，也**不一定能在你的宝贝里获得展现**。

(3) 无线端决定一个词是否保留主要看以下几点。

- **要看流量解析里词是否有无线端数据**。有展现但是无线端0%，果断删除。
- **要看投放反馈数据，是否在7天内获得足够的展现量**。如果一个词，价格和质量分都不错，但是一段时间后仍然无展现，就果断淘汰掉。
- **实用规则：3天无展现的删除，7天无点击的删除，15天无成交的删除**。

9.3.4 无线直通车定向推广技巧

定向推广过去一直存在流量不稳定、不可控问题，对此新定向推广增加了新功能，通过优化标签算法，标签和智能投放混合竞价获取更多的流量，通过位置溢价开放，5个展示位置让流量更集中，效果更可控，提升ROI。

优化智能投放、标签选择、展示位置，可以提高投入产出比。

1. 智能投放的优化

(1) **标题优化**。

一个好的标题能够让买家更容易找到卖家店铺正在推广的宝贝，能够有更多的展现。一个好的标题主要包含两个点：产品特点和产品功效属性。

以连衣裙为例，根据总结的要素，覆盖宝贝匹配的属性，以及面向的人群所关注的属性类别，以打底裤为例，标题可以是“2015打底裤夏薄款女士夏季显瘦外穿夏小脚裤七分打底裤”。

(2) **创意优化**。

如果定向中的点击率持续走低，那么可以多换推广标题和推广图不断进行测试。而创意该如何优化呢？

创意的推广标题可参考手机淘宝上其他同类搜索靠前的宝贝，而创意图则是尽量清晰地展现产品的卖点和促销信息，背景色和图片尺寸需突出产品。如果背景色与产品颜色相近的话，反而在展现给买家的时候并不显眼。

如果是季节性或与节日相关的产品，那么创意标题和推广图还需要与季节或是与店铺活动相结合。

以打底裤为例，推广图的背景色可采用纯色、干净的以突出打底裤的柔软、显瘦等卖点。

2. 定向的标签选择

标签算法优化后，访客定向能够获取的流量更大。原算法是与智能投放分流投放（仅小部分流量），现在，将智能投放和标签定向融合投放，可以获得更多的流量，如图 9-10 所示。

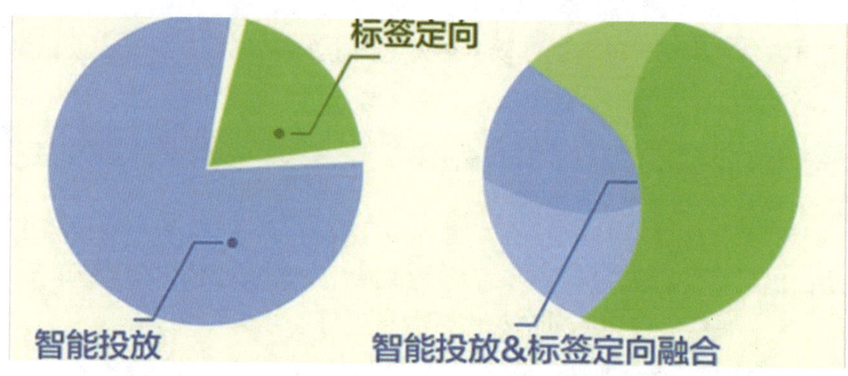

购物意图定向

智能投放出价=1.2元；
人群出价=1.2×（1+溢价）；同时匹配上位置时，实际出价=1.2×（1+人群溢价）×（1+位置溢价）

	全选	展现指数	市场平均出价	溢价			人群出价
折叠	单品兴趣定向	1609187		批量修改：	1—300整数	%	
☑	夏 连体裤	1354421	1.25元		50	%	1.80元
☑	七分裤 连体裤	149256	0.95元		50	%	1.80元
☑	印花 连体裤	77340	0.92元		50	%	1.80元
☑	七分裤 连体裤 雪纺	14335	0.75元		1—300整数	%	
☑	修身 连体裤 雪纺	9811	0.72元		1—300整数	%	

确定　取消

图 9-10　标签算法优化

新算法，会有更多可控流量。在购物意图定向中，卖家可以看到这些标签的展现指数，方便选择。同时，可以根据标签市场的平均出价和溢价后的出价，更加直观地达到标签流量可控效果，如图 9-11 所示。

状态	定向推广	出价/溢价	展现量	点击量	点击率	花费	投入产出比	平均点击花费	总成交笔数	总收藏数	点击转化率	总购物车数
推广中	智能投放	1.20元	11,312	20	0.18%	¥19.27	8.20	¥0.96	1	2	5%	4
推广中	搜索重定向		134	1	0.75%	¥1.43	-	¥1.43	-	-	-	-
推广中	喜欢我店铺的访客	10%	-	-	-	-	-	-	-	-	-	-
推广中	喜欢同类店铺的访客	10%	117	0	0%	¥0.00	-	-	-	-	-	-
推广中	夏 连体裤	50%	34,083	77	0.23%	¥96.87	1.73	¥1.26	1	4	1.30%	2
推广中	印花 连体裤	50%	1,745	4	0.23%	¥7.52	-	¥1.88	-	-	-	-
推广中	七分裤 连体裤	50%	6,925	11	0.16%	¥14.96	0	¥1.36	0	1	0%	1
	合计：汇总		54,316	113	0.21%	¥140.05	2.33	¥1.24	2	7	1.77%	7

图 9-11　标签流量可控效果

标签溢价全方位测试

针对新车手：前期在不知道哪个兴趣点效果会更好的时候，对所有的兴趣点进行出价，第一阶段测试周期为 4 ～ 7 天，第一阶段测试后对数据优良的兴趣点进行提价；第二阶段测试周期为 7 ～ 15 天，第二阶段测试后，对没有达到测试预期效果的兴趣点进行删除，对优质的兴趣点进行提价，效果一般的进行再次测试。

针对老车手：老车手有一定的经验，会对店铺及行业全方位的分析，所以前期只需针对通过数据分析得出的几个兴趣点进行测试就可以了。

测试注意事项：(1) 店铺流量小的客户建议从高溢价开始，慢慢地往低溢价测，便于更快地找到对应的兴趣标签，提升店铺流量；(2) 店铺流量大的客户建议从低溢价开始，慢慢地往高溢价测，避免因溢价过高导致花费过多而带来的流量浪费；(3) 一般来说溢价的最小起步单位建议为 5%，便于测试数据的精准度。

通过标签溢价全方位测试的方法，可以看看新旧推广后的效果对比。

3. 定推位置的选择

定向推广有很多位置，其中淘宝首页、收藏、已买到宝贝、购物车、物流这5个位置占据了大部分流量，如图9-12所示。

状态	展示位置	流量类型	溢价	展现量	点击量	点击率	花费	总购物车数	总收藏数	投入产出比	总成交笔数
	通投位置			1,174,305	4,076	0.35%	¥1,502.12	235	146	1.11	29
未溢价	淘宝网首页_热卖单品	pc站内		-	-	-	-	-	-	-	-
未溢价	我的淘宝_物流详情页	pc站内		17,053	12	0.07%	¥8.06	-	-	-	-
未溢价	我的淘宝首页_猜我喜欢	pc站内		11,416	20	0.18%	¥14.13	0	3	0	0
溢价中	我的淘宝_已买到的宝贝	pc站内	5%	191,755	238	0.12%	¥168.40	30	12	3.60	12
溢价中	淘宝收藏夹_热卖单品	pc站内	5%	29,807	82	0.28%	¥58.75	3	12	0	0
溢价中	我的购物车_掌柜热卖	pc站内	5%	27,554	66	0.24%	¥47.81	13	4	2.89	3
合计：汇总				1,451,890	4,494	0.31%	¥1,799.27	281	177	1.34	44

图 9-12　定推位置的选择

我的淘宝——已买到的宝贝

特点：高曝光、高流量、低点击率

这个位置的流量很大，但是用户群体会被区分为两类。

一类是有购买意向的用户：会根据用户的搜索习惯优先展示和用户购买意向相匹配的产品，相对来说，收藏及点击会比较多。

另一类是已购买的用户：根据用户前期的购物习惯推荐相关的产品，若购买到自己心仪的产品，那么用户的关注点就是在快递及售后服务中，那么这个位置的产品就会弱化掉。

我的淘宝首页——猜我喜欢

特点：高点击率、转化率高、精准性高

这个位置是通过后台数据分析进行定向推广，对客户的浏览习惯和消费倾向都有所筛选，更加有针对性，能够引进更多的精准流量，所以这个位置的点击率和转化率也是最高的，可以重点关注。

我的购物车——掌柜热卖

特点：展现量一般、点击量一般、点击率也一般

这个位置的客户比较关心自己已经加入购物车的宝贝，关注近期加购宝贝的价格变化，也会对相似的宝贝进行查看。

淘宝收藏夹——热卖单品

特点：转化率高、竞争大、精准性高

作为收藏的位置一般情况转化率应是最高的，这里的用户购物习惯关心收藏的宝贝变化情况，有相似符合心意的宝贝也会购买，所以这里的竞争特别激烈。这个位置 5×5 随机轮播，其中有 2 个比较抢眼的钻展位置。

我的淘宝——物流详情页

特点：点击率低、转化率一般、竞争一般、精度一般

这个位置只要在查询物流的页面，总体的点击率和转化率比较一般。这里的用户购物习惯更加关心的是宝贝的物流到哪里了，什么时候可以收到货。

第10章 客户服务平台：交易神助手

- 客户服务平台：交易神助手
  - 千牛随时随地完成交易
    - 账号登录
    - 商品名称、价格修改
    - 商品下架和上架
    - 修改物流模板
    - 与客户交流
    - 发货处理
    - 物流查询
    - 交易成功后进行评价
    - 店铺流量查看
    - 账户退出
  - 旺信轻松与客户交流
    - 登录和设置旺信
    - 设置店铺的个性签名
    - 创建买家交流群
    - 利用旺信表情拉近距离

10.1 千牛随时随地完成交易

对于淘宝的卖家来说，只有及时处理客户的订单、回复客户的疑问，才能提高店铺竞争力，从而获得更多的收益，但是卖家又不可能 24 小时坐在电脑前处理订单、管理商品等事务，此时卖家需要一款功能齐全的手机软件来满足随时随地做生意的需求，千牛则是淘宝开店的必备软件。

千牛是阿里巴巴集团官方出品的卖家手机客户端，功能包含卖家工作台、消息中心并内置阿里旺旺手机版 (即旺信)。千牛手机软件不但免费，而且功能齐全，几乎可以满足用户所有的日常交易买卖需求。

10.1.1 账号登录

用户可在淘宝网通过扫描二维码，或发送手机号码的形式进行免费下载，也可在手机应用商店下载千牛的官方版本。下载安装完毕后，用户即可在手机上登录自己的淘宝店铺，其登录方式如下。

步骤 01 输入淘宝账户及密码，点击“登录”按钮，如图 10-1 所示。

步骤 02 千牛 iPhone 客户端登录需要用指纹验证登录，如图 10-2 所示。

步骤 03 如果是首次登录软件的用户还需设置手机客户端密码，如图 10-3 所示。

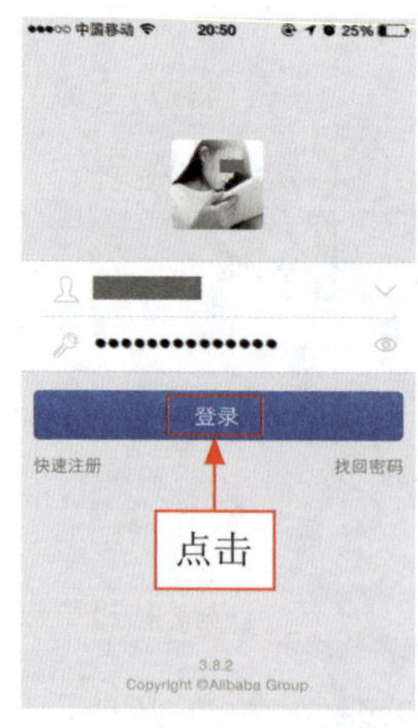

图 10-1 点击“登录”按钮

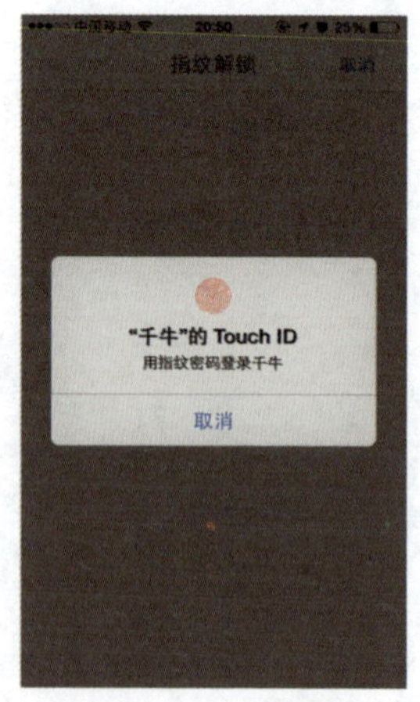

图 10-2 指纹验证

步骤 04　重复设置密码后，即可登录到千牛的主界面，如图 10-4 所示。

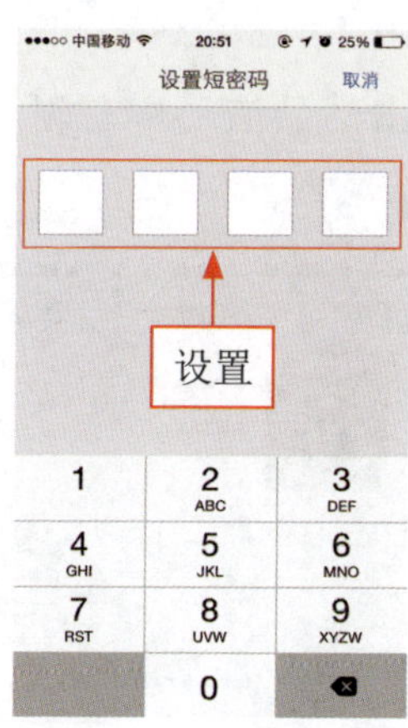

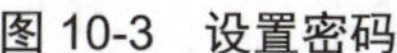

图 10-3　设置密码

图 10-4　进入主界面

10.1.2　商品名称、价格修改

用户可以使用手机很方便地修改出售商品的信息，其方法如下。

步骤 01　在软件主界面点击“商品管理”按钮，如图 10-5 所示。

步骤 02　首次使用该功能的用户还需进行授权，查看协议后点击“立即授权”按钮即可，如图 10-6 所示。

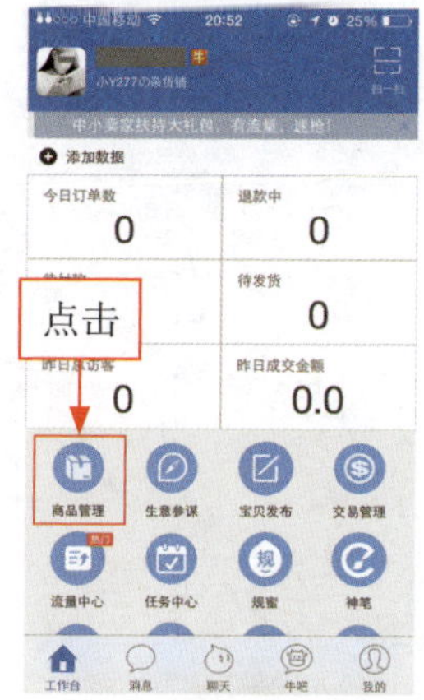

图 10-5　点击“商品管理”按钮

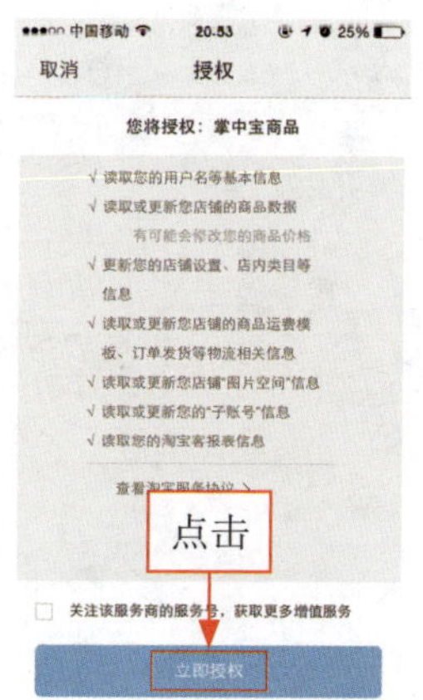

图 10-6　点击“立即授权”按钮

步骤 03 进入“掌中宝商品”界面后，点击“商品管理”按钮，进入“商品管理”界面，点击需要修改的商品，如图 10-7 所示。

步骤 04 进入“商品明细”界面，点击商品信息栏右侧的“编辑”按钮，可对商品名称进行修改，如图 10-8 所示。

图 10-7 点击需要修改的商品

图 10-8 点击“编辑”按钮

步骤 05 点击销售信息栏右侧的“编辑”按钮，如图 10-9 所示。

步骤 06 修改价格后，点击“保存”按钮，即可完成商品信息的修改，如图 10-10 所示。

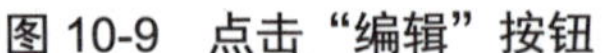

图 10-9 点击“编辑”按钮

图 10-10 点击“保存”按钮

10.1.3 商品下架和上架

用户可使用手机将正在出售的商品下架，或是将仓库中的商品上架，具体如下。

步骤 01 进入正在出售商品的“商品明细”界面，点击“商品状态”右侧的按钮，弹出提示对话框，点击“确定”按钮即可将商品下架，如图 10-11 所示，返回“商品管理”界面，下架后的商品会从“出售中”移动至“仓库中”。

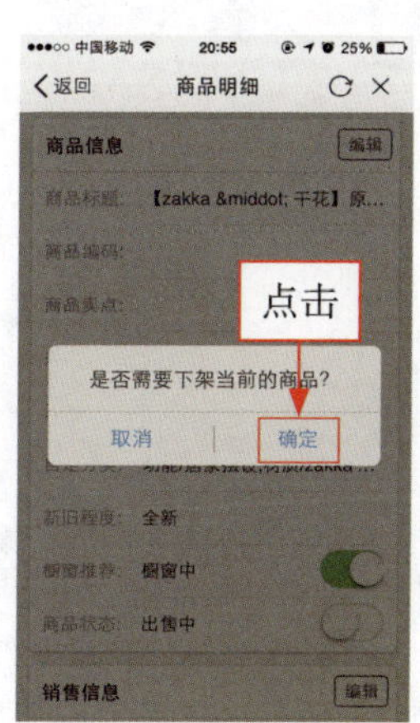

图 10-11 商品下架

步骤 02 进入仓库中商品的“商品明细”界面，点击“商品状态”右侧的按钮，弹出提示对话框，点击“确定”按钮即可将商品上架，如图 10-12 所示，返回“商品管理”界面，上架后的商品会从“仓库中”移动至“出售中”。

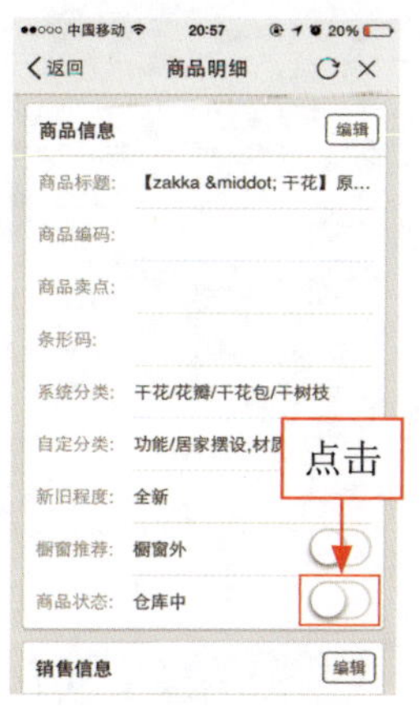

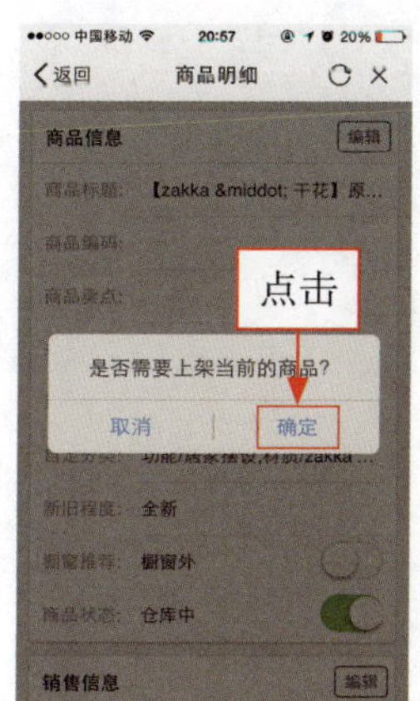

图 10-12 商品上架

10.1.4 修改物流模板

卖家可对商品的物流模板进行修改，具体方法如下。

步骤 01 进入“商品明细”界面，点击物流信息栏右侧的“编辑”按钮，如图 10-13 所示。

步骤 02 点击“运费模板”右侧的下拉按钮，如图 10-14 所示。

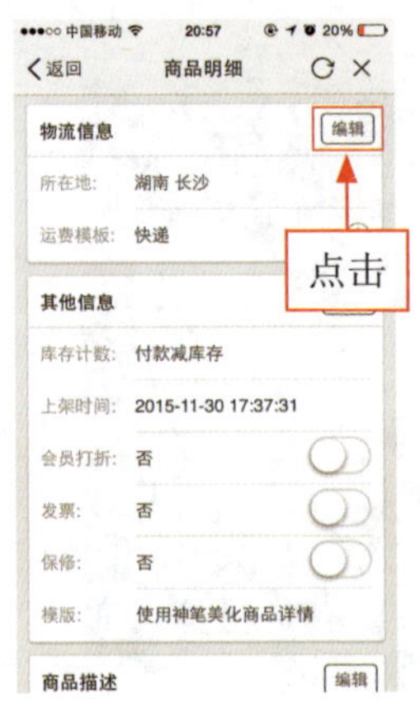

图 10-13 点击“编辑”按钮

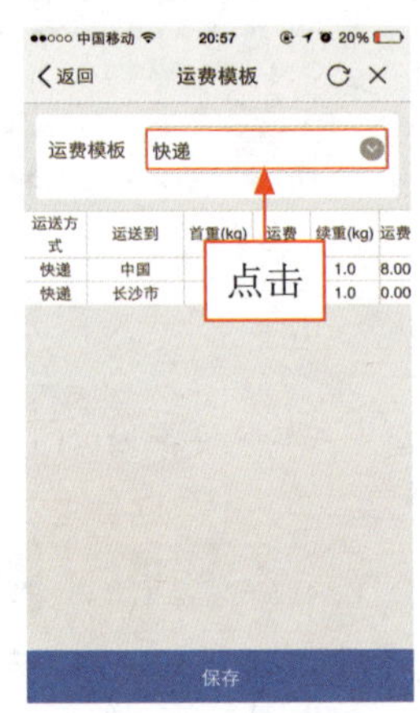

图 10-14 点击“运费模板”下拉按钮

步骤 03 选择另外的运费模板，点击“完成”按钮，如图 10-15 所示。

步骤 04 完成设置后点击“保存”按钮，即可完成物流的修改，如图 10-16 所示。

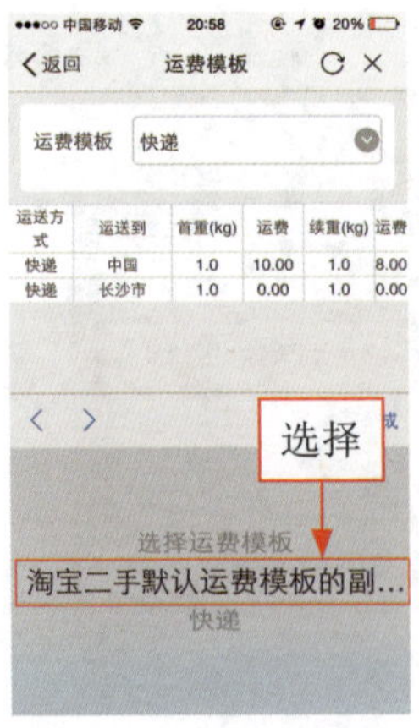

图 10-15 选择运费模板

图 10-16 点击“保存”按钮

通常，我国的物流公司可分为以下 4 大类。

(1) 价格便宜、速度一般的普通民营快递公司，如圆通、申通、中通、韵达等，开设网店主要是使用这些快递公司。

(2) 速度快但价格贵的顺丰快递，一般是客户要求并补贴额外的快递费用，或是客户特别急于收货才使用顺丰快递。

(3) 速度慢但网点多且比较安全的 EMS(中国邮政)，一般在其他快递无法送达的情况下，或是发送极为贵重的物品才使用 EMS。

(4) 速度慢、价格便宜、需要客户自提的物流公司，如德邦物流、佳吉物流等，一般是大批量发货才使用物流公司。

专家提醒

不同的快递公司有不同的优势，用户可根据具体情况选择。一般来说，用户最好找到一家价格便宜、速度不是太慢的快递公司，建立长期合作关系。

10.1.5 与客户交流

千牛客户端内置阿里旺旺手机版 (旺信)，用户无须再下载旺信，可直接使用千牛与客户进行交流、沟通，具体使用方法如下。

步骤 01 在主界面点击“聊天”按钮，如图 10-17 所示。

步骤 02 客户所发送的信息均可在此查看，点击任意头像即可与该客户聊天，如图 10-18 所示。

步骤 03 点击界面文字框以输入文字，如图 10-19 所示。

步骤 04 输入文字后点击“发送”按钮即可进行聊天，如图 10-20 所示。

步骤 05 点击“快捷回复”图标可发送软件预设回复内容，比如“你好！在吗？”“亲，欢迎光临，请问有什么可以帮您的？”等，如图 10-21 所示。

步骤 06 点击“表情”图标可发送表情，如图 10-22 所示。

图 10-17　点击“聊天”按钮

图 10-18　点击客户头像

图 10-19　点击文字框

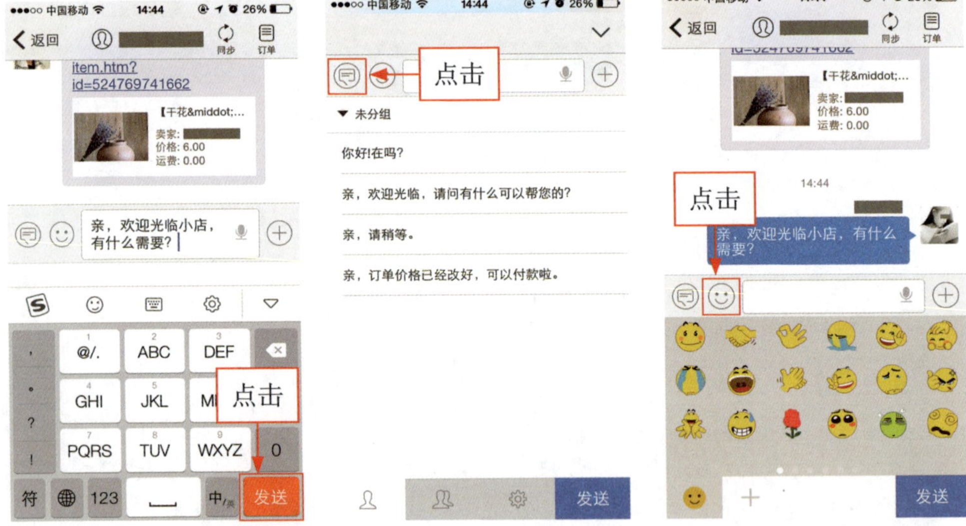

图 10-20　点击“发送”按钮　图 10-21　点击“快捷回复”图标　图 10-22　点击“表情”图标

步骤 07　点击“⊕”图标可添加推荐商品、核对订单、照片等，如图 10-23 所示。

步骤 08　点击客户头像可查看详情并加为好友、黑名单等，如图 10-24 所示。

图 10-23　点击“⊕”图标

图 10-24　查看详情

10.1.6　发货处理

及时发货能让客户留下一个好印象，若用户由于一些特殊原因，无法及时发货而导致客户要求退款，那就划不来了。因此，一旦客户拍下商品并付款后，卖家应马上进行发货处理，而手机能帮助卖家及时发货，使用千牛手机软件发货的流程如下。

步骤 01　在主界面点击“交易管理”按钮，如图 10-25 所示。

步骤 02　执行操作后，进入“普云交易”界面，如图 10-26 所示。

图 10-25　点击“交易管理”按钮

图 10-26　进入“普云交易”界面

步骤 03　点击“等待发货”选项，进入“待发货”界面，如图 10-27 所示。

步骤 04　选择需要发货的商品，点击“快捷发货”按钮，如图 10-28 所示。

图 10-27　点击“等待发货”按钮

图 10-28　点击“快捷发货”按钮

步骤 05　进入“发货”界面后，会显示买家的姓名、电话和详细地址，点击“物流公司”选项，选择物流公司，如图 10-29 所示。

步骤 06　选择好物流公司后，点击“完成”按钮，如图 10-30 所示。

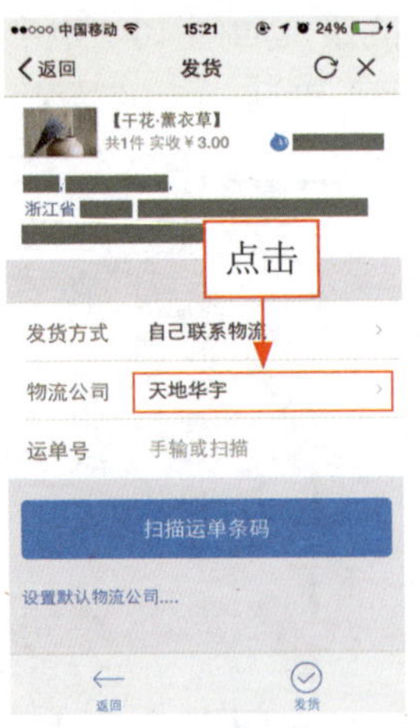

图 10-29　点击“物流公司”选项

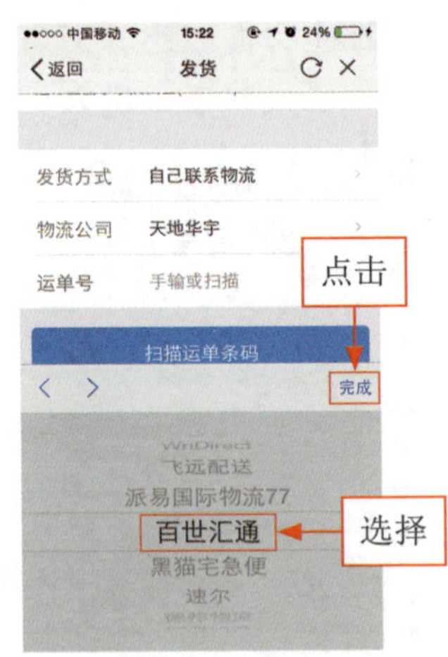

图 10-30　点击“完成”按钮

步骤 07　输入快递的单号，或扫描运单条码，如图 10-31 所示。

步骤 08　确认信息无误后，点击“发货”按钮即可完成发货，如图 10-32 所示。

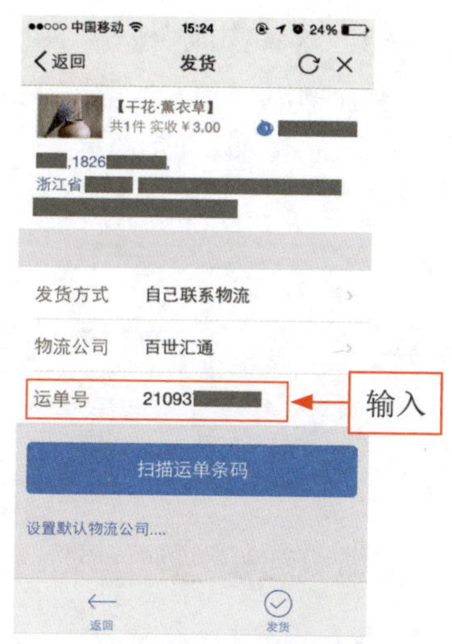

图 10-31　输入运单号或扫描运单条码

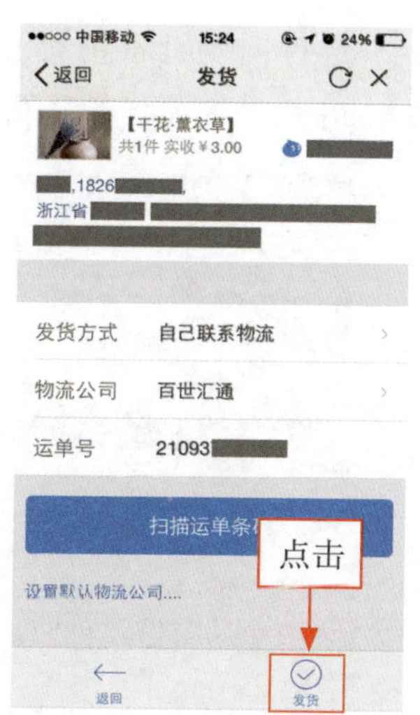

图 10-32　点击“发货”按钮

10.1.7 物流查询

用户可使用千牛客户端进行物流查询，具体方法如下。

步骤 01　在主界面点击“交易管理”按钮，如图 10-33 所示。

步骤 02　进入“普云交易”界面后点击“已发货”选项，如图 10-34 所示。

图 10-33　点击“交易管理”按钮

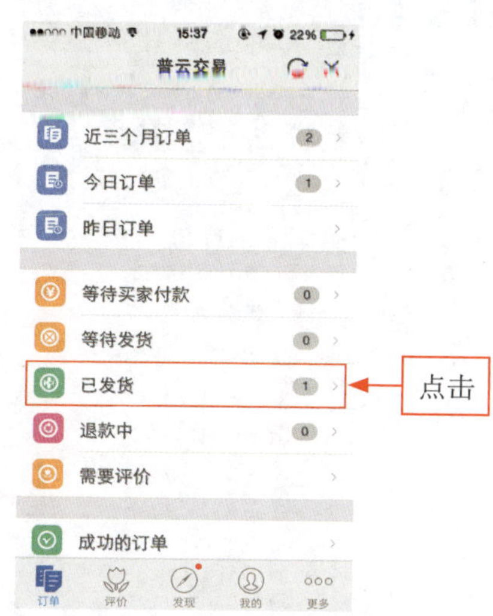

图 10-34　点击“已发货”选项

步骤 03 选择需要查看物流的商品，点击“查看物流”按钮，如图 10-35 所示。

步骤 04 进入“物流详情”界面可以查看物流详情，如图 10-36 所示。

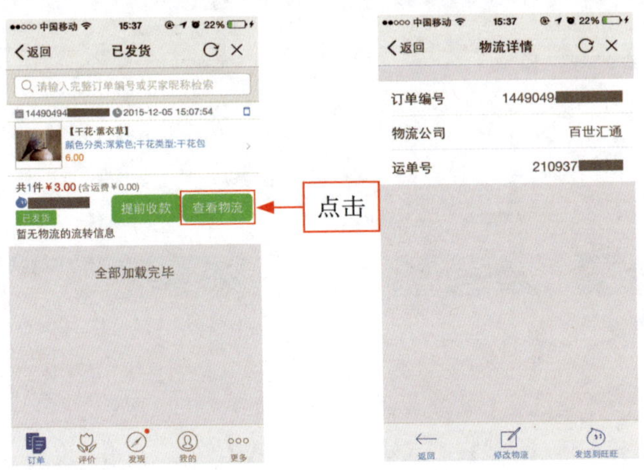

图 10-35　点击“查看物流”按钮　　图 10-36　“物流详情”界面

10.1.8　交易成功后进行评价

客户收到商品并确认付款后，还需相互进行评价。具体方法如下。

步骤 01 在“普云交易”界面，点击“成功的订单”选项，如图 10-37 所示。

步骤 02 选择需要评价的订单，点击“快捷评价”按钮，如图 10-38 所示。

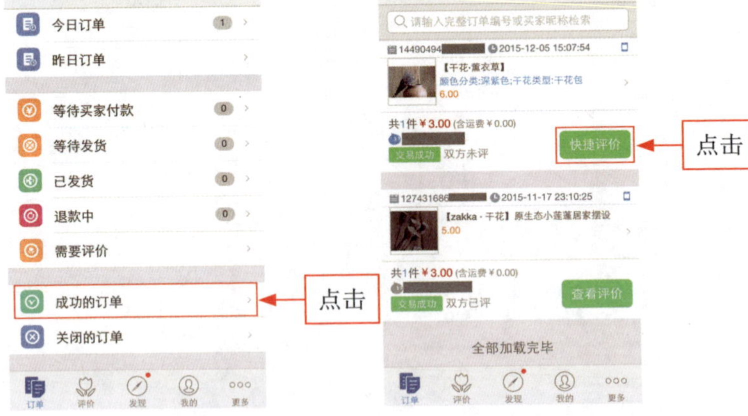

图 10-37　点击“成功的订单”按钮　图 10-38　点击“快捷评价”按钮

步骤 03 选择红色的花即为好评、黄色的花即为中评、黑色的花即为差评，如图 10-39 所示。

步骤 04 选择评价后，输入评语，点击“确认”按钮，即可完成评价，如图 10-40 所示。

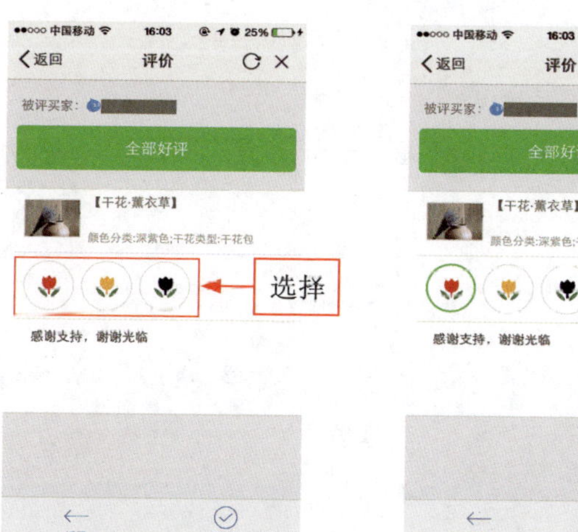

图 10-39 选择评价　　图 10-40 完成评价

10.1.9 店铺流量查看

千牛手机端的“生意参谋”功能，可为卖家提供精准数据分析。具体方法如下。

步骤 01 在主界面点击“生意参谋”按钮，如图 10-41 所示。

步骤 02 进入“新手引导”界面，软件会显示店铺的访客数信息，点击“分析”按钮，如图 10-42 所示。

步骤 03 进入“生意参谋”界面，点击“流量分析”选项，如图 10-43 所示。

步骤 04 进入“分析”界面，即可查看店铺流量，如图 10-44 所示。

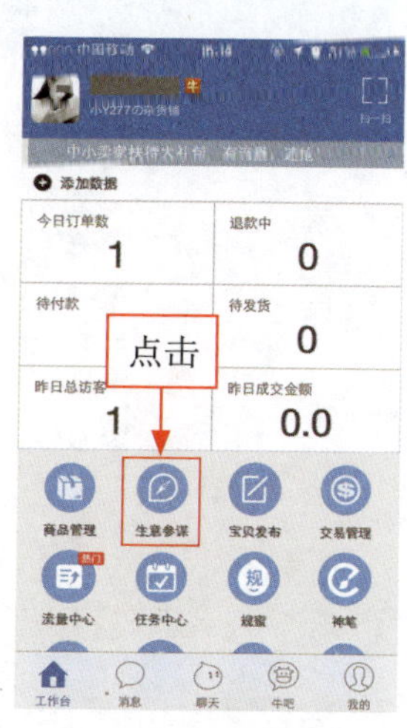

图 10-41 点击“生意参谋”按钮

图 10-42　点击“分析”按钮

图 10-43　点击“流量分析”选项

图 10-44　查看店铺流量

10.1.10　账户退出

卖家使用完千牛手机客户端后，应退出登录。账户退出的具体方法如下。

步骤 01　在主界面点击“设置”选项，如图 10-45 所示。

步骤 02　在“设置”界面点击“安全退出”即可退出账户，如图 10-46 所示。

图 10-45　点击“设置”选项

图 10-46　点击“安全退出”按钮

专家提醒

需要注意的是，多数淘宝开店软件、插件的功能都是需要付费使用的。以千牛手机客户端来说，其“直通车管理”“数据魔方”等功能，都是需要付费或购买专业版才能使用。

10.2 旺信轻松与客户交流

旺信(卖家版)是淘宝网为卖家量身定做的免费网上商务沟通软件。它能帮商家轻松联系客户，发布、管理商业信息；及时把握商机，随时洽谈生意。合理地使用旺信(卖家版)也能大大提高网店的销售量，为卖家节省时间和广告费用。

10.2.1 登录和设置旺信

在手机淘宝开店的卖家，每天首先要做的事情就是登录手机旺信，与买家交流，进行交易管理。

步骤 01 打开手机旺信客户端，输入用户名及密码，点击“登录”按钮，如图 10-47 所示。

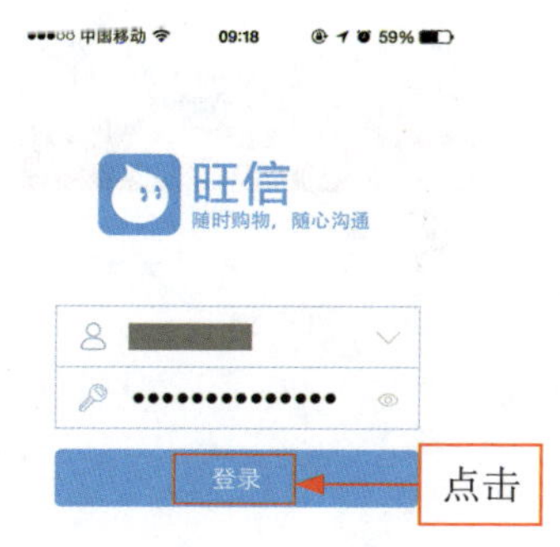

图 10-47 登录手机旺信

步骤 02 输入安全校验码，点击“下一步”按钮，验证旺信成功后，即可进入旺信的操作界面，如图 10-48 所示。

图 10-48　进入旺信的操作界面

10.2.2　设置店铺的个性签名

很多卖家运用个性签名来宣传店铺的优惠活动或热销商品。如果淘友对店铺所售商品感兴趣，可以进入店铺中购买，这在很大程度上增加了浏览量，进而提高了商品的销售量，是推广店铺的一条捷径。设置旺信个性签名的具体操作步骤如下。

步骤 01　在旺信的操作界面点击"我"按钮，进入"我"界面，如图 10-49 所示。

图 10-49　进入"我"界面

步骤 02　点击“个人资料”按钮，进入“个人资料”界面，点击“签名”选项，如图 10-50 所示。

图 10-50　点击“签名”选项

步骤 03　进入“修改签名”界面，在文本框内输入个性签名文字，点击“完成”按钮，即可完成个性签名设置，如图 10-51 所示。

图 10-51　设置个性签名

10.2.3　创建买家交流群

卖家还可以自己创建买家交流群，具体操作步骤如下。

步骤 01　在旺信操作界面上，点击“•••”按钮，弹出下拉菜单，点击“发起聊天”按钮，进入“选择好友”界面，如图 10-52 所示。

图 10-52　进入“选择好友”界面

步骤 02　切换至“好友”标签，选择好友，点击“确定”按钮，如图 10-53 所示。

图 10-53　点击“确定”按钮

步骤 03　点击“更多”按钮，进入“群聊信息”界面，点击“编辑”按钮，如图 10-54 所示。

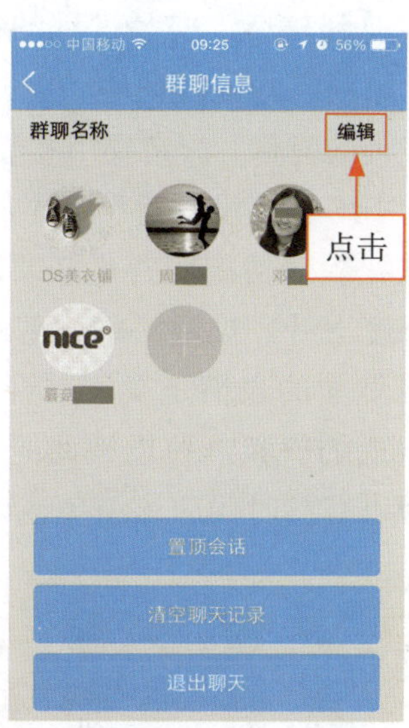

图 10-54　单击“编辑”按钮

步骤 04　编辑修改群名称后，点击“完成”按钮，即可在买家交流群里和大家聊天了，如图 10-55 所示。

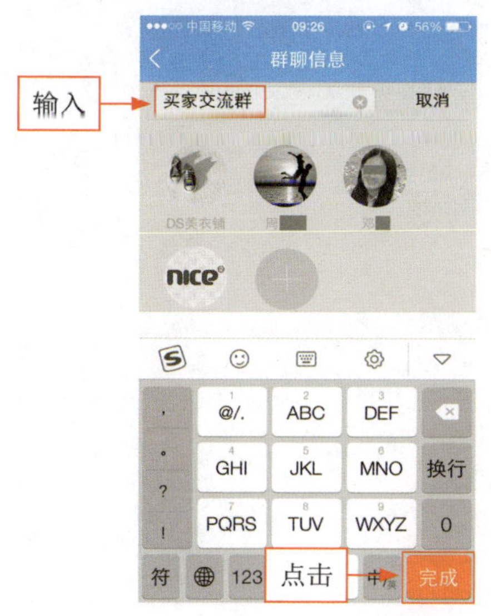

图 10-55　点击“完成”按钮

10.2.4 利用旺信表情拉近距离

卖家从售前到售后，交易过程的每一个环节都是不容忽视的，在与买家的交谈过程中，卖家回答与处理问题的方式都可以成为决定交易成功与否的关键。

在买家咨询的时候，一定要用礼貌用语，比如："您好，欢迎光临小店！""请您稍等，我看下库存有没有货""不好意思""抱歉，请您谅解"等。

上面这些礼貌热情的回答是必要的，而在此基础上恰当地使用旺信表情，会让买家的好感度上升，拉近买家与卖家之间的距离。

聊天工具里面的表情是卖家与客户沟通的好帮手，如图 10-56 所示，它能很快地制造出轻松的气氛，拉近彼此间的距离，但有些表情使用得不恰当就很容易引起误会，所以有些时候应该避免或谨慎使用。切记不要滥用，否则适得其反。

图 10-56 旺信表情

第11章 数据分析：用数据工具解析运营

- 数据分析：用数据工具解析运营
  - 数据分析是什么
    - 数据分析具备的价值
    - 数据分析的六大步骤
    - 数据分析的四大误区
  - 如何选择核心数据
    - 会员数据
    - 营销数据
    - 行业数据
    - 交易与服务数据
  - 如何掌握核心指标
    - 会员指标
    - 流量指标
    - 营运指标
    - 转化指标
  - 如何掌握核心方法
    - 二八法则
    - 排行榜分析
  - 手机淘宝数据分析常用工具
    - 淘宝指数
    - 生意参谋
    - 数据魔方

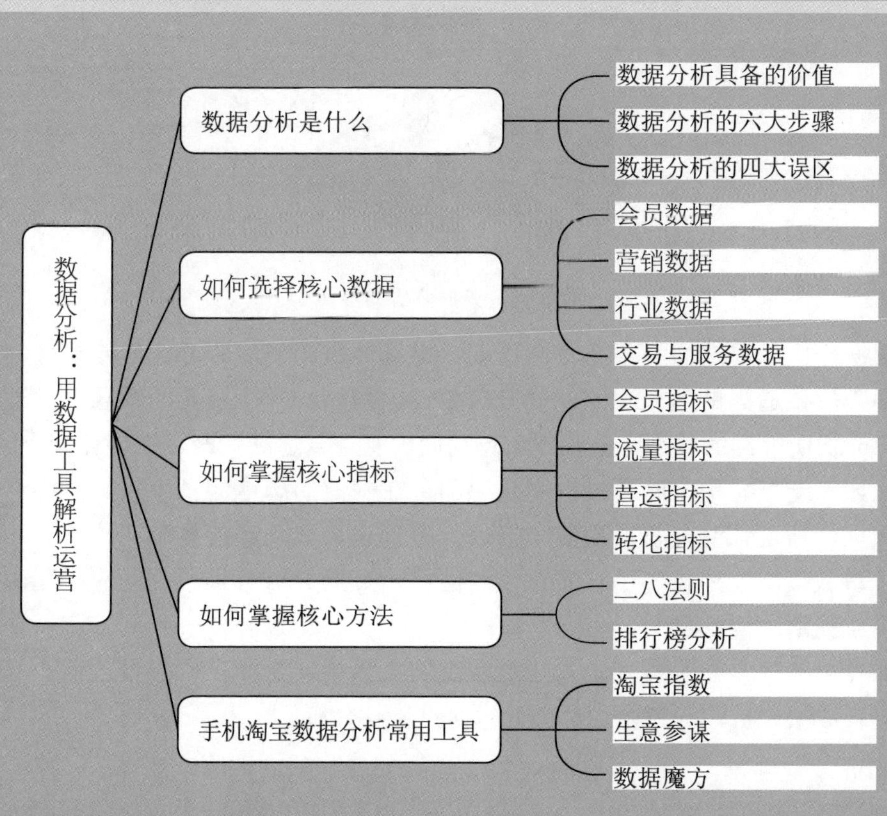

11.1 数据分析是什么

数据分析是指用合适的统计分析方法对收集来的数据经行分析，将这些大量的数据进行汇总，并做成可以被人们消化和理解的资料，从中提取有用的信息。数据分析常常以数量的形式展现，通过实验、观察、调查等方式获取结果。

11.1.1 数据分析具备的价值

如今的时代是一个数据风暴的时代，几乎每个企业都会讲究数据，通过数据向消费者阐述产品的好处、企业的信誉度，还会通过数据向自己提供企业需要改进的地方、出现的问题以及做得好的地方。

一般来说，数据分析具有 3 个价值，值得人们去学习和运用，如图 11-1 所示。

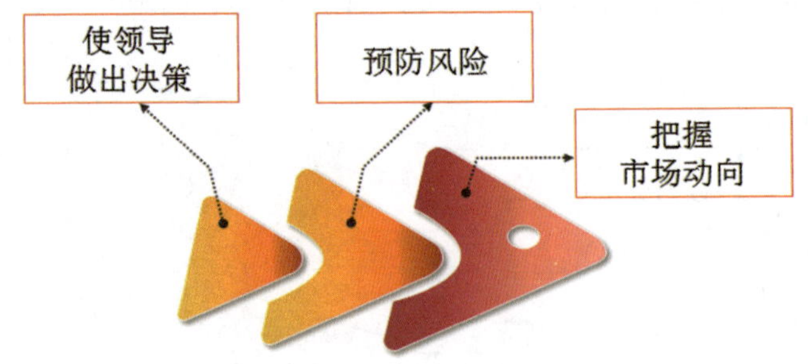

图 11-1 数据分析的价值

数据分析，在产品的整个寿命周期、市场调研、售后服务、最终处置等各个过程中都应该适当的运用，才能提升有效性。例如，一个企业的领导人通过市场调查，分析所得到的数据，来判定市场动向，制订合适的生产及销售计划。

又如，麦克拉伦车队通过汽车传感器，在赛前的场地测试中采集数据，结合历史数据，通过预测分析发现赛车问题，并预先采取正确的赛车调校措施，不仅降低了事故概率，还提高了比赛胜率。因此，数据分析有极广泛的应用范围，可以为企业提供决策以及安全性。

如今，不管是在互联网上，还是在现实生活中，企业在广告投放前，都会习惯于进行数据分析，一般企业都会针对两点进行分析。

- 对目标群体的特征进行数据分析，如目标群体是 18 ～ 25 岁，购物的年轻女性；还是 30 ～ 45 岁，购物的成熟男性。
- 对群体的购物活动轨迹进行数据分析。

简单来说，企业可以通过数据分析，来了解目标客户群喜欢做什么事、在什么时间、什么地点能够找到他们的生活轨迹，企业就能通过数据分析随时调整投放产品的方式、营销策略等，帮助人们做出正确的判断，以便采取适当行动。

专家提醒

数据分析在企业的日常经营分析中，具有以下三大作用。

分析现状：提供企业现阶段整体运营情况，以及企业各项业务的构成，其中包括各项业务的发展以及变动情况；

原因分析：确定企业所存在问题的原因，对其原因做出相应的分析并提出解决方案；

预测分析：对企业未来的发展趋势做预测，便于企业制定运营目标和计划。

11.1.2 数据分析的六大步骤

数据分析主要包括 6 个循序渐进的基本步骤，它们缺一不可、相辅相成，是企业在运用数据分析的时候，不可缺少的步骤，如图 11-2 所示。

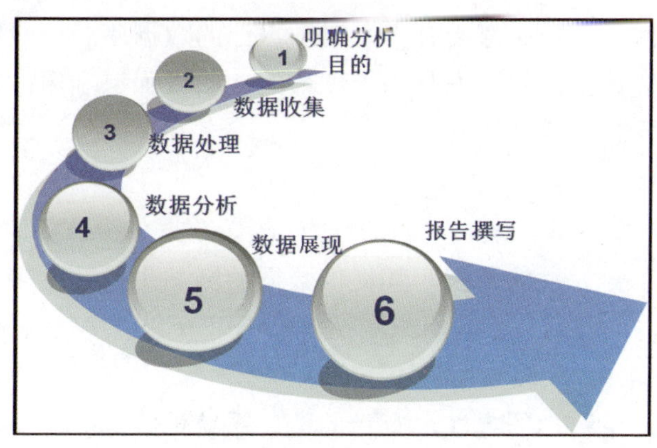

图 11-2 数据分析的基本步骤

1. 明确分析目的

不管是人或事，都得需要有一个目的，才能有清晰的思路，而数据分析也不例外，人们在分析数据的时候，一定要知道分析数据的目的，不能只一味地寻求数据的数量，应该透过现象看本质。

明确数据分析的目的，才不会偏离方向，使决策者做出正确的决策，远离歧途，才能确保数据分析过程具备有力的先决条件，进而为数据的收集、处理、分析提供清晰的指引方向。

2. 数据的收集

数据的收集是按照确定的数据分析目的来收集相关数据的过程，它为数据分析提供依据。而一般数据来源于 4 种渠道，如图 11-3 所示。

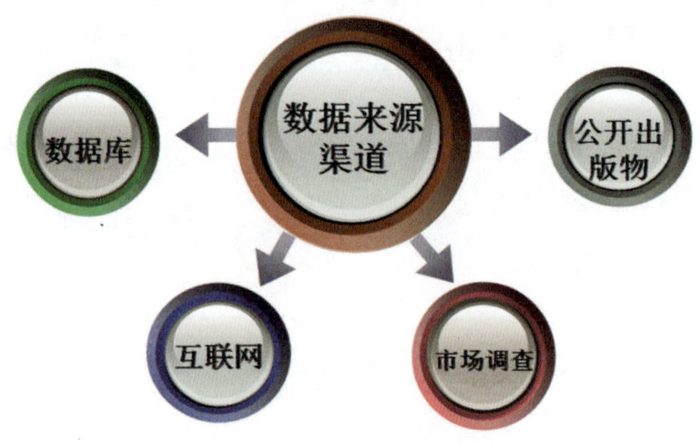

图 11-3　数据来源渠道

(1) 数据库。

如今，几乎每一个企业都会有一个属于自己的数据库，一般数据库是存放企业各项业务的相关数据，其数据是相当庞大的，如果加以利用，定能为企业数据分析做出巨大的贡献。

(2) 互联网。

互联网属于一个开放性发布消息的地方，随着数据分析被各大企业所运用着，在网络上也出现了一大批的数据，其提供数据的网站也是非常多的，如传播媒体网站、大型综合门户网站、行业组织网站等，还可以利用搜索引擎来收集数据。

(3) 市场调查。

市场调查是运用科学的方法，有目的地、系统地收集、记录、整理有关调查信息和资料，为市场预测和营销决策提供客观的数据资料。

(4) 公开出版物。

可以从公开出版物中收集与企业业务相关的数据，这些数据是比较权威的，真实性比较强。

3. 数据的处理

数据指数字、符号、字母和各种文字的集合，可以用计算机收集、记录数据，而数据处理涉及的加工处理比一般的算术运算要广泛得多，是指以下7个方面工作中一个或者多个组合，最终绘制成文字和数字的表格或图表。

- 数据采集：采集所需的信息。
- 数据分组：指定编码，按有关信息进行有效的分组。
- 数据组织：整理数据或用某些方法安排数据。
- 数据计算：进行各种算术和逻辑运算。
- 数据存储：将原始数据或计算的结果保存起来，供以后使用。
- 数据检索：按消费者的要求找出有用的信息。
- 数据排序：把数据按要求一次排成序列。

专家提醒

如今，数据处理已经广泛地用于各种企业和事业单位中，内容涉及票据收发、生产调度、计划管理、销售分析等。

4. 数据分析

一般企业会把数据分析划分为探索性统计分析、验证性数据分析、描述性数据分析3种方式，如图11-4所示。

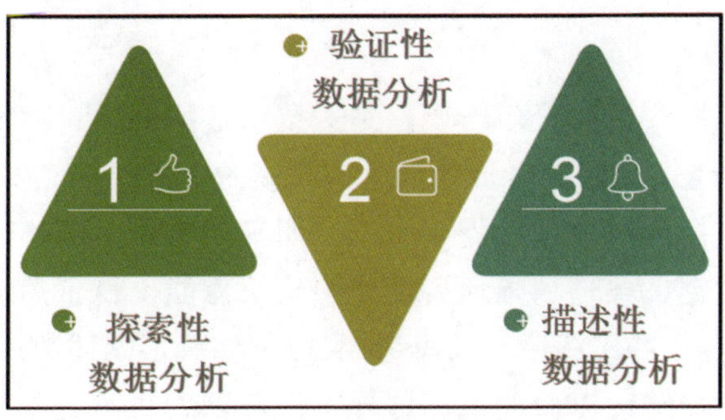

图 11-4 数据分析方式

探索性数据分析，是一种对数据进行分析，从而检验“假设值”的形成方式，探索性数据分析侧重于在数据之中发现新的特征，而验证性数据分析则侧重于已有假设的证实或证伪。描述性数据分析是指对词语、照片、观察结果之类的非数值型数据进行的分析。

5. 数据展现

数据的展现在数据分析步骤中是一个重要的角色，只有将收集的数据通过处理和分析，形成有用的信息，并且用常用的柱形图、饼图、条形图、折线图等来进行展现，才能让人们更加一目了然地发现数据的本质以及作用，如图 11-5 所示。

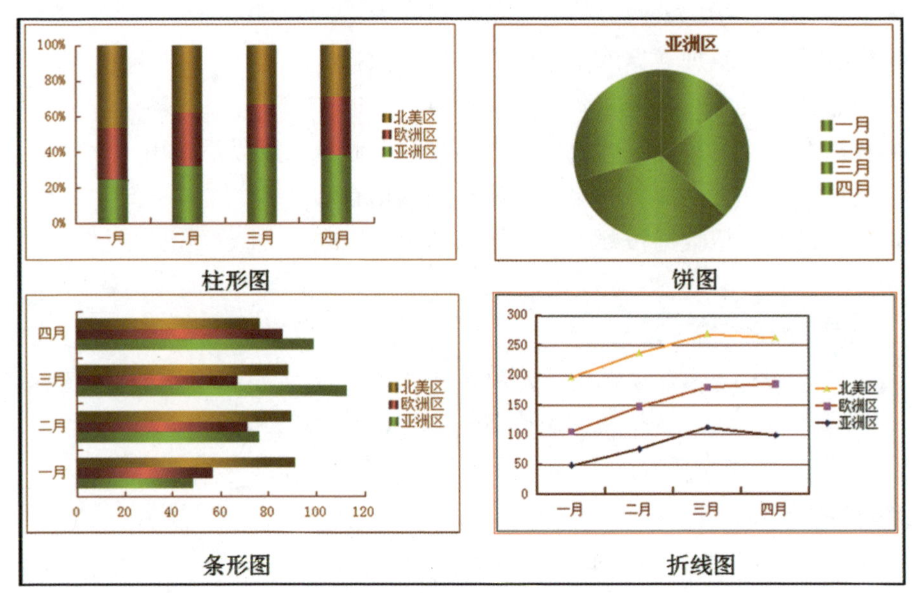

图 11-5　常用数据展现形式

6. 报告撰写

报告撰写是数据分析的最后一步，是对整个数据分析过程的总结，对企业决策者来说是一种参考，为决策者提供科学、严谨的决策依据。

一份优秀的数据分析报告，需要有一个明确的主题，需要一个清晰的目录，图文并茂地阐述数据、条理清晰地展现，使决策者能一目了然地看出报告的核心内容，这样既能用视觉冲击阅读人的思考，又能很明确地阐述数据分析的核心内容。

最后，需要放置结论以及建议，这样不仅可以为决策者指出问题，还可以提供方案和想法，以便决策者在决策时作为参考。

11.1.3 数据分析的 4 大误区

在实际工作、学习中，数据分析人员常常都会陷入 4 个误区，而这些误区很有可能导致数据的不完整性，缺乏针对性，影响决策者做出正确的决策。

下面就来讲一讲到底是哪 4 大误区，如图 11-6 所示。

图 11-6 数据分析的 4 大误区

1. 忽略数据分析的核心，为了数据而分析

很多数据分析师在分析数据的时候，都是带着“怎样才能把这些数据用图表完美地展现出来”“需要用多少张图”等数据展现上的问题，而这些问题并没有明确数据分析的目的、核心。

所以，数据分析师在分析数据的过程中，应该围绕企业现状、业务变动情况及原因、预测未来趋势，来进行分析，这样才能扣住数据分析的核心，才能体现出数据分析的价值。

只有这样，分析出来的数据才能对决策者有参考意义，才能不浪费时间做出有用的数据分析资料，对企业有实际作用。

2. 忽略业务知识，数据偏离实际轨道

目前很多数据分析师都是统计学、数据、计算机等专业出身，他们大多数缺乏管理和营销方面的工作经验，所以他们在进行数据分析的时候大多都是从数据分析本身出发。

但是对于决策者来说，并不具有实用性，数据分析报告的内容做得再精美，却没有切合实际业务，得不到全面、综合性的结论，这样的数据分析只是“空白”资料，对决策没有什么实际意义。

所以，数据分析师在分析数据的时候，应该要从企业业务出发，需要懂管理、懂营销、懂策略，这样才能做出一份有含金量的数据分析。

3. 忽略业务问题，追求高级分析模型

有很多数据分析师，总认为高级分析模型(回归分析、因子分析等)是专业的，一味地使用高级分析模型，来体现出自己分析出来的数据具有专业性，其实这样的想法并不完全正确。

其实，数据分析师只要能够用数据，简单地说明在企业业务中出现的问题、出现问题的原因以及解决方法，就能很好地诠释出数据的核心以及质量。如果数据分析做得很漂亮，但是决策者看不懂，不能一目了然地明白数据所表达的意思，那么这种分析无疑是失败的数据分析了。

4. 为数据而找数据，迎合观点

很多数据分析师在分析数据之前，很有可能自己就有一个观点或者决策者有一个观点，然后他们就会围绕这个观点来进行数据分析，这样很有可能导致数据的不完整性，提高了数据的局限性，分析出来的数据也不一定是正确的，只会误导决策，使企业蒙受一定的损失。

所以，在进行数据分析的时候，应该保持中立的状态，客观真实地去分析数据，尽量不要“为了迎合一个观点而去找数据”，减少利益牵扯，这样的数据分析才有价值。

11.2 如何选择核心数据

电子商务的数据来源渠道很多，数据也非常杂乱，在众多的数据中，应该选取一些比较实用的数据进行分析与管理，对于电子商务来说应该抓住会员数据、营销数据、行业数据、交易与服务数据、流量数据，分析出来的结果能影响电子商务公司的决策。

11.2.1 会员数据

会员对于传统企业来说，是必须达到一定购买金额的顾客，而对于电子商务企业来说，只要是注册用户就是会员，在这些会员里，存在了大量的潜在用户，所以电子商务企业必须掌握住会员的动态、特征、喜好等熟悉会员的因素，才能让企业了解到自身产品的市场、挖掘新客户、做出有效的营销策略。

会员数据对于电子商务来说，是一个不可缺少的数据分析依据，在会员数据中包含了很多具有价值的数据，通过分析这些数据可以初步了解用户的基本信息、获取推广路径，如图 11-7 所示。

图 11-7　会员数据的分析价值

用户的消费习惯，可以为电子商务公司提供产品是否符合市场需求、产品忠实用户的特征、为制定产品推广策略提供参考信息等。总的来说，分析会员数据具有以下作用。

- 可以帮助企业准确地找到目标消费群体。
- 促进产品研发，更贴近消费者市场需求。
- 帮助企业判定消费者和潜在消费者的消费标准。
- 实现精准营销，减低营销成本，提高企业用户质量和数量。
- 掌握客户需求的各种信息，以便制定有针对性的营销策略。
- 稳定与扩大产品的销售市场，巩固与提高产品的市场占有率。
- 培养客户忠诚，留住每一位客户，带来更多后续的购买行为。
- 帮助企业结合最新信息制定出新策略，以增强企业的环境适应能力。
- 借助会员数据，可以对目前销售的产品满意度和购买情况做分析调查，及时发现问题、解决问题，确保客户满意，从而建立客户的忠诚度。
- 发展新的服务项目，促进企业发展，并促使购买过程简单化，提高客户重复购买的概率。

专家提醒

网络性别不是用户的本身性别或者是注册会员时所填的性别，而是以用户购买产品的属性而定，如果一位女性经常购买男性用品，则把她的网络性别设定为男性，待以后推送产品信息时，以与男性相关的产品为主。

11.2.2 营销数据

不管是什么类型的企业，营销情况都能反映企业在某段时间内的营销活动趋势，营销活动的好坏，可以直接影响企业利润度的高低。

企业以满足消费者需求为出发点，准确确定自己的目标市场，生产出适销对路的产品，运用有效的营销策略开发市场、占领市场。

所以，营销数据分析对于电子商务来说是非常重要的数据分析依据，营销数据包括 4 种数据信息，如图 11-8 所示。

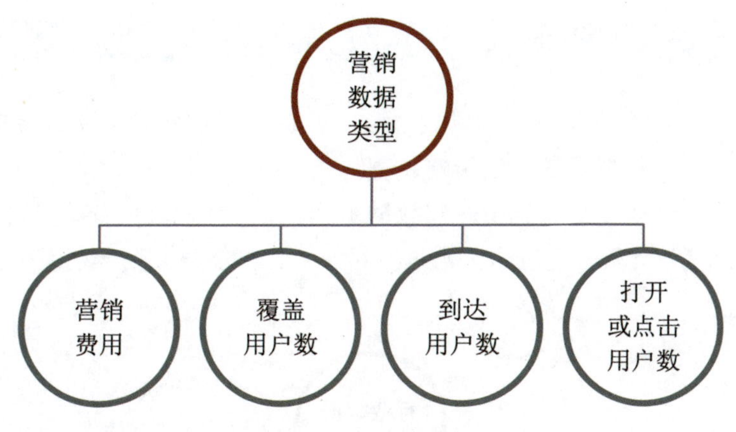

图 11-8　营销数据信息

1. 营销费用

电子商务企业通过分析关于营销费用的数据，可以了解费用的支出方向、哪些营销工作需要投入高费用，以及对目前营销费用投入的针对性和及时性进行分析和评价，为企业营销策略提供参考。

企业还可以根据年度剩余营销费用额度、各区域市场的销售动态及各区域市场的不同营销费用投入的不同效率，提出在电子商务公司与各区域分公司之间，及各区域分公司之间营销费用额度及投向的调整建议。

2. 覆盖用户数

营销活动所覆盖的用户数量，可以显示出营销活动的推广力度，通过分析覆盖用户数，可以从侧面得到企业的营销策略是否合理、有效。

3. 到达用户数

到达用户数是指在一个统计周期内，到达营销广告着陆页面的独立用户数量，而一般电子商务进行到达用户数据分析的分析对象包括 Flash 广告、图片广告、软文、邮件广告、视频广告、媒体广告等多种广告形式，通过分析这些广告形式的独立用户数量，即可判断出哪种广告推广力度比较好。

4. 打开或点击用户数

电子商务企业分析打开或点击用户数，可以理解目前企业实际用户群数量，也可以拿这些数据放入企业介绍中，提高企业推广产品和品牌的力度。

11.2.3 行业数据

企业想要在整个行业有一席立足之地，就应该掌握行业动态，随时更新行业信息，做出与行业相契合的营销策略。

一般电子商务企业都会利用一些数据工具，进行行业数据分析，如百度指数、数据魔方、百度统计等，通过这些数据分析工具，可以查询到一些有价值的信息，如图 11-9 所示。

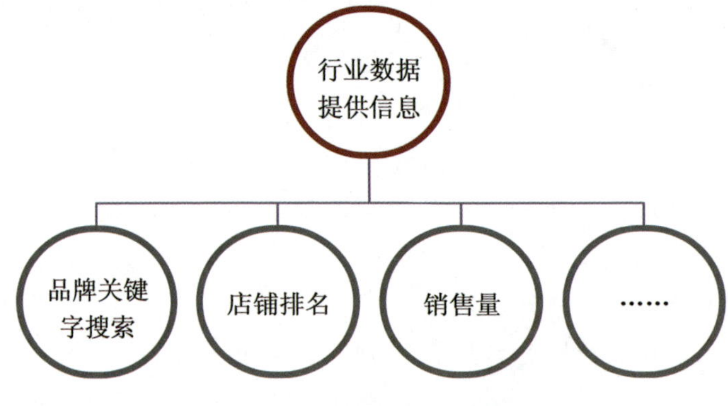

图 11-9　行业数据提供的信息

专家提醒

这些第三方数据分析工具，并不都是免费的，像数据魔方就属于付费的，电子商务企业可以根据自己对行业数据的需求程度，决定使用哪种数据分析工具。

11.2.4 交易与服务数据

电子商务企业可以通过分析交易与服务数据，直观地体现出用户对企业产品、服务满意度，以及企业产品的销售情况。

对于没有自身交易平台的电子商务企业来说，就必须建立一个数据库，专门储存交易以及服务数据，因为第三方的交易平台几乎都不支持 3 个月以上的交易数据下载，其中在交易及服务数据中包括了一些数据指标，如图 11-10 所示。

图 11-10 交易与服务数据提供的指标

11.3 如何掌握核心指标

电子商务企业获得利润的过程是客户通过搜索、比价、评论、分享产生信息，达到购买目的，这是一种“信息流”的表现，而传统零售企业，只需商品流动即可。

由此可知，电商所产生的数据是庞大的，其中数据指标具有多、杂、乱等特点，不便数据分析师进行数据分析工作，找到有价值的数据信息，一般数据分析师在分析电商数据的时候，必须要掌握住会员指标、流量指标、营运指标、转化指标。

11.3.1 会员指标

电商中的会员指标是属于会员数据，是会员数据中的细分支，分析出来的数据信息可以比较直观地展现到数据分析师的眼前，形成有价值的数据信息，而会员指标中包含了7种类别，让企业进一步了解企业客户的得失率、会员的动态信息，如图 11-11 所示。

图 11-11　会员指标 7 种类别

1. 有价值的会员数

在电商企业的会员中包括了潜在客户、忠实客户、流失客户，对于电商企业来说，忠实客户才是最有价值的会员，因为他们会在不固定的时间里，购买企业产品，不会出现长时间不购买企业产品的现象。

一般来说，在 1 年内有购买企业产品不低于 5 次的，则为有价值的会员数，对于那些注册了会员却从来没有购物的会员、已流失掉的会员数，就没有必要进行数据分析，因为它们并不能给企业带来有价值的信息。

2. 活跃会员数

对于电子商务来说，用户的活跃度是非常重要的，一旦用户的活跃度下降，就意味着用户的离开或流失，而活跃会员数是指在一定时期 (30 天、60 天等) 内，有消费或者登录行为的会员总数。

3. 会员活跃率

电商企业得到会员活跃率，就可以了解到企业会员的整体活跃度，一般随着时间周期的加长，会员活跃率会出现逐渐下降的现象，如果经过一个长生命周期 (3 个月或半年)，会员的活跃率还能稳定保持到 5% ～ 10%，则是一个非常好的用户活跃的表现。其计算公式如图 11-12 所示。

$$会员活跃率=\frac{活跃会员数}{会员总数}\times 100\%$$

图 11-12 会员活跃率计算公式

4. 会员回购率

会员回购率是衡量客户忠诚度的一个指标，其计算公式如图 11-13 所示。

$$会员回购率=\frac{上一期活跃会员数}{下一期有购买行为会员数}\times 100\%$$

图 11-13 会员回购率计算公式

5. 会员留存率

电商企业通过分析会员留存率，可以得到网站的服务效果，是否能够留住用户的信息，会员留存率可指，某一时间节点的会员在某特定的时间周期内登录或消费过的会员比率，其中时间周期可以是天、周、月、季、年等。

简单来说，会员留存率是指，一段时间内登录用户占新增用户数的比率，其会员留存率公式如图 11-14 所示。

$$会员留存率=\frac{登录用户数}{新增用户数}\times 100\%$$

图 11-14 会员留存率计算公式

实际上留存率反映的是一种转化率，即由初期的不稳定的用户转化为活跃用户、稳定用户、忠诚用户的过程，随着这个留存率统计过程的不断延展，就能看到不同时期的用户的变化情况。

专家提醒

登录会员数是指登录应用后至当前时间，至少登录过一次的用户数；新增会员数是指在某个时间段新登录应用的用户数；计算次日、第 3 日、第 30 日的留存率：

- 次日留存率：(当日新增的用户中，在第 2 日还登录的用户数)/第一日新增总用户数。
- 第 3 日留存率：(第一日新增用户中，在往后的第 3 日还有登录的用户数)/第一日新增总用户数。
- 第 30 日留存率：(第一日新增的用户中，在往后的第 30 日还有登录的用户数)/第一日新增总用户数。

6. 平均购买次数

平均购买次数，是指在某个时期内每个会员平均购买的次数，其计算公式如图 11-15 所示。

$$平均购买次数=\frac{订单总数}{购买用户总数}$$

图 11-15　平均购买次数计算公式

7. 会员流失率

会员流失率是会员流失的定量表述，是判断顾客流失的主要指标，直接反映了企业经营与管理的现状，其计算公式，如图 11-16 所示。

$$会员流失率=\frac{一段时间内没有消费的}{会员总数}\times100\%$$

图 11-16　会员流失率计算公式

专家提醒

会员流失率与会员回购率是相对的，若某电商企业某段时间的会员流失率为 15%，则会员回购率为 85%。

11.3.2　流量指标

流量指标数据是所有电子商务企业所看中的现象，数据分析师进行流量指标的分析，可以得到企业的用户跳失率、浏览量、订单转化率等。

1. 跳失率

跳失率被分为首页跳失率、关键页跳失率、产品页面跳失率等，跳失率是指显示会员通过相应入口进入，只访问了一个页面就离开的访问次数占该页面总访问次数的比例。

数据分析师通过对跳水率指标的分析，可以直接看出网站的登录页，是否有足够的吸引力让访客深入访问，如果跳失率大，则需要调整页面的内容。

2. 二跳率

二跳率，是体现流量是否有效性的指标，能反映出流量的质量，能比较客观地反映广告素材及载体与网站匹配程度，一般来说如果是有效流量的话，则会有合理的二跳率；如果是虚假点击的话，则没有二跳率。

3. 浏览量

浏览量可称为访问量，即 Page View(PV)，即页面浏览量或点击量，用户每 1 次对网站中的每个网页访问均被记录 1 次，其中网站每日访问量 IP 越多，PV 越多，即访问量越大，如果用户对同一页面进行多次访问，则访问量累积计算。

4. PV/IP 比

PV/IP 比可以体现出流量的真实性，如果 PV/IP 比能达到 3 个以上的话，则说明流行真实，网站内容无须做调整，如果低于 3，并不能代表网站的流量不真实，有可能代表着网站页面具有问题。

5. 订单转化率

订单转化率是指在访客访问网站时，把访客转化成网站的常驻用户，将他们提升为网站的消费用户，而由此产生的消费率，其计算公式如图 11-17 所示。

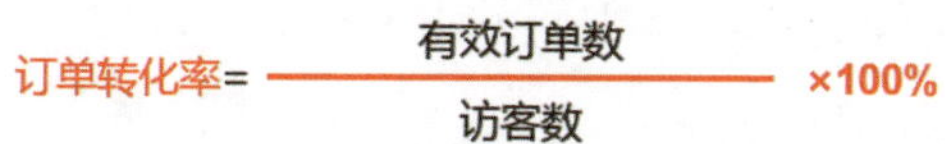

图 11-17 订单转化率计算公式

6. 访客数

访客数可称为 Unique Visitor(UV)，是指通过互联网访问、浏览这个网页的自然人，即独立访客数。

一般以在一天之内访问网站数量来计算 UV 的总数，例如有 5 个人在一天时间内用 5 台电脑访问了某网站 100 次，那么网站当天 UV 为 5。

其中 5 台电脑进行的访问，在访问的过程中，用的电脑是一样的，即使更换 IP 地址，也只算是一个 UV。访客数可分为最近访客数、回访客数、新访客数。

最近访客数，是客户端在最近一段时间内访问网页的用户数。

回访客数，是再次访问网站页面的用户数。

新访客数，指某客户端第一次访问网页的用户数量。

7. 到达率

到达率是指广告从点击到网站着陆页的比例，一般来说，到达率为 80% 以上，则是比较理想的流量，其计算公式如图 11-18 所示。

$$到达率=\frac{广告点击次数}{到达网站次数}\times 100\%$$

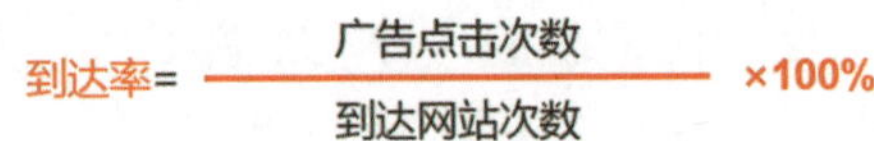

图 11-18　到达率计算公式

8. 平均在线时间

平均在线时间是指平均每位访客访问网页停留的时间长度，其计算公式如图 11-19 所示。

$$平均在线时间=打开最后一个页面的时间-打开第一个页面的时间$$

图 11-19　平均在线时间计算公式

11.3.3　营运指标

数据分析师对电商企业的营运能力进行分析，通过对企业资产营运效率与效益的指标进行计算与分析，从而评价企业的营运能力，为企业提高经济效益指明方向。其中电商营运指标包括 7 这个部分，如图 11-20 所示。

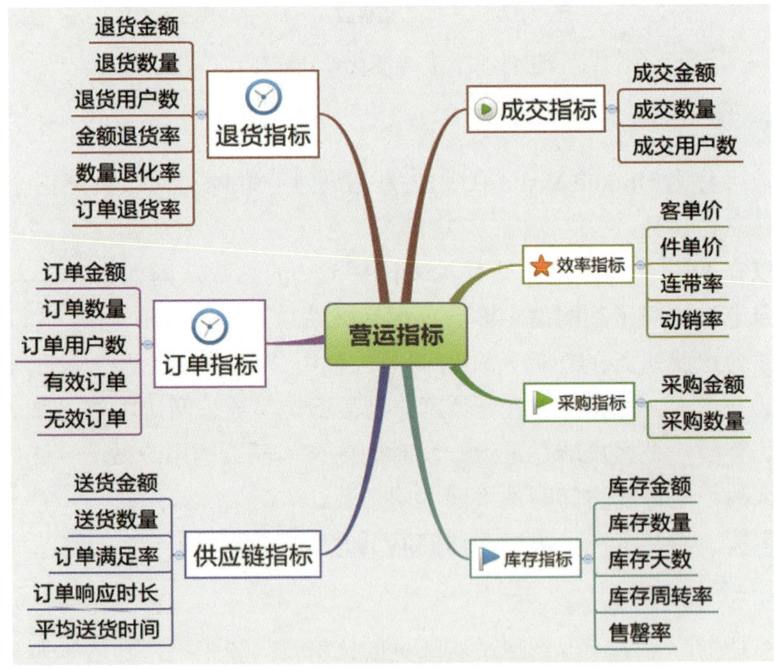

图 11-20　电商营运指标

1. 成交指标

成交指标里包括了成交金额、成交数量、成交用户数，如果这三者都呈上升趋势增长，则说明该企业不管是网站的呈现、推广效果、服务态度、产品质量都还不错，企业达到了销售的目的。

2. 效率指标

效率指标可以反映出电商企业的生产力水平、推广力度的高低，它包括客单价、件单价、连带率、动销率，其计算公式如图 11-21 所示。

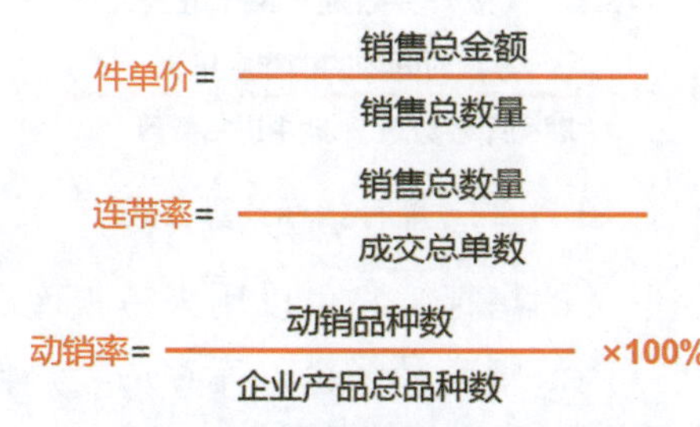

图 11-21　效率指标计算公式

专家提醒

客单价是指每一个用户在一定周期内，平均购买商品的金额，它可以反映用户的质量，电商企业客服的服务能力。

连带率可称之为效益比、附加值、购物篮系数等，它可以反映用户每次购买产品的深度。

动销率，是可以评价电商企业各种类商品销售情况的指标，如果动销率大于 100%，则在某段时间该分类出现了品种数的流失现象；如果动销率小于等于 100%，则在某段时间商品存在滞销。

3. 采购指标

采购指标，可以使数据分析师监控电商企业的生产及经营活动是否在正常开展，可以拿采购数量、采购金额与成交金额、成交数量进行对比分析，从中可以得到采购的产品是否符合市场需求。

4. 库存指标

库存指标，是指分析库房中的货品总和的指标，包括库存金额、库存数量、库存天数、库存周转率以及售罄率，其计算公式如图 11-22 所示。

在库存指标中，库存天数是一个非常重要的库存管理指标，它能有效地衡量库存可持续销售时间的追踪，并且与销量速度密切相关，随着销量速度变化而变化，一般数据分析是可以通过库存天数来判断电商企业是否存在缺货风险。

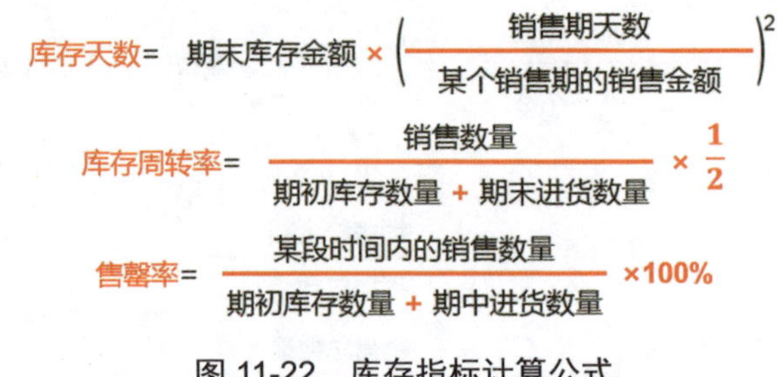

图 11-22　库存指标计算公式

库存周转率是一个偏财务的指标，它可以用来审视库存的安全性问题，在电商数据分析中，库存周转率高，则商品畅销，库存周转率低，则有滞销风险，它可以作为企业判断、调整采购、销售政策的依据。

售罄率可以反映出商品在一定时间内的销售速度，数据分析师分析售罄率时，可以依靠以下基本标准来分析。

当25%≤售罄率<50%时，则库存商品为滞销品，造成的原因可能有季节因素、销售的天数不够等。

当 50% ≤售罄率 <75% 时，则库存商品为平销品，这时电商企业员工该调整商品销售周期、密切关注库存平销品的动态。

当售罄率≥ 75% 时，则库存商品为畅销品，这时电商企业员工该及时补货。

专家提醒

库存金额、库存数量可以与库存其他指标进行对边，分析出库存在某段时间的波动情况。

5. 供应链指标

数据分析师通过分析供应链指标，可以得出电商企业的服务质量的好坏、库

存是否处于缺货状态、企业供货效率的高、低等，其中包括订单满足率、订单响应时长等，其计算公式如图 11-23 所示。

订单满足率是一种反映库存缺货状态的指标，例如，物流公司收到了 10 张订单共 10000 件商品，由于各种因素 (季节、时间等)，造成了缺货现象，实际可发货的商品有 8000 件，则订单满足率为 80%。

$$订单满足率=\frac{订单中能供应的商品数量总和}{订单商品数量总和}\times 100\%$$

$$订单响应时长=系统收货时确认的时间-系统中下订单的时间$$

图 11-23　供应链指标计算公式

订单响应时长，是一种反映供货效率的指标，如果订单响应时长过长，则会出现流失用户的现象；如果订单响应时长很快，则会巩固企业与用户之间的关系。

6. 订单指标

数据分析师可以从订单指标中监控有效用户的数量、潜在用户的数量波动。

7. 退货指标

数据分析师可以从退货指标中分析退货的原因，以及制定合理的补救方法，退货指标中的金额退货率、订单退货率、数量退货率的计算公式如图 11-24 所示。

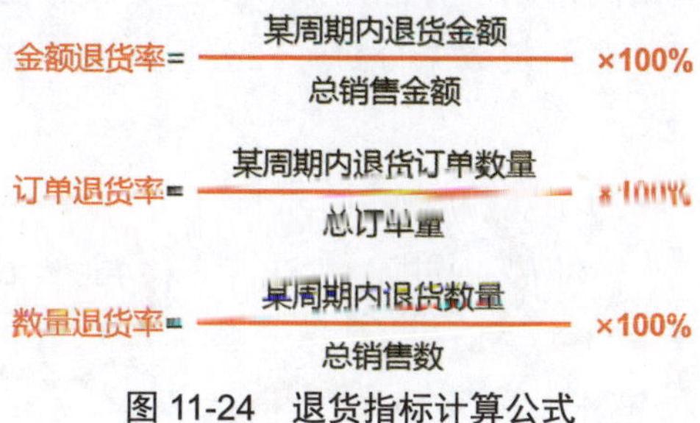

图 11-24　退货指标计算公式

11.3.4　转化指标

转化指标是一种可以监控电子商务企业营销过程的一个指标，它包括了转化率、注册转化率、客服转化率、收藏转化率、添加转化率、成交转化率，其计算公式如图 11-25 所示。

$$\text{转化率}=\frac{\text{转化次数}}{\text{点击量}}\times100\%$$

$$\text{注册转化率}=\frac{\text{注册用户数}}{\text{新访客总数}}\times100\%$$

$$\text{客服转化率}=\frac{\text{咨询客服人员的用户数量}}{\text{总访问数}}\times100\%$$

$$\text{收藏转化率}=\frac{\text{某产品被用户收藏的数量}}{\text{某产品总访问数}}\times100\%$$

$$\text{添加转化率}=\frac{\text{将产品添加收藏的数量}}{\text{该产品被用户收藏的数量}}\times100\%$$

$$\text{成交转化率}=\frac{\text{成交用户数量}}{\text{总访问数}}\times100\%$$

图 11-25　转化指标计算公式

1. 转化率指标

转化率指在一个统计周期内，完成转化行为的次数占推广信息总点击次数的比率，它可以衡量网站内容对访问者的吸引程度、网站的宣传效果。

2. 注册转化率指标

注册转化率可以衡量网站用户界面布局、大小是否合适、其网站的配色效果是否得当等信息，需要注意的是数据分析师在分析注册转化率时，会被很多因素所影响，如图 11-26 所示。

图 11-26　影响注册转化率的因素

3. 客服转化率指标

客服转化率，可以衡量电商企业的服务质量，其同一个用户咨询客服人员多次，都只计数一次。

4. 收藏转化率指标

收藏转化率，是一种衡量潜在用户数量的指标，只有登录账户的用户收藏了企业产品，才能产生收藏转化率。

5. 添加转化率指标

添加转化率主要针对具体产品，无须登录账户，用户将产品添加到购物车的数量也可产生添加转化率。

6. 成交转化率指标

成交转化率，是一个关系到电商网站成交人数、电商网站的定位、产品的定价的指标。成交转化率有一个成交转化率漏斗模型，它反映了访客数在漏斗模型中转变为成交人数的过程，如图 11-27 所示。

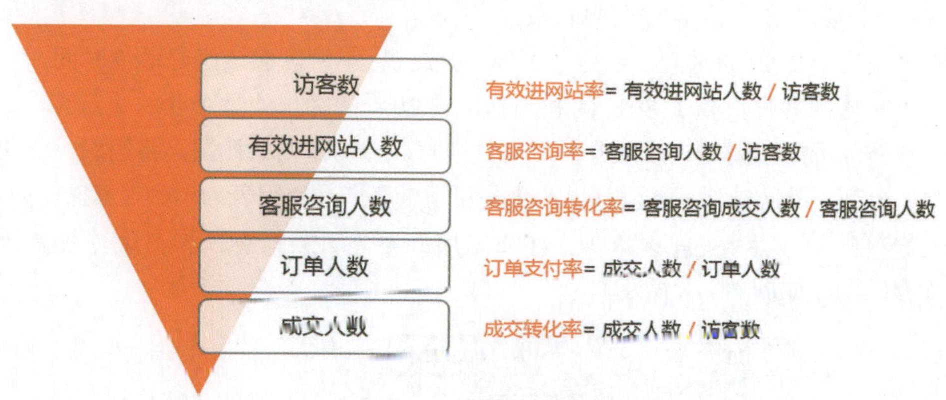

图 11-27 成交转化率模型

专家提醒

除了以上 4 种电子商务数据分析指标之外，还有财务指标，它是用来衡量电商企业花钱的速度，其中包括新客成本、单人成本、单笔订单成本、费销比、利润、仓储费占比等。

11.4　如何掌握核心方法

由于电子商务与传统企业还是有一定的差别，如数据浩瀚、行业术语繁多等，所以下面就针对电子商务企业（传统企业也可以运用）介绍两个核心分析方法。

11.4.1　二八法则

二八法则又称之为帕累托法则、巴莱特定律、最省力的法则、不平衡原则等，在分析电商数据中，被广泛使用。

其中“二”和“八”不是一个范畴，很多数据分析员在开始接触二八法则时，都会认为“二”和“八”是一个范畴中的对立面，如“20% 的食物好吃，80% 的食物不好吃”，这并不能诠释出二八法则的意义。

二八法则应该是一种不平衡的发展，“二”代表着对象，“八”代表着效果，前后是不一致的，却有着一定的联系。

“人生中 20% 的时间，决定了 80% 的成就”，所以应该好好珍惜时间。

“20% 的客户贡献了 80% 的利润”，其 20% 的客户就是企业的重点客户。

数据分析师利用二八法则分析电商数据时，会制作帕累托图，将组织、优化使数据从最高到最低排列，下面就以沙化公司不合格产品原因表为示例，其操作如下。

步骤 01　在 Excel 表格中，C 列添加一个“累积百分比”，依次计算“累积百分比”，如图 11-28 所示。

C3　　f_x =D3/$D$7

	A	B	C	D
1	原因	件数	累积百分比	累计件数
2			0%	
3	划伤	50	50%	50
4	变色	60	60%	60
5	凹凸面	36	36%	36
6	塑变	10	10%	10
7	其他	10	100%	100

在这里输入公式“=D3/DF”，即可算出相应的累积百分比。

图 11-28　计算“累积百分比”

步骤 02　选择 A3 ～ C9 的单元格区域，切换至“插入”选项卡，在“图表”选项组中单击“柱形图”按钮，在弹出的列表框中选择“簇状柱形图”选项，如

图 11-29 所示。

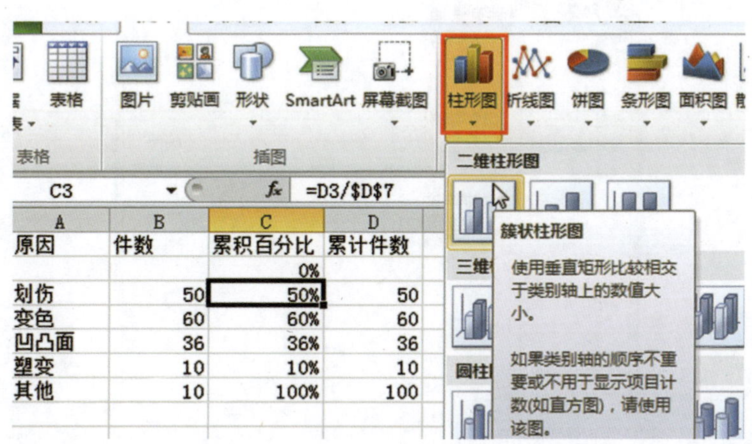

图 11-29 选择“簇状柱形图”选项

步骤 03 选择“簇状柱形图”选项之后，在单元格界面弹出簇状柱形图图表，单击“系列 2”所表示的柱子，单击鼠标右键，在弹出的快捷菜单中选择“设置数据系列格式”命令，如图 11-30 所示。

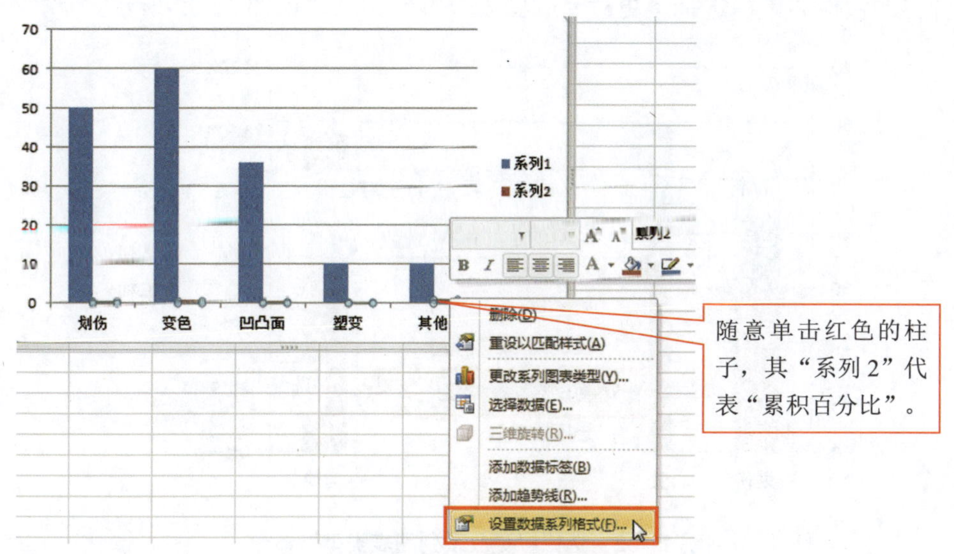

图 11-30 选择“设置数据系列格式”命令

步骤 04 弹出“设置数据系列格式”对话框，选中“系列绘制在”选项组中的“次坐标轴”单选按钮，单击“关闭”按钮，如图 11-31 所示。

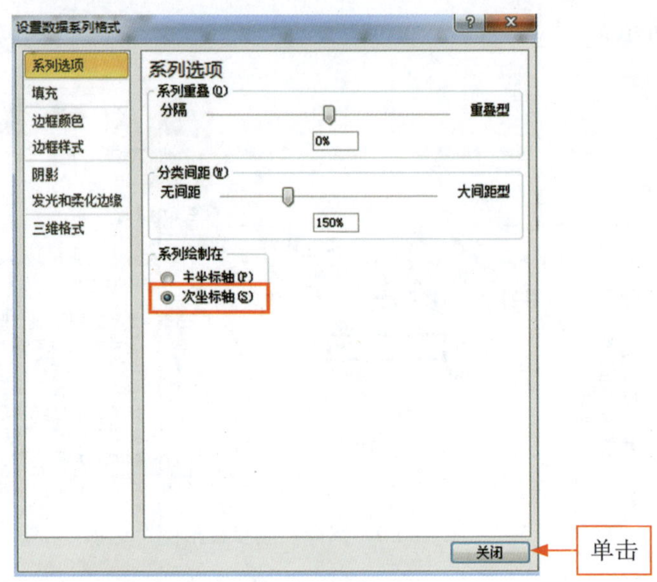

图 11-31　单击“关闭”按钮

步骤 05　返回到图表界面，单击“系列 2”所表示的数据柱，单击鼠标右键，在弹出的快捷菜单中选择“更改系列图表类型”命令，如图 11-32 所示。

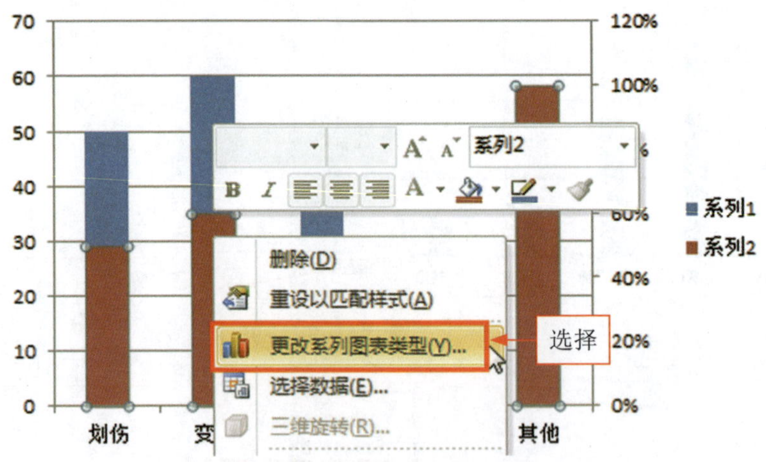

图 11-32　选择“更改系列图表类型”命令

步骤 06　在弹出的“更改图标类型”对话框的“折线图”选项组中选择“带数据标记的折线图”选项，单击“确定”按钮，如图 11-33 所示。

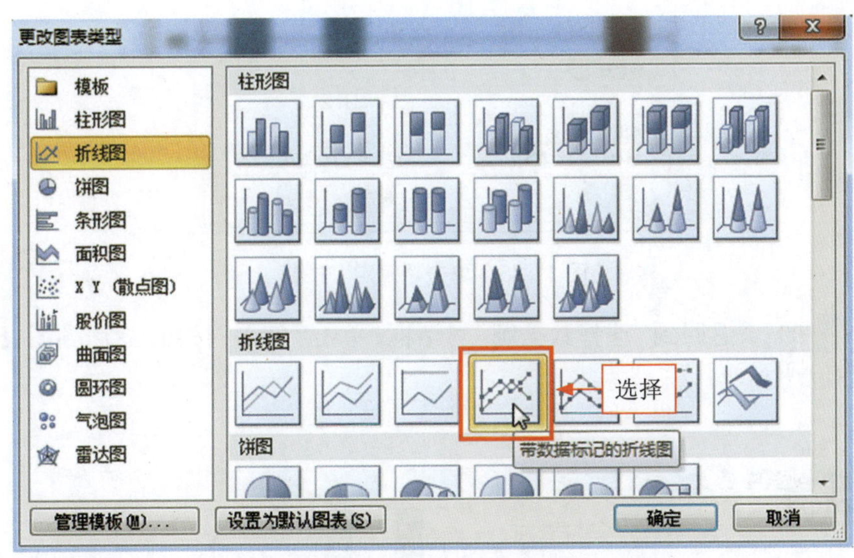

图 11-33　选择“带数据标记的折线图”选项

步骤 07　返回到图表界面，选择折线图上的点，单击鼠标右键，在快捷菜单中选择“选择数据”命令，如图 11-34 所示。

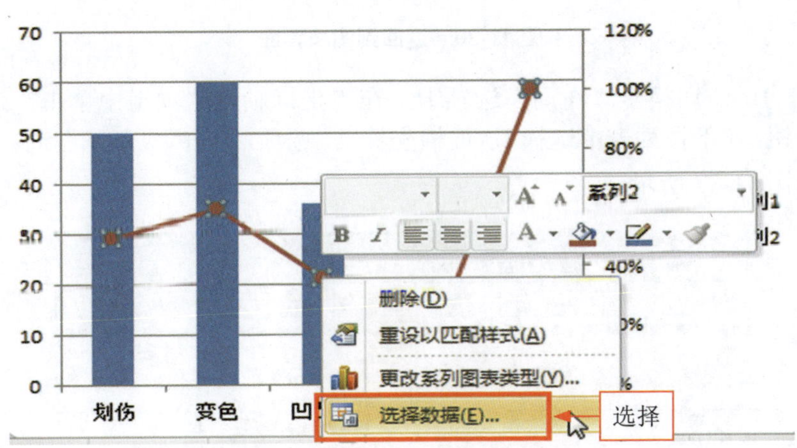

图 11-34　选择“选择数据”命令

步骤 08　在弹出的“选择数据源”对话框上，选择“系列 2”，再单击“编辑”按钮，在弹出的“编辑数据系列”对话框的系列值文本框中输入“=Sheet1!$C$2:$C$7”，单击“确定”按钮，如图 11-35 所示。

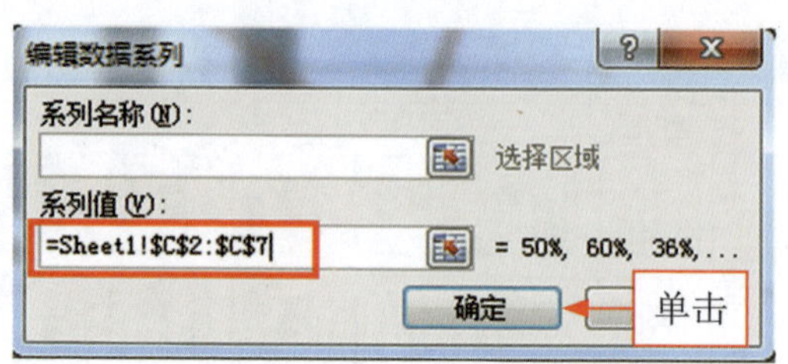

图 11-35　单击“确定”按钮

步骤 09　返回到“选择数据源”对话框，单击“确定”按钮，返回到图表界面，如图 11-36 所示。

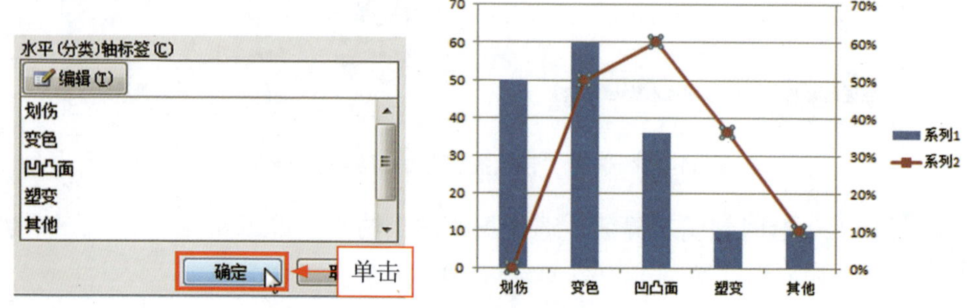

图 11-36　返回到图表界面

步骤 10　切换至“布局”选项卡，在“坐标轴”选项组中单击“坐标轴”下三角按钮，在下拉列表中选择“次要横坐标轴”选项，单击“显示从左向右坐标轴”选项，如图 11-37 所示。

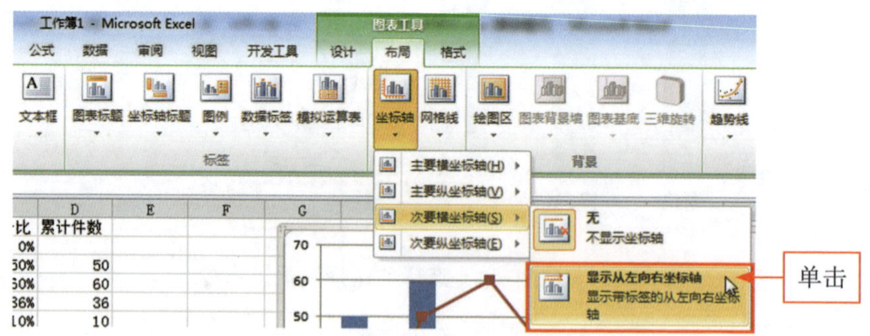

图 11-37　单击“显示从左向右坐标轴”选项

步骤 11　在图表上新添的“次要横坐标”上，单击鼠标右键，在快捷菜单中选择“设置坐标轴格式”命令，如图 11-38 所示。

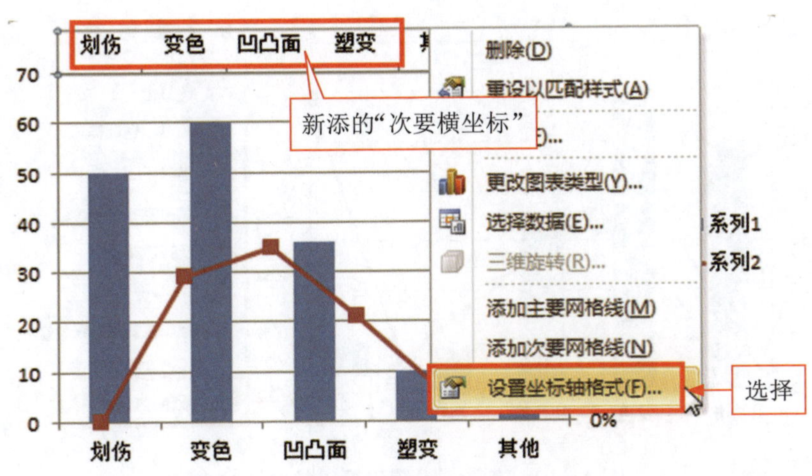

图 11-38 选择"设置坐标轴格式"命令

步骤 12 在弹出的"设置坐标轴格式"对话框的"坐标轴选项"选项中将"主要刻度线类型""次要刻度线类型""坐标轴标签"设置成"无"，接着在"位置坐标轴"下选中"在刻度线上"单选按钮，单击"关闭"按钮，如图 11-39 所示。

步骤 13 分别选择次纵坐标，单击鼠标右键，在快捷菜单中选择"设置坐标轴格式"命令，如图 11-40 所示。

步骤 14 在弹出的"设置坐标轴格式"对话框的"坐标轴选项"选项中将"最大值"设置成"1.0"，单击"关闭"按钮，如图 11-41 所示。

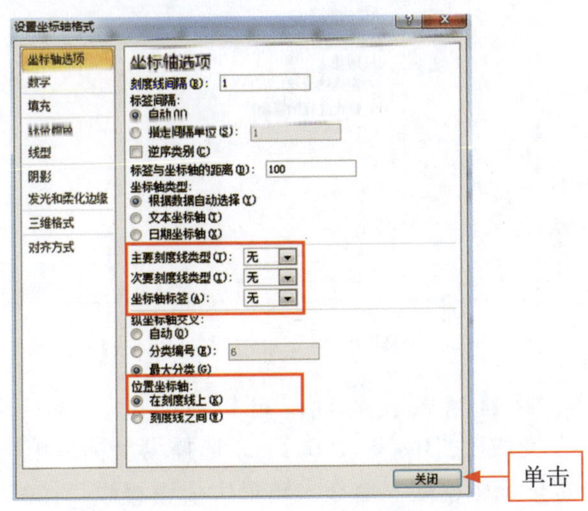

图 11-39 单击"关闭"按钮

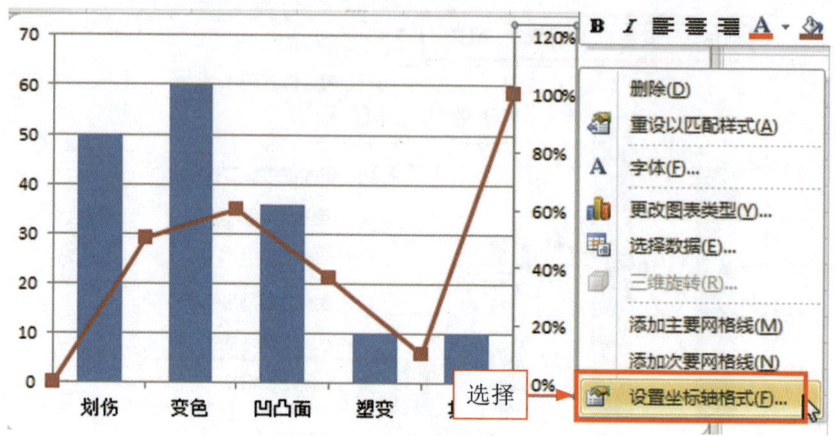

图 11-40　选择“设置坐标轴格式”命令

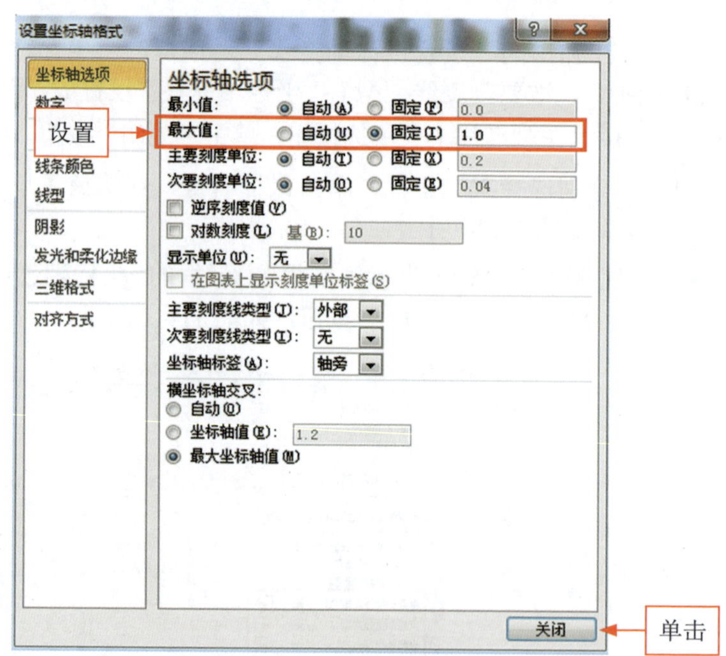

图 11-41　单击“关闭”按钮

步骤 15 返回到图表界面，可以在图表上看到次纵坐标由之前的“0% ～ 120%”变成了“0% ～ 100%”。选择纵坐标并单击鼠标右键，在快捷菜单中选择“设置坐标轴格式”命令，将最大值设置成“100”，则纵坐标由之前的“0 ～ 70”变成了“0 ～ 100”如图 11-42 所示。

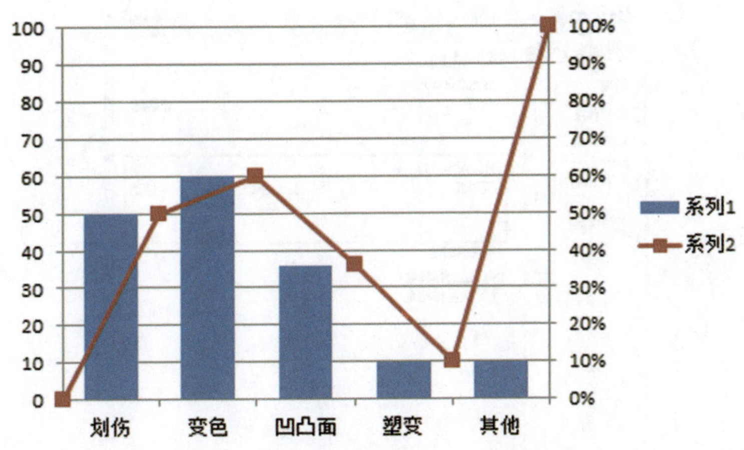

图 11-42　设置次纵坐标、纵坐标最大值

步骤 16　选择柱形图，单击鼠标右键，在快捷菜单中选择“设置数据系列格式”命令，如图 11-43 所示。

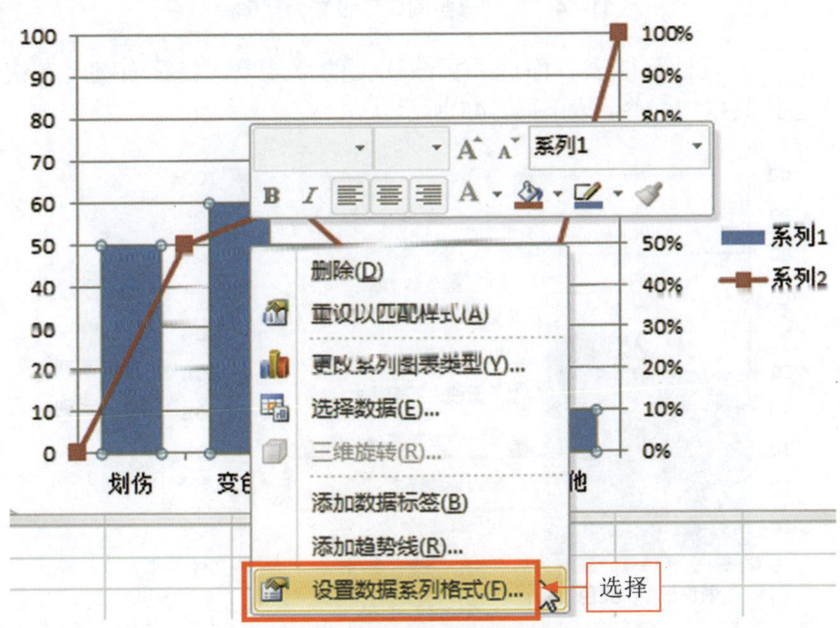

图 11-43　选择“设置数据系列格式”命令

步骤 17　在弹出的“设置数据系列格式”对话框中将“分类间距”设置为“0%”，单击“关闭”按钮，如图 11-44 所示。

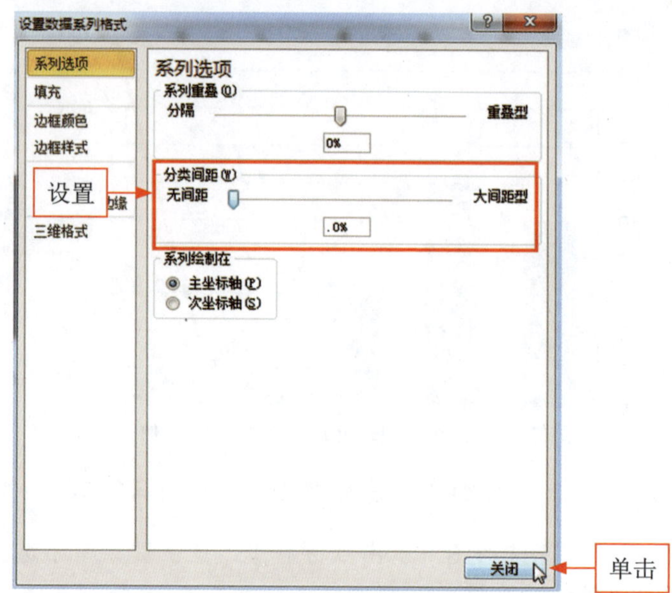

图 11-44　将“分类间距”设置为“0%”

步骤 18　返回到图表界面选择折线图上的点，单击鼠标右键，在快捷菜单中选择“选择数据”命令，如图 11-45 所示。

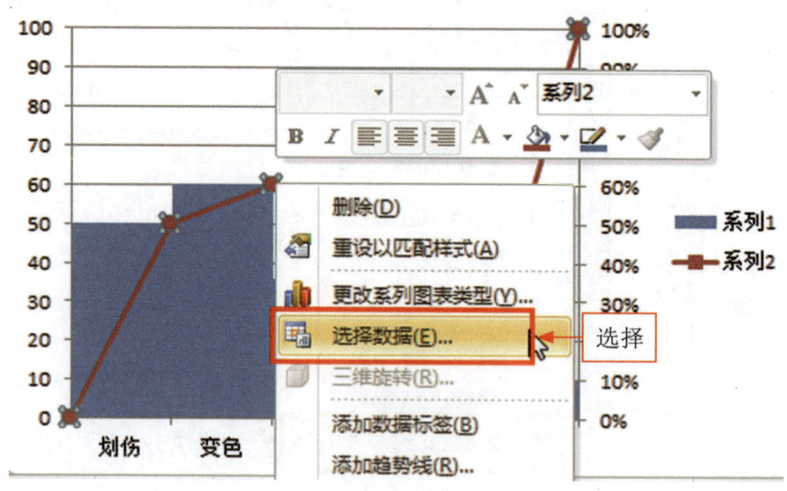

图 11-45　选择“选择数据”命令

步骤 19　分别单击图表上图例和网格线，单击鼠标右键，在快捷菜单中选择“删除”命令，即可完成帕累托图，如图 11-46 所示。

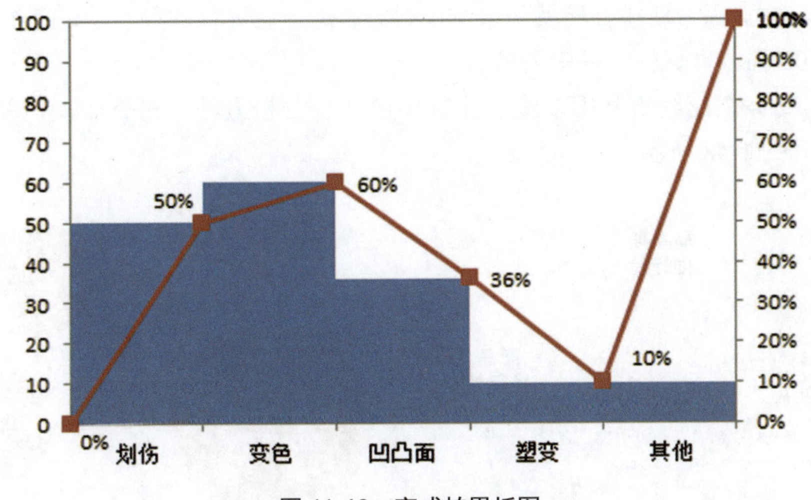

图 11-46 完成帕累托图

从图 11-46 可看出，产品不合格原因排名第一的是划伤，共有 50 件；排名第二的是变色，共有 60 件，排名前两位的故障形态发生件数占到总不良的 64%，按质量管理原则（二八法则），先从前两个故障形态进行改善，就可以从图中很容易明确需要改善的目标，且易于操作。

从帕累托图上可以看出其特点为：

- **从整体上出现了哪些不良（不适、损失）。**
- **不良现象的大小次序。**
- **哪一个项目在全局中占据哪些比例。**
- **如果减少某一项，对全局会带来什么程度的效果。**
- **通过图上所表现的现象，可采取对策、进行改善不良项目的内容有了什么变化或取得了哪些效果。**

11.4.2 排行榜分析

随着互联网的发展，电子商务相关数据随之增多，数据分析师不可能把所有的数据一一进行分析，于是就出现了排行榜分析方法。

排行榜分析是一种最简单、最大众化的分析方法，它主要包括以下 5 种排行榜，如图 11-47 所示。

排行榜分析方法又分为单维度排行（有一个变量）、多维度排行（有多个变量），在图 11-47 中，福布斯排行榜就是多维度排行，是企业进行各种经济、商业的排行，如企业 100 强、富豪榜、品牌榜等。

电商商务企业经常利用多维度排行中的 3 种分析方法，进行电商网站质量的评估，如图 11-48 所示。

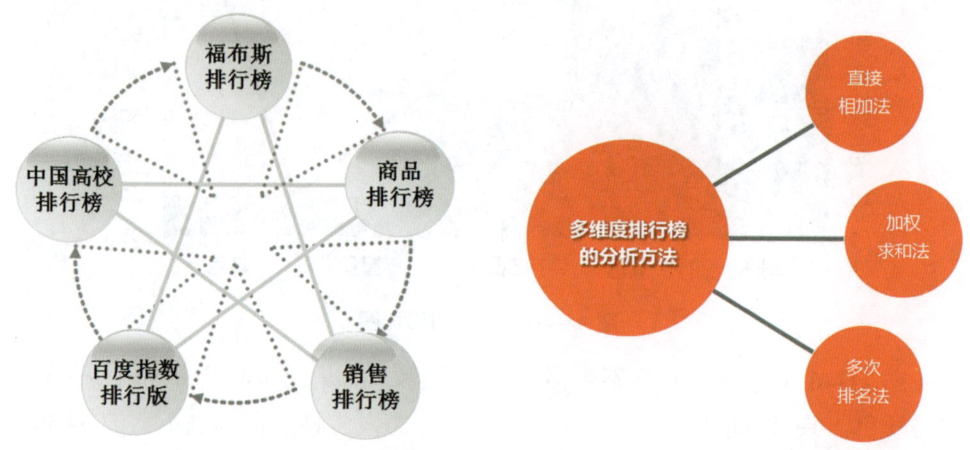

图 11-47　排行榜分析方法中的 5 种排行榜

图 11-48　多维度排行榜的分析方法

1. 直接相加法

直接相加法，是将一个数据表格中不同的维度进行相加而展开的分析方法，由于维度不同，则数量级不同，无法进行绝对值直接相加，需要转化为占比来相加。

2. 加权求和法

加权求和法需要将每个变量赋予一个权重值，而权重值又分为日权重指数和周权重值，企业需要进行权重值的选择，其计算公式，如图 11-49 所示。

$$\text{日权重指数}=\frac{\text{日销售额}}{\text{单位权重（销售）值}}$$

$$\text{星期N的日权重值}=\frac{\text{星期N的平均日销售额}}{\text{平均周销售额}}\times\text{企业周权重指数}$$

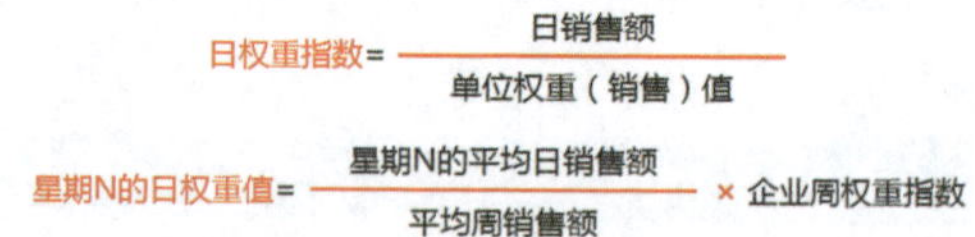

图 11-49　日权重指数和周权重值计算公式

得到权重值之后，再与变量值两两相乘，得到合计值，然后根据合计值进行排行，通过排序进行分析，其计算公式如图 11-50 所示。

$$\text{合计值}=（\text{维度1}\times\text{权重值1}+\text{维度2}\times\text{权重值2}\cdots\cdots）$$

图 11-50　合计值计算公式

3. 多次排名法

多次排名法是指将各变量进行排名，再将各变量的排名进行求和，接着根据求和得到的值进行排序，还可以对数据进行加权处理，再求和、排序。

电商数据分析方法，除了二八法则、排行榜分析方法之外，还包括 ABC 分析法、平均分析法等。

11.5 手机淘宝数据分析常用工具

下面简单介绍一下手机淘宝常用的数据分析工具。

11.5.1 淘宝指数

淘宝指数是淘宝官方的免费的数据分享平台，于 2011 年年底上线，通过它，淘宝卖家可以了解淘宝购物数据，了解淘宝购物趋势。产品不仅仅针对淘宝卖家，还包括淘宝买家及广大的第三方用户。同时承诺将永久免费服务，成为阿里巴巴旗下一个强大精准的数据产品，如图 11-51 所示。

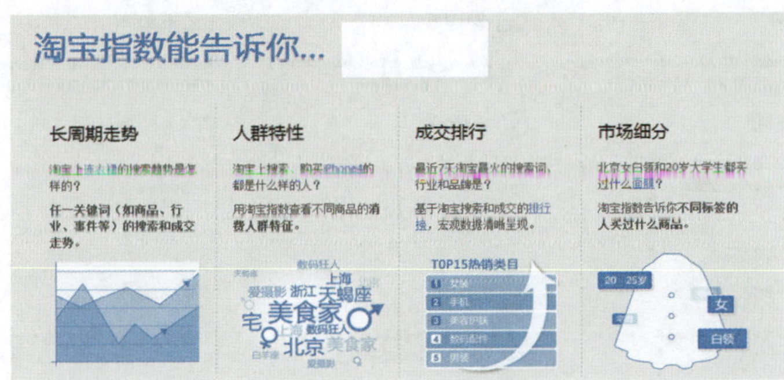

图 11-51 淘宝指数

11.5.2 生意参谋

生意参谋是专业的一站式数据分析产品，它按照数据分析、问题诊断、优化提高环环紧扣的逻辑设计，帮助用户分析曝光、点击、反馈等效果，针对性地给出诊断结果，并提供解决方案，提升店铺效果，如图 11-52 所示。

图 11-52　生意参谋

11.5.3　数据魔方

数据魔方是淘宝官方出品的一款数据产品，主要提供行业数据分析，店铺数据分析，其中包含了品牌、店铺、产品的排行榜，购买人群的特征分析(年龄、性别、购买时段、地域等)，数据魔方分为标准版和专业版，对比如图 11-53 所示。

图 11-53　数据魔方

除此之外，数据魔方还提供了淘词功能，主要用来优化宝贝标题，通过使用效果更好的关键词来提升搜索排名。

数据魔方的第一时间，还可以给卖家提供实时的运营数据支持，店铺的实时成交情况，行业的实时成交情况，是运营活动的得力助手。

第12章 无线 CRM：新型客户关系管理

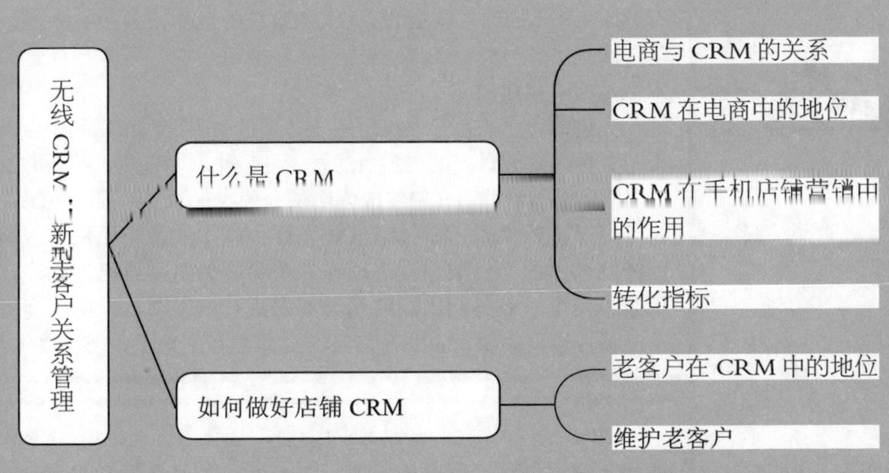

12.1 什么是 CRM

CRM(客户关系管理)是利用信息科学技术，实现市场营销、销售、服务等活动自动化，使企业能更高效地为客户提供满意、周到的服务，以提高客户满意度、忠诚度为目的的一种管理经营方式。

CRM 既是一种管理理念，又是一种软件技术。以客户为中心的管理理念是 CRM 实施的基础。

12.1.1 电商与 CRM 的关系

电子商务和 CRM 相辅相成

可以说，电子商务的出现产生了真正意义上的 CRM，CRM 又成就了真正意义上的电子商务。CRM 很重要，但在管理电子商务的业务中，它才是最重要的。

事实上，在信息科技和网络技术持续发展的情况下，厂商功能作业面的e化全面地改善了内外部信息沟通的效能和传递速度，有助于 CRM 的建立与运作。CRM 系统的运作及其潜在效益，也是对企业 e 化一个强而有力的支持。换句话说，两者在经营和技术上是相辅相成的。

先进的客户关系管理应用系统必须借助因特网工具和平台，实现与各种客户关系、渠道关系的发生同步化、精确化，符合并支持电子商务的发展战略，最终成为电子商务实现的基本推动力量。

电子化的“e”化，是 CRM 发展中基本的、原始性的战略。因特网革命的第一波浪潮表现在各公司开始建立自己的网站，接下来就是电子商务利用因特网与客户进行网上交易，电子商务的第三波浪潮将会要求企业在与其客户的交互中真正实现个性化。

CRM 推动电子商务实现

CRM 的“e”化，还体现为全面扩展化 (Extensive)。CRM 扩展到企业前后台全部业务层面，而具有一个更为重要的使命，即支持与开发电子商务。CRM 系统不仅要能提供电子商务的对接口，还全面支持和开发电子商务。

CRM 系统中包含的整套电子化解决方案，要能够支持电子商务的销售方式，如 B2B 以及 B2C 交易；可以满足企业开展个性化一对一营销及电子店面创建的需求。

CRM推动电子商务实现

在支付方面，要支持并提高因特网和客户机/服务器应用的能力。

在客户服务方面，CRM的自助式客户支持应用软件可使客户在线提交服务请求，并与交流中心链接，营造一种闭环客户支持环境，等等。

越来越多的组件要建立在Web浏览器即时手机客户端，以适应快速发展的电子商务对数据不断进行实时访问的要求。

CRM只是电子商务的子集

当谈到电子商务的时候，不仅仅是指网页的设计或网上商城的模式，所有可以促进从“批量生产”转变为“批量定制”的手段(数字化信息存储和交换、无线通信、信息家电、因特网)都可以容纳到电子商务的范围中。

电子商务是一个非常大的概念，CRM在其中只是一个子集，CRM是一种特定类型的电子商务。

CRM软件系统的成功实施往往伴随着从根本上改革企业的管理方式和业务流程。

12.1.2 CRM在电商中的地位

CRM的重要性分析

客户是连接企业和市场的桥梁，品牌要和消费者产生互动，就必须要通过这一通路，路长了会增加品牌的互动成本，成本却只会由消费者来买单，所以路长了黑夜不好走，逐步企业转变思路，不断缩短通路，节约成本，不断开始向消费者靠近。

从传统思维和互联网思维来说，对待客户的方式也不太一样，传统思维重在单向传播、对客户来说是被动式的，而互联网思维是多向互动、双向传播交流。两者相比而言，后者更贴近客户。

所以从这个点来说：与客户的对称交流关系到公司政策、制度、营销推广等的执行，直接影响品牌在当地的影响力。

客户满意度影响客户忠诚度。每项工作的执行要坚持以客户为中心的思维，多换位思考，客户的满意度就在于客户预期和现实的差距，满意度制约忠诚度。

12.1.3 CRM在手机店铺营销中的作用

在手机店铺的传统营销活动中，让人头疼的是对预算的控制、对营销效果的评估、合适产品的选择和对活动力度的选择，而最主要的就是对合适人群进行针对性的营销动作，CRM就能够帮助卖家更加有效地完成以上这些营销活动。

CRM在手机店铺营销中，不只是一套软件或者系统，而是一种模式，更是一种服务。

CRM中有5个要点：**客户、策略、人员、流程和技术，**相比之下，技术(包含软件等)是占据比值最低的，但这一块又是绝不能缺少的，卖家在把技术当作利剑的同时，也需要考虑到技术本身的轻重和是否适合自己的店铺，其他的要点同样如此，营销活动和促销活动是一种手段和方式，通过这个手段和方式卖家可以认清自己通过CRM将要获取什么，以便选择最适合自己的CRM模式，最终获得最大的效益。

12.1.4 老客户在CRM中的地位

对于手机淘宝卖家来说，如果手机店铺只靠引入新客户来维持店铺成交的话，那么店铺永远不会做得很好，因为在手机淘宝中的新客源是有限的，不可能有无限的新客源让你引入。所以卖家要把那些购买过的客户发展成店铺的老客户，这样店铺才会有源源不断的成交。

那么维护好老客户有什么作用呢？

维护好老客户的作用

第一，提升店铺回头率。客户第一次购买之后对的产品的质量、性价比等都有了一定的了解，所以吸引重新关注店铺的难度会更低一点。

第二，提升店铺的DSR。如果老客户对店铺出售的产品有了一些认知，对店铺的服务也满意，那么多次购买之后，基本上不会给差评，这样也就可以提升店铺的DSR了。

第三，提高店铺的流量价值。流量是一直都要有的，所以拼命用淘宝直通车、钻石展位、淘宝客等一系列消耗工具去引流，但引入的流量价值和转化率都难以保障，而老客户就不同了，老客户进到店铺可能是因为卖家发的促销活动，既然来了，说明老客户确实是有需求的，所以成交概率比新引入的流量要高得多，而且老客户还可以把卖家的店铺介绍给新客户，无形中又引来了一批免费的新流量。

第四，提高店铺的客单价。假如一个买家经常在淘宝网上买东西，经常进入的都是一些新店铺，每次买衣服的时候都想买一套，但由于买家对这些店铺一点了解也没有，对出售的产品质量如何也不清楚，所以往往想买却不能立即决定买哪一家，但老客户不同，老客户对卖家店铺的服务和产品的质量都了解，所以老客户没有这个后顾之忧，只要卖家设置了套餐，他们就有很大的可能会购买。

当然，除了这四点，还有一个比较重要的，那就是**成本**。卖家在为店铺引入新流量时使用的淘宝直通车、淘宝客、钻石展位等不仅成本很大，而且有时候投入和产出不成正比。如果卖家维护好老客户的话，店铺的成本会降低很多，如图 12-1 所示。

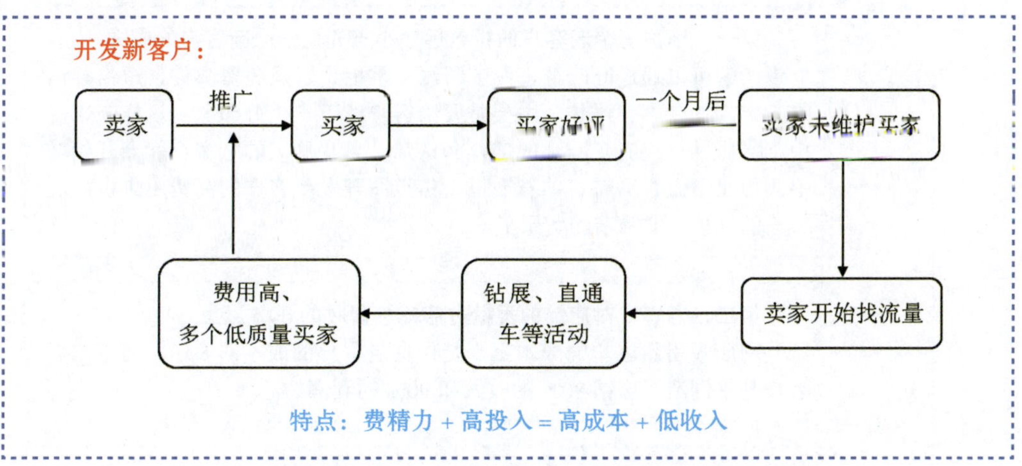

图 12-1　开发新客户和维护老客户对比图

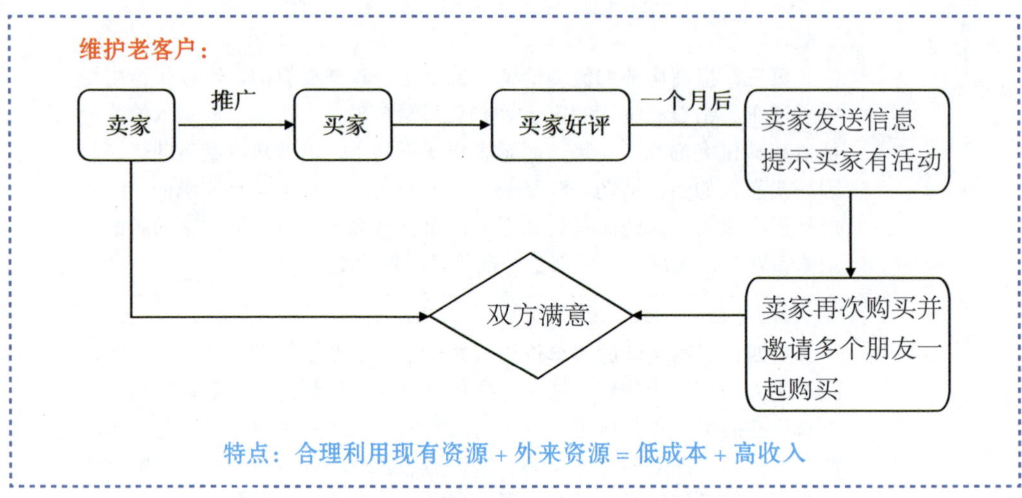

图 12-1 开发新客户和维护老客户对比图（续）

所以，如果卖家去开发新客户，要费很大的精力，投入也大，成本高，但如果维护好老客户的话，就可以利用现有的资源给店铺带来回报。

维护老客户的重要性

第一，维护一个老客户的投入远远小于开发一个新客户的成本

卖家可以通过旺旺群、淘宝帮派、掌柜说以及免费邮件、短信营销进行定期的老客户维护，主要是要给客户留下一个好印象，这样一来，由于对店铺已经有了一定的信任和认知，重复购买的老客户就会开始增多。相比通过直通车、钻石展位、焦点图开发新客户的高费用来说，老客户的维护就非常节约费用了。

第二，老客户对店铺的贡献占店铺总营收的 80% 以上

网店吸引新客户的成本至少是保持老客户的成本的 8 倍，而这些老客户几乎创造了店铺 80% 的收入和 90% 的利润。

第三，开发老客户赚取的利润要高于从新客户身上获取到的

老客户对你的商品质量，商品价位都有一定的认知。所以当他需要下单的时候不会担心质量不过关而只敢买一件商品，只要他有这个需要，肯定愿意一次性买下他需要的多种商品，这一点是新客户所做不到的。

第四，留住老客户还会使成本大幅度降低

目前大部分卖家热衷于参加各种秒杀、促销、试用等优惠活动。以低价或者赔本的方式去获得大量的新客户，大家都很清楚这第一单是完全亏本的，卖家是希望客户再来消费第二单才能赚取到一定的利润。而事实上，再次下单的比例是很低的，卖家忽视了一个最重要的问题，那就是这批客户是完全冲着低价而下单的，质量非常低。

第五，老客户会自发地替卖家进行口碑宣传而带来新客户

通过对老客户的维护，他们得到了卖家优质的商品和服务。在他们的心目中，卖家是可以信赖的，在店铺选购商品是最好的，他们自然会向朋友和亲人推荐卖家的店铺，只要卖家店铺有他们需要的商品，他们肯定首选该卖家。

12.2 如何做好店铺 CRM

12.2.1 CRM 操作流程

按照客户的成长过程顺序，CRM 的操作流程如图 12-2 所示。

图 12-2 CRM 的操作流程

沟通环节

CRM 的每个环节都有可能直接或间接地影响到客户的体验。首先与客户接触的就是客服，不要觉得客服对店铺的影响不大，客服是买家对店铺服务的初步印象，客服在跟买家聊天的时候也可以注意收集一些买家信息，以待后期完善客户数据库所用。

催付款环节

买家付款了，就成为你的客户了，那么对于那些拍下但没付款的，就要采取一些方法促使他们付款，所以催付就相当的重要。

催付看起来很简单，但是催付的关键点在于：催付的时间和催付的内容。所以委婉的催单表达方式，就变得非常重要了。

卖家可以假设自己是一个客户，想想自己希望收到什么样的短信，站在客户的角度来编写短信。而对于做活动（聚划算）这类催付短信，因其特殊性，催付短信可以直接一点，必须给买家造成紧迫感。

商品包装环节

包装是卖家产品给客户的第一形象，卖家无法左右快递，但是可以改变自己，把包裹打包得结实一点，贴一张笑脸的标签，成本不会很高。

如果卖家的毛利够高，包裹里带点小礼物也很好。如果卖家是做食物，放点别的产品的品尝装也未尝不可，初次来访的客户可以选中性一点的产品。

很多人会觉得贴笑脸标签这种做法很老套、很俗气，不以为然，其实，买家会在乎这些细节，卖家之间的差距往往也就体现在这些细节中。

发货短信通知环节

货物发出去的时候可以给客户发一条短信，这也是 CRM 的一种。

一来可以让客户明白，他的包裹已经发出去了，让他觉得卖家效率很高；二来可以让他知道他的包裹到哪里了，他也不会没完没了地问卖家是否发货了，减少客服工作量。

另外，可以编写一些活泼有趣的短信，赚点眼球效益也不错。比如：亲，您订购的宝贝已经被快递大叔带走啦，旅途编号**********，宝贝即将送到，收货满意记得给 5 分好评哦！

客户回访环节

客户是一面镜子，通过回访，卖家一方面可以获取客户最真实的反馈，发现自己的不足，从而修补漏洞，提升自己的综合实力。另一方面，可以通过回访与客户搭建起一座沟通的桥梁，易于加深客户对卖家的认识，拉近彼此间的距离。

同样，回访的方式和时间也很重要，建议卖家电话回访，这样才有效果，至于回访时间，可以从店铺后台的流量走势图来判断，一般店铺流量小高峰的那几个时间段比较适合，因为那个时候客户手头上的工作差不多已经做完了，等待下班或吃饭，到处逛逛，不配合的人比较少。

回访目标的选定时，如果订单量少，全部回访，如果订单量大，就针对性筛选回访，客单价高的是首要回访客户，其次是给好评，但是评价不是很好的客户，最后随机抽取。

12.2.2 维护老客户

老客户营销方式有以下几种。

维护老客户常用途径和方法

维护老客户，要明确客户需求并积极满足客户需求。

(1) **发展会员法**：普通会员和VIP会员，不同的会员享受不同的购物折扣，会员可分为付费会员和非付费会员。

(2) **购物积分法**：这是维护老客户普遍应用的方法。每次购物根据所购商品的价值赠送不等的积分，积分累加可以享受不同的购物优惠或者是积分兑换等。

(3) **返送购物券法**：购物时根据所购商品的情况赠送不同价值的购物券，供客户下次购物使用。

特殊买家特殊对待

根据“二八原则”，公司利润的80%是由20%的客户创造的，哈佛商业杂志的一篇研究报告指出：多次光顾的买家比初次登门的客户可多为企业带来20%～80%的利润。所以善于经营的卖家要根据买家本身的价值和利润来对待买家，并密切关注高价值的买家，保证他们可以获得应得的优质服务和待遇，使他们成为店铺的忠诚客户。

联促网为商家提供了一个独创的维护老客户的平台。通过一个小小的联促积分卡的号码就把买家和卖家绑在一起，买家登录联促网第一时间就会看到卖家的信息，比如，热销的产品、新上架的商品、促销的商品等。

在这个维护老客户的平台上可以为客户提供系统化的解决方案，不仅仅停留在向客户销售产品的层面上，还主动为老客户量身定做一套适合他们的系统解决方案，在更广泛的范围内关心卖家的老客户，让他们在购物之外也能享受到卖家的关心。

这样的方式可以培养卖家和买家之间的感情，激发老客户的二次购物欲望。也可以和买家共同探讨商品的使用和消费方式，推动新的需求。

建立客户数据库

网络的发展使客户可以获得更多的商品信息和服务信息，使得客户更容易进行产品比较，更加排斥被动的推销。在这样的情况下，与客户的感情交流是每一个店铺用来维系客户的重要方式。节日的真诚问候、婚庆喜事、过生日时的一句祝福、一件礼物，都会使买家深为感动。购买行为的结束不意味着客户关系的结束，买家期望与商家的关系超过简单的售买关系。

因此商家需要迅速地和每一位客户建立良好的互动关系，为客户提供个性化的服务，使客户在购买过程中获得商品以外的良好心理体验。

利用无线微淘

微淘的横空出世，被誉为淘宝系的微博，很多卖家看着那些已有几百万粉丝的微淘大号，一定很着急，那么中小卖家，在品牌知名度不高的情况下，应该怎样练好内功，运营好自己的微淘呢？

(1) **用内容留住粉丝**。

微淘广播关注你的粉丝，主要分为两种：老客户和对你内容有依赖的消费者。这时，卖家需清楚自己微淘的定位，是做个推销产品的促销员，还是行业的公知？对于微淘粉丝，大都是处于 20 ～ 35 岁之间的 80、90 后来说，他们厌倦了赤裸裸的推销，所以微淘扮演促销员的角色肯定不讨好，相反，推送粉丝喜爱的广播内容，更容易建立信任的桥梁，拉近买卖双方的距离。

(2) **内容精包装**。

广播内容要亲和自然，不能随便网上找来文案，复制粘贴就了事，这样的广播内容，会让消费者觉得不被尊重，所以摘抄来的广播内容一定要经过简单的编辑加工。

(3) **给内容定位**。

广播内容其实不难找，网上可以搜索到很多相关的内容。但是值得思考的是，什么样的广播内容才能引起消费者的共鸣。这就需要挖掘，消费者需要什么。

比如卖家具的卖家，能想到关注微淘的粉丝，一定是最近家里装修的，而且大多数是女性。因此，广播内容应该以家装知识、家居生活贴士小窍门为主，可以拉近卖家与粉丝的距离，而且还能获得粉丝的信任。

所以，建议广播内容多跟产品有相关性。再比如卖女装的，可以分享材质、如何搭配；卖化妆品的可以推送护肤技巧、保养诀窍等。

这样的方式可以培养卖家和买家之间的感情，激发老客户的二次购物欲望。也可以和买家共同探讨商品的使用和消费方式，推动新的需求。

(4) **把控推送时间**。

随着阿里系的 APP 享受免费流量政策出来以后，阿里系的几个移动端的 APP 成为很多买家的“福音”。因而他们更愿意享受免费的流量，使用这些淘系 APP，也给微淘注入了新的生机。然而，有些卖家会问，为什么内容发布了，貌似增粉不多？其实，把控好推送内容的时间很重要。

● 顺水推舟，借力大促

随着双十一、双十二的战役打响，淘宝在手机移动端的活动也不少。像双十一有刮卡领红包、扫脸、贪食蛇等类似的活动，只要消费者参与游戏就有机会领取红包。所以，这时消费者的关注点会从 PC 端转移到手机移动端，并且这个时间周期的手机移动访问量，肯定相比其他时间段会高很多。同样的道理，这个阶段推送的微淘广播，就有可能被更多人关注。

● 紧抓移动端的阅读节奏

微淘一天只能推送 3 条广播，更要合理分配推送时间。用手机移动端逛淘宝的消费者访问时间点很碎片化，绝大多数是在闲暇、无聊的时候用来打发时间的。

所以，微淘广播推送的时间，应该尽量选择碎片化的时间点。

专家提醒

在做微淘时，如何测试微淘的广播内容是否受消费者的喜爱呢？

可以去“无线运营中心”|“微淘数据”页面查看店铺推送的广播效果，如图 12-3 所示。

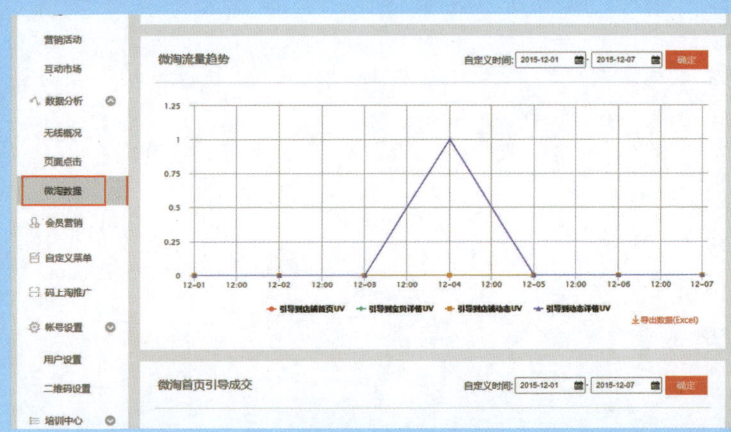

图 12-3 查看推送效果

有评论、有收藏、访问量高就代表是粉丝们喜爱的广播，以后发布内容可以往这方面靠拢。